DELIUS KLASING

Wilfried Erdmann

Segelzeit

DELIUS KLASING VERLAG

Bibliografische Information der Deutschen Nationalbibliothek
Die Deutsche Nationalbibliothek verzeichnet diese Publikation in der Deutschen Nationalbibliografie; detaillierte bibliografische Daten sind im Internet über »http://dnb.d-nb.de« abrufbar.

2. Auflage
ISBN 978-3-7688-1852-0

Gestaltung und Satz: Kym Erdmann, www.erdmann-design.de
Fotos: Wilfried Erdmann; außer Seiten 9, 32, 79, 100, 258, 279, 285: Kym Erdmann; Seiten 204, 214, 215: Musée Maritime de la Rochelle
Reproduktionen: scanlitho.teams, Bielefeld
Druck und Bucheinband: Kunst- und Werbedruck, Bad Oeynhausen
Printed in Germany 2006

Delius Klasing Verlag, Siekerwall 21, D-33602 Bielefeld
Telefon: 0521/559-0, Fax: 0521/559-115, E-Mail: info@delius-klasing.de, www.delius-klasing.de

Inhalt

Vorbemerkungen

Im November 1965 kaufte ich mein erstes Segelboot, und das Leben begann in jeder Hinsicht neu.

Es geschah an der Muelle de Yates im spanischen Alicante an einem typischen heißen Mittelmeertag. Der Himmel war hoch, die Luft trocken, der Horizont scharf. Und ich? Ich war total ahnungslos. Hatte weder praktisches Wissen vom Segeln noch Erfahrung im Umgang mit Booten. Sogar wenige Tage zuvor erstmals die Planken eines Segelbootes betreten. Meine Kenntnisse basierten ausschließlich auf Angelesenem aus Büchern, die mir klar definierten, dass ich mich auf eine Sache eingelassen hatte, bei der man sich auskennen musste. Zum Beispiel beim Bootskauf: Ich stocherte mit einem Bootsmesser im Rumpf herum, um zu prüfen, ob das Holz gesund war.

Nachdem ich mich an Bord eingerichtet hatte, segelte ich los. In der Tat. Schnell noch einen Blick in ein Buch für Segelmanöver, und los ging es. Als ich an der Hafenausfahrt erstmals das Großsegel setzte und eine übernormale, abrupte Schräglage spürte, dachte ich: Verdammt, wir kippen gleich um. Ich riss das Segel hastig wieder herunter und setzte ein Vorsegel, das weniger Schräglage verursachte, dem Boot aber trotzdem Fahrt brachte. Später dann, beim Nachlesen, stellte sich heraus, dass ich die Großschot hätte lösen müssen, um Krängung aus dem Boot zu nehmen. »Wie kann man nur so blöd sein. Das schaffst du nie.«

Ich fühlte mich eigenartig. Sehr, sehr glücklich und verunsichert zugleich. Jahrelang hatte ich für ein Boot gespart, von der großen Reise und der wahren Freiheit auf dem Meer geträumt. Das Bild vom weiten Ozean und einem kleinen Segelboot darauf schwirrte permanent in meinem Kopf herum. Freiheit passiert bekanntlich im Kopf.

Es war ein großartiger Augenblick, als ich den Kaufvertrag unterschrieben hatte und damit ein Stück Wirklichkeit in der Hand hielt.

Mit KATHENA, so hieß das Boot, war ich eingestiegen. Das Wichtigste hatte ich erledigt, so meinte ich. Doch es wurde mir beim Üben zwischen Alicante und der vorgelagerten Insel Tabarca schnell klar, dass das Meer kein Spielplatz ist. Verbunden mit Skepsis und Respekt setzte ich meine Übungstörns hartnäckig fort, das Ziel vor Augen, diese Sache Ozeansegeln unbedingt realisieren zu wollen. Ich musste mich manches Mal auf die Koje setzen, um meine wirren Empfindungen und Gedanken zu bändigen. »Wie soll ich das bloß schaffen? Kann ich das überhaupt? Lange allein sein und vor allem die Kombination Segeltechnik, Navigation und Seemannschaft auf die Reihe zu bringen.« Nicht einmal die Seekarte, die vor mir auf dem Kajüttisch lag, konnte ich richtig »lesen«. Kleine Kreuzchen vor den Kaps, bedeuten sie Steine und Untiefen? Sicher war ich mir da nicht.

Unter der Oberfläche dieser anfänglichen Zweifel regte sich dennoch große Freude. Ich war frei und ungebunden. Niemand hatte mir was zu befehlen. Niemand kannte mich. Niemand beobachtete mich, wenn ich erst einmal unterwegs sein würde. Ja, nun war ich unabhängig, um Freundschaften zu schließen, die Liebe und neue Kulturen zu entdecken, egal ob fürs Leben fruchtbar und nachhaltig. Wie weit würde ich mit dem Segelboot überhaupt kommen? Ich goss mir ein Glas Wein ein. Salud!

Gut, ich war schon 1959 mit dem Rad in Indien. Solo, jung und fast ohne Geld. Dafür brauchte ich ein ganzes Jahr. Auch eine neue, lohnende Erfahrung, denn überall war ich willkommen: Libyen, Ägypten, Libanon, Irak, Iran, Afghanistan. Ausnahmslos Länder, in denen inzwischen Kriege herrschten.

Paradoxerweise brachte mich diese Indienfahrt zum Segeln. Am Strand von Mangalore entdeckte ich ein Segelboot vor Anker. Der Eigner, ein Engländer, zeigte mir stolz sein winziges Kajütboot. Am meisten beeindruckte mich die Tatsache, dass man damit reisen konnte, ohne sich um die leidigen Visa kümmern zu müssen. »Alles, was man an Dokumenten braucht, ist ein gültiger Reisepass«, sagte er. Aufregend fand ich auch: Er hatte seinen Kocher und seine Koje immer dabei. War also nicht wie ich auf Tempelunterkünfte und Herbergen angewiesen. Und ferner war Segeln auch Sport. Alles das setzte mich in Flammen. Ein Boot erschien mir sofort als das ideale Reisemittel.

Wilfried Erdmann und im Vordergrund ein Teil der Log- und Tagebücher seiner 40 Jahre Segelzeit.

Ein Jahr nach meinem Bootskauf in Alicante stand ich schon mitten auf dem Atlantik. Wunderbar. Es war gut gegangen. Und das Beste: Es gefiel mir. Sogar sehr. Das Segeln auf dem Meer, das Leben an Bord, das Alleinsein. Verdammt, alles. Und natürlich das Ankommen auf den Inseln. Am Ende hatte ich eine Weltumseglung geschafft und freute mich wahnsinnig.

Für dieses Segel-Leben hatte ich mir drei Jahre Zeit genommen. Dass daraus 40 werden könnten, weil mir die Aufgabe Spaß machte und man davon leben konnte, hätte ich 1966 nie gedacht. Diese 40 Jahre habe ich in zahllosen Logtagebüchern akribisch notiert und gesammelt.

Die vorliegenden Reiseaufzeichnungen entstanden überwiegend zwischen meinen langen Seetörns. Denn es gibt, auch wenn es manchmal nur kurze Fahrten waren, keine Segelzeit, in der nichts geschieht. Es sind mannigfaltige Eindrücke. Selbstauskünfte; veröffentlichte und unveröffentlichte Reportagen; Betrachtungen zum Meer; Erinnerungen; Informationen. Zusammengefasst ein ergänzender, erzählerischer und dokumentarischer Abriss meiner Segelzeit. Kleine Rätsel werden bleiben. Bekanntlich wird Chronologie im Buch leicht zum Papierkorb für Langeweile. Um dem zu entgehen, klebe ich nicht strikt an der Chronologie der Beiträge. Bei veröffentlichten Reportagen habe ich redaktionelle Kürzungen rückgängig gemacht und Veränderungen und Ergänzungen vorgenommen.

Dieses Buch beinhaltet neben Chartersegeln, Jollensegeln, Sturmsegeln auch das Thema Frauen in Meereslandschaft. Weiter reichen meine Beschreibungen von einer Motortrawlerfahrt über den Pazifik bis zu einem Segelkutter im Eis Sibiriens. Berichte vom Wandel der Fahrtensegelei sind dabei. Gewiss, die kommende Generation wird den vertrauten Zustand der Langfahrtsegelei nicht mehr vorfinden. Die gesamte Szene hat sich von Grund auf verändert. Unbestreitbar sind die modernen Yachten und ihre Ausrüstung ein Gewinn. Sie segeln besser, sie segeln schneller. Die Handhabung ist effizienter. An Deck ist dank Rollsegeln, GPS, Radar und dergleichen die Schinderei vorbei. Die Einbußen sind dagegen unübersehbar. Die Boote bewegen sich lebhafter, sind empfindlicher. Die Ausrüstung aufwändiger und logisch reparaturanfälliger.

Zugleich möchte ich Reklame machen für das Segeln als Sport. Es ist allemal attraktiver als in Fitnessräumen zu schwitzen. Zusätzlich liefert es im Vergleich reizvolle Sinneseindrücke. Man ist beim Segeln absolut und wirklich an der frischen Luft. Der Wind schafft einen freien Kopf, weht verbrauchte Gedanken fort, Gischt reinigt die Seele. Selbst Natursportarten wie Laufen oder Radfahren können dem nicht standhalten.

Ich freue mich, dass Segeln hierzulande ganz allgemein im Aufwind ist. Und hoffe, dass bei uns eines Tages italienische Verhältnisse herrschen, wo Luv und Lee und das Wort Kreuzen mit Segeln in Verbindung gebracht wird, wo künftig eine gute Performance dem Fernsehen und der Zeitung eine große Meldung wert ist. Ich weiß, ich weiß, Italien hat dreimal, viermal so viel Küste wie Deutschland. Außerdem: Für die Italiener hat Segeln außerordentlich viel mit Lebensart zu tun.

Neben dem Spaß an Bewegung für Körper und Seele soll mein Buch Sie animieren, loszusegeln. Jolle, Kojencharter oder wie es meine Schwiegermutter machte: ab in eine Segelschule, um festzustellen, dass ein Binnensee nicht fordernd genug war. Und sie sich folglich aufs Meer konzentrierte, um später zu »crossen« und im Logbuch festzuhalten: »Allein segeln ist wie im Himmel sein.« Ihre bewundernswerte Geschichte habe ich hier erstmals auf 36 Seiten festgeschrieben.

Ich segle gern. Ich lese auch gern. Es wird immer weniger gelesen. Deswegen sind zu jeder Geschichte Abbildungen eingebaut. Es gibt also auch etwas zu sehen. Ausnahmsweise möchte ich mal darauf hinweisen, dass ich mein eigener Fotograf bin. Es ist eine zuweilen irre und umständliche Aufgabe, in rauen wie in spannenden Situationen an Bord mit der Kamera zu hantieren. Nun, Leinen los, Anker auf, Segel hoch, was immer. Und viel Vergnügen – im doppelten Sinne.

Wilfried Erdmann — Sommer 2006

Bora Bora ist 8 Meilen lang und 6 breit. Die Insel besticht mit
einem dramatischen Ensemble aus Basaltzinnen, Korallenriffen und Lagune.

1

Der Südseetraum Bora Bora

Bora Bora ist die schönste Insel der Südsee. Warum ist gerade diese von Riff und Lagune umgebene Vulkaninsel der Inbegriff aller Insel-Träume? Sie offenbart Tropenzauber, Südsee-Sinnlichkeit, vor allem ursprüngliche Schönheit. 1995 besuchte ich sie.

So dramatisch habe ich mir die Gipfel der Vulkaninsel Bora Bora nicht vorgestellt. Unvorstellbar imposant, fast magisch, steigt die Insel aus dem Meer, als ich sie mit REGULUS STAR voraus habe. Sie ist nicht groß, scheint aber irgendwie vollkommen. Und wie sie daliegt, vom Meer kommend, umgeben von einem Korallenriff, an dem sich weiß und schwer die Brandung bricht, dahinter die beiden Berge Pahia und Otemanu von einem Dunstschleier aus Wolken verhüllt. Diese Insel wirkt so isoliert, als wäre sie das einzige Stück Erde im blauweiten Meer des Pazifik. Und wenn der Anker in der Lagune fällt, glaubt man, dort, wo der azurblaue Himmel aufs azurblaue Wasser knallt, sei die Welt zu Ende.

Bora Bora zeigt sämtliche Bilder, die man in seinen Vorstellungen von der Südsee mitbringt. Bora Bora erfüllt alle Verheißungen. Die Insel ist ein langsam im Meer versinkender Kessel eines einst mächtigen Vulkans mit wiederum kleinen Inseln, den so genannten Motus, auf einem Saumriff. Diese Motus sind mit Palmen bewachsen. Durch den Teavanui Pass, eine schmale Passage im Riff, an der beidseitig die See brandet und hohe Gischtfontänen aufwirbelt, gelangen wir in die geschützte Lagune.

Inmitten dieser Lagune, einem lichten Binnenmeer zwischen Riff und Vulkaninsel, gehen wir vor Anker. Das Wasser ist klar bis auf den Grund. Die Oberfläche bewegungslos wie ein Ententeich. Was

REGULUS STAR vor Anker in der Lagune von Bora Bora. Am besten lassen sich die palmengesäumten Inseln und Buchten mit dem Boot erkunden.

tut man in einer solch kristallklaren Lagune? Man jumpt über Bord. Schwimmt zu den Korallen, die sich wie Blöcke in der Lagune auftürmen. Das Wasser ist so rein, dass man ins Auge der kleinsten Fische sehen kann. Kachelschwimmer werden sich das Farbenspiel schwerlich vorstellen können. Aufgrund wechselnder Wassertiefe und wechselndem Lichteinfall reicht die Farbskala des Wassers von farbloser Transparenz über alle Nuancen von Türkis, über leuchtendes Kobalt bis zu tiefstem Tintenblau. Das Farbenspiel ist faszinierend. Der beste Überblick bietet sich aus der Saling, sieben Meter hoch. Nur, da muss man ohne Maststufen erst hochkommen.

Markus holt Maske und Flossen und taucht den zwölf Meter tiefen Grund ab. Er wundert sich, dass Muscheln in dem hellen, feinen Sand deutliche Spuren ziehen. Rainer putzt sich derweil unten auf der Badeleiter die Zähne und hat plötzlich zwei winzige Fische im Zahnputzbecher. »Kassel ist weit weg.« Und Claudia möchte gerne ein Glas Sand von unserem Ankergrund »für zu Hause«, schafft es aber nicht, die Tiefe zu tauchen. Und niemand ist ihr behilflich. Die Ärmste hat es mit uns drei Männern nicht leicht.

Ich bin fleißig. Der spektakuläre Berg Otemanu, 727 Meter hoch, verschlägt mir die Sprache. Also wird er fotografiert.

Wir vier von der REGULUS STAR machen hier Urlaub. Eine Woche frei und unkontrolliert segeln. Als Dank des »Stern« für unseren Einsatz vor dem Mururoa Atoll. Dort haben wir auf unserem Katamaran wochenlang gegen die Atombombenversuche protestiert. Ein Kampf, der leider nicht zu Ende geführt wurde. Aber jetzt sind wir hier auf Bora Bora, wo nichts von Nuklearversuchen und weltweiten Protesten zu merken ist, auf der Insel, die 7 Seemeilen lang ist und neben einem spektakulären Vulkangipfel und einer riesigen Lagune mit Palmeninselchen auch berühmt ist für ihren exklusiven Tourismus. Bora Bora liegt in Französisch-Polynesien, etwa 150 Meilen entfernt von der Hauptinsel Tahiti.

Der Duft der Tiare steigt uns in die Nase und ins Herz, als wir vor dem örtlichen Yachtclub festmachen. Als wir an Land die Planken betreten, kommt ein Mädchen auf nackten Füßen daher und hängt uns Blütenketten um den Hals. Ihre Freundlichkeit scheint nicht abgenutzt. Ihr Lächeln unbekümmert. Sie zieht ihren Pareo höher und verschwindet irgendwohin. Die weiße Tiare-Blüte ist Symbol Französisch-Polynesiens, sozusagen die Nationalpflanze, und wird Besuchern häufig als geflochtene Kette umgehängt.

Der Yachtclub Bora Bora ist eine Bambushütte mit drei Wänden, zum Meer hin also offen. Er ist sehr schlicht eingerichtet. Tische, ein paar Korbstühle. Der Boden besteht aus gehobelten Holzplanken, und wenn man nicht aufpasst, sind Feuerzeug und Geldbörse schnell durch die Ritzen im Wasser verschwunden. Das Clubhaus steht nämlich auf Pfählen in der Lagune und ist auch ein Restaurant. Sein Wirt heißt Guy. Er hat mit einfachem Maschendraht etwas Wasser abgezäunt und hält darin fünf Haie, so wie mein Nachbar seine Hunde im Zwinger. Nur dass die Haie dreimal so groß sind. Die Hauptträger für das Blätterdach sind aus Holz und mit hübschen Schnitzereien verziert. Ein Pfosten steht solo – direkt am Eingang. Und aus dem Ast, der seitlich

Kokospalmen und Blumenbüsche dominieren das Bild der Dörfer.
Sie sind ein Beispiel für die üppige, sinnliche Vegetation.

herausgewachsen ist, hat man einen Penis geschnitzt. Überdimensional. Ich berühre diese Kunst. Markus und Rainer grinsen, sagen aber nichts.

Claudia führt fleißig Tagebuch. Sie ist völlig verzaubert von Landschaft und Einheimischen. Zur Begrüßung Blütenketten? Hmm. Und als wir uns zum vier Kilometer entfernten Hauptort Vaitape aufma-

Typische Hotelanlage auf der Insel Motu Toopua: in die Lagune gebaute Bungalows, mit Blättern gedeckte Dächer, extrem schöner Platz.

chen, werden wir vom Fahrer eines Pick-ups einfach mitgenommen. Der junge Polynesier steckt Claudia eine Blüte hinters Ohr und sagt: »Sie passt so schön zum Kleid.« An der Niederelbe, wo sie herkommt, erlebt man so etwas nicht. Schön sind die Häuser nicht, an denen wir vorbeisausen. Pressspan, Bretter, Blech. Sie sehen aus wie Imbissbuden. Und einige Häuser haben im Garten ihren eigenen Friedhof. Die Gräber sind mit Wellblech überdacht. Jedoch: Kein Grab ist ohne Blüten oder Blumensträuße. Im Dorf stöbern wir in Souvenirläden herum, und auf dem Markt decke ich mich mit Pareostoffen für meine Frau ein. Claudia kauft sich die heiß ersehnten Muscheln: Kauri sind dabei, Fingerschnecken, eine Triton.

An Kirchen kann ich nicht vorbei, ohne hineinzuschauen. Die Kirche von Vaitape liegt einsam auf einer Wiese, die Wände weiß und die Türen rotbraun gemalt, beides längst vernarbt durch die Gier der Meeresluft. Wir treten ein. Der Boden besteht aus hässlichen Fliesen, belegt mit Teppichresten, der Altar dekoriert mit bunten Baumwollstoffen – und Blüten. Unter den riesigen Ventilatoren an der Decke haben Frauen und Mädchen Platz genommen. Wie sie da sitzen, ganz in Weiß gekleidet mit weißen Hüten, wirkt alles feierlich und festlich. Es findet mitten in der Woche ein ganz normaler Gottesdienst statt. Der Pfarrer predigt auf Polynesisch so vor sich hin. Die Mütter versuchen derweil ihre Kinder ruhig zu halten, die Teenager tuscheln, die Männer raunen, keiner scheint richtig zuzuhören.

Auf dem Rückweg schleichen wir in der Nachmittagshitze an den Häusern mit den ziemlich großen Gärten vorbei. Fasziniert und neidisch schauen wir auf die Vielfalt der Früchte. Eine Familie erahnt unser Verlangen und packt uns eine Basttasche mit meinen Lieblingsfrüchten voll: Papayas und Mangos. Obendrauf noch ein paar Limonen. Das ist Bora Bora. Diese nahrhaften Früchte gedeihen nicht nur, sie wuchern hier geradezu, oftmals ohne jegliche Pflege. Wieder an Bord halbiere ich eine Papaya, kratze die dunklen Samenkörnchen heraus, füge ein wenig Zucker hinzu und träufele Limonensaft darüber. Dann heißt es reinbeißen in das saftige gelbrote Fruchtfleisch.

Gemeinsam setzen wir uns zum Abend an den großen Tisch im Yachtclub. Entspannt strecken wir die Beine von uns und schauen ins Restlicht eines Sonnenuntergangs. Es wird ein köstlicher Abend. In den Gläsern funkelt französischer Rotwein. Meine Mitsegler sind ganz wild, den von Guy angebotenen Mahi-Mahi zu probieren. Das ist ein delikater Seefisch und die Zubereitung eine polynesische Köstlichkeit. Er wird in Limonensaft und Kokosmilch mariniert, anschließend gegrillt und mit einer Art Frucht-Chutney serviert. Ich enthalte mich bei Fisch. Mir wird ein Teller mit Schweinefleisch, Reis, Tomaten, Ananas, Bananen aufgetischt. Wir unterhalten uns über Boote, wie schon mehrfach auf diesem Törn. Markus möchte eine richtige Yacht, Rainer ein Segelboot und Claudia hierher auswandern und vom Segeln leben.

Nach dem Essen – Überraschung – stürzen alle zur Toilette, der einzigen im Yachtclub. Nicht weil sie müssen, sondern ... Claudia hat den Raum entdeckt. In ihren Notizen heißt es: *Eine Toilette, so groß wie ein Zimmer. Am Waschbecken, auf Borden und überall liegen und stehen Blüten und Blätter. Warum verzieren sie ihr Klo mit Blumen? Leider kann man die Toilette nicht abschließen. Wenn jemand reinkäme, könnte ich sagen: Komm rein, setzt dich, ich hole uns den Nachtisch. Aber ich weiß nicht, wie das auf Französisch heißt.* Verwunderlich sind dort auch die mit Kokosmilch gefüllten Wassergläser, darin werden Kakerlaken gefangen.

Am besten lassen sich die palmengesäumten Buchten der Insel mit unserem Katamaran erkunden. Mit nur einem Meter Tiefgang kommt man in fast alle Ecken. Die einmalige Formation mit Lagune und einer Vielzahl kleiner Sandinseln und Buchten lädt dazu ein.

Am Morgen nach der »Toilette mit Restaurant« umrunden wir vom Norden her Bora Bora innerhalb der Lagune. Doch nicht vollständig, denn der Südzipfel ist auch für unseren Katamaran zu flach. Wir drehen ab, suchen uns im Schutz vor dem Passat aus Ost am langgestreckten Motu Taurere einen Platz. Auf vier Meter Sandgrund fällt der Anker mit 30 Meter Kette. Die Lagune zu besegeln ist bei schönem Wetter navigatorisch keine große Sache. Eigentlich Kinderkram. Wird es kritisch, weil sich helle und dunkle Flecken abzeichnen, steigt einer von uns ein Stück in den Mast und lotst uns anhand der Wasserfarben an Flachs und Korallenköpfen vorbei.

Nach dem Segeln kommt der Landgang. Da sind wir ganz Bootstouristen. Mit dem Dingi landen wir am Strand. Einer hält die Leine, die anderen greifen ihren Krimskrams. Nicht weit weg entdecken wir ein Holzbrettchen, das an eine Palme genagelt ist. Tabu steht da geschrieben. Was ein Tabu ist, weiß wohl jeder. Etwas, das nicht betreten werden sollte. Den Hinweis Tabu liest man oft auf den Inseln. Es kommt vom polynesischen »tapu« – privat. Taurere hat jedoch ausreichend tabufreie und hübsche Sandstrände, wo Liegen und Betreten erlaubt sind. An solch einem machen wir unseren Traum wahr. Mit Blick über die farbenreiche Lagune zum brandenden Außenriff; mit Blick im Wasser auf Korallen und Riff-Fische und wieder am Strand unter einer Kokospalme mit Blick ins gefächerte Blattwerk.

Die Kokospalme ist der wichtigste und beeindruckendste Baum der Inselwelt. Alles an der Palme ist nützlich. Aus den Fasern der

Trotz Kreuzschifffahrt und Hotels ist der Mythos Bora Bora nicht zerstört. – Nach einer Woche setzen wir wehmütig Segel.

Fruchthülle werden Taue gedreht. Die biegsamen Blätter werden genutzt, um Dächer zu decken oder Taschen zu flechten. Aus dem Holz des Stammes werden Pfosten und Planken geschnitten. Und erst die Nuss: Der vitaminreiche Saft der grünen Nuss schmeckt lecker und erfrischt. Das Fleisch der reifen Kokosnuss wird geraspelt und für Gerichte ausgepresst. Und aus den überreifen Nüssen wird Kopra gemacht für Öl. Als Dessert eignen sich gekeimte Nüsse. Darin haben sich Fleisch und Flüssigkeit im Inneren allmählich zu einer weißen schwammigen Substanz gewandelt. Man nennt das Uto. Ich glaube: Ohne Palmen und Riffe gäbe es den Tourismus nicht, von dem alle Inseln profitieren.

Als die Sonne versinkt, legt sich der Passatwind. Wir hocken im Cockpit, ein Glas Gin Tonic in der Hand und genießen entspannt die abendliche Stille. Entspannt? Alle? Da bin ich mir nicht sicher. Wir kannten uns vorher nicht, und jetzt sind wir zwar schon über einen Monat auf dem Kat zusammen, und alles läuft reibungslos, aber was heißt das schon.

Nach Anbruch der Nacht spiegeln sich Sterne und Palmen auf dem jetzt vollkommen ruhigen Wasser der Lagune. Korallenfische ziehen glitzernde Leuchtspuren aus vielen fluoreszierenden Kleinstlebewesen im Wasser hinter sich her. Vom fernen Riff ist ein sanftes Grollen zu hören und mittendrin das reglose, ja schwerelose Schwojen der Regulus Star vor Anker. Es vermittelt Geborgenheit. Alles Irdische scheint in einer jenseitigen Welt zu existieren. Dass das Leben außerhalb dieser Lagune für uns wieder hart und bürgerlich wird, daran mag an diesem Abend keiner denken.

Wir steuern noch ein paar tolle Spots an: Moto Tofan, Pitiuu, Toopua beispielsweise. Markus und Rainer buchen Gerätetauchen und sind echt begeistert vom Abstieg auf den Grund der Lagune. Muränen, Makrelen, Mantarochen und Napoleonfische bekommen sie vor die Taucherbrille. Einen Napoleonfisch füttern sie mit einem gekochten Hühnerei, ein paar Minuten später spuckt er die Eierschalen durch die Kiemen wieder aus. Begierig sind die beiden auch auf den Stempel »Bora Bora« in ihrem Taucherpass. Derweil umrundet Claudia per Anhalter auf der einzigen Straße die Insel. 32 Kilometer. Sie genießt die herrlichsten Ausblicke: Auf der einen Seite das mächtige Bergmassiv der Hauptinsel, auf der anderen Lagune und Korallenriffe.

Den unvermeidlichen Abschied von Bora Bora lindern wir mit einem Drink an der Bar des berühmten Bora Bora Hotel. Ein kleiner Brunnen plätschert im Hintergrund, er suggeriert Kühle unterm Palmendach. Inmitten dicker alter Frangipani-Bäume befinden sich romantische Garten-Bungalows aus heimischen Materialien. Und in der Lagune davor stehen auf Pfählen eine Reihe Überwasser-Bungalows, die mit Stegen verbunden sind, von denen man bequem in die Lagune steigen kann. Die Bungalows kosten 1000 Dollar, nicht pro Woche – pro Nacht – für zwei Personen, inklusive Halbpension. Die Hotelanlage ist unübertroffen, schlicht gesagt märchenhaft: weißer Sand; kristallklares, ruhiges Wasser; schräge Palmen, die Schatten und wechselndes Licht spenden. Und zusätzlich liegt sie isoliert am Südzipfel der Insel, dort, wo auch wir mit dem Kat mangels Tiefe nicht herumkamen.

Wir übernachten auf der REGULUS STAR. Zwei Rümpfe. Ein Mast. 60 Quadratmeter Segel. Doppelkojen. Gasherd. Badeplattform. Dusche. Zwei Maschinen. Zwei Anker. Seekarten. Charterkosten: die Hälfte der Bungalowpreise – pro Tag. Unser Rundblick von Bord: rauschende Palmen, die Brandung an den Korallenriffen, ein menschenleerer Sandstrand.

Am Anfang und am Ende von Bora Bora steht für Segler der Teavanui Pass, ohnehin die einzige Passage durchs Riff. Wir setzen Segel. Erst das Groß, dann die Fock. Schnell bläht der Passat die Tücher auf unserem Kurs. Beidseitig der engen Durchfahrt tobt das Brandungswasser über den Korallenköpfen. Die Strömung verstärkt sich und drückt uns quer. Ich greife ins Ruder, um gegenzusteuern. Die Brandung weicht. Die Dünung kommt. Das Wasser wird tiefblau. Wir sind auf dem Ozean und sehen den Berg Otemanu immer kleiner werden. Auf dem Kajüttisch erinnert ein Glas mit weißen Frangipaniblüten an Bora Bora. Schon der Klang der Namen – Bora Bora, Vaitape, Frangipani wirkt aphrodisisch, beschwört in Seglers Vorstellung unweigerlich farbenprächtige Lagunen, einsame Motus, exotische Tänze und prachtvolle Sonnenuntergänge herauf. Es ist wert, hierher zu segeln.

Ausriss meiner Seekarte 4007 mit den Mittagspositionen.
Er zeigt, wie unorthodox und langsam mein Vorankommen zeitweise war.

2

BA 4007

Vom 5. November 2000 bis 24. März 2001 navigierte ich ununterbrochen auf einer Seekarte: der British Admiralty Chart 4007. Sie reicht über den gesamten südpazifischen Ozean – von Kap Hoorn über Neuseeland bis Tasmanien und endet auf der Länge von Kap Leeuwin. Das ist die Südwestecke Australiens.

Kaum hatte ich auf meiner Nonstopfahrt mit KATHENA NUI das Kap Hoorn an Steuerbord passiert, holte ich die BA 4007 aus der Ablage und breitete sie auf meinem Kartentisch aus. Die Seekarte ist mit 1,08 Meter mal 0,72 Meter ziemlich sperrig. Und viel zu groß für meinen Tisch. Aber einmal gefaltet, passte sie perfekt. Meine Zielkaps darauf, die äußerste Südspitze Tasmaniens und ein Stück weiter Kap Leeuwin, lagen in weiter Ferne. Genau auf dem anderen Ende der Rückseite der Karte, was mich ein wenig irritierte. Später jedoch, als ich begann, meine Irrfahrt gegen den vorherrschenden Wind auf der gefalteten Seekarte nur in Längen- und Breitengraden zu protokollieren, fand ich es angenehm, nicht mehrfach täglich die gesamte Distanz bis Leeuwin, dem südwestlichsten Kap Australiens, im Blick haben zu müssen.

Ich platzierte die 4007 sehr sorgfältig. Ich ahnte schon, dass ich sie lange in Gebrauch haben würde, nicht aber, dass sie die Karte meines Lebens werden würde. Klingt ein wenig pathetisch? Gut, ich reduziere: Sie war und ist meine kostbarste. Manchmal war das Segeln damit das Paradies, manchmal bereitete es mir erhebliche Qualen. Segelte ich doch auf dieser Karte in alle Richtungen: im Zickzack, kreuz und quer, im Dreieck, im Kreis und – wenn auch selten – auf direktem Kurs.

Blick auf meinen Kartentisch mit der Seekarte, die ich monatelang in Gebrauch hatte und die, was Wunder, trotz Nässe durchhielt.

Speziell diese Karte hat die Aura des Besonderen, ja des Geheimnisses, die Seekarten übrigens seit jeher auf mich ausstrahlen. Gleichwohl umschließt sie ein magisches Stück meines Lebens. Zum einen beschäftigte ich mich nautisch nie zuvor so lange und ausgiebig mit einer einzigen Seekarte. Beschäftigen heißt auch, man hockt davor und starrt aufs Papier, sucht eventuelle Fehler, sucht Lösungen zu einem effektiveren Kurs, wägt ab, zirkelt Distanzen zusammen, obschon man sich alles eingeprägt, vieles längst notiert hat. Fürchterlich diese Grübeleien, die einen in der Realität letztlich nicht voranbrachten, aber doch Anstrengungen kompensierten. Manchmal wurde ich schlicht mitgerissen von der eingezeichneten Route auf dem Stück Papier. Der Kurs bis zum anderen Ende der Seekarte, also von Ost nach West gegen den Westwind, überstieg zeitweilig die Kraft eines Einzelnen. Gewaltige Stürme, die so heftig waren, dass sie die Luft mit Gischt und Getöse erfüllten, bescherten Tage und Nächte, die mir körperlich und seelisch alles abverlangten. Indes: Es gab auch vollkommene Momente, geradezu magische Augenblicke, wenn beispielsweise hartes Gegenlicht das Wasser silbern reflektieren ließ, oder Wind, See und der Trimm der Segel optimal zusammenpasste. Einfach ozeanisch der stete Rhythmus des voranstürmenden Bootes, der freie Horizont, der ästhetische Flug des Albatros und anderer Seevögel. Da ich mich prinzipiell auf dem Ozean wohl fühle, waren viele Stunden und Tage dabei, die ich mein Leben lang bewahren werde.

Kurzum: Die Geschwister Freud und Leid lagen auf diesem Stück Papier monatelang eng beieinander. Genau 140 Tage. Fast fünf Monate lang machte ich darauf mit einem weichen Bleistift mittags meine Positionskreuzchen. Zum Vergleich mit meiner Nonstopfahrt 1984 vor dem Wind bedeutete es doppelte Distanz.

Wer die Fläche an Wasser und meine Langsamkeit begreifen will, muss sich immer diese unendliche Strecke vor Augen führen: 140 Seetage. Oder anders: Der pazifische Ozean ist größer als alle Landmassen der Erde zusammen. Alle. Natürlich der Nordpazifik mit einbezogen.

Als ich nach dem Nonstoptörn bei einem Dia-Vortrag zu dem Thema lamentierte, wie hässlich das Segeln auf diesem Südpolar-Seestück war, da sagte ein Zuschauer: »Wo ist das Problem? Ich segle bei solchem Wind und Wetter nicht.« Recht so. Warum soll man eigentlich gegen den Wind um die Erde segeln? Nonstop? Ganz ehrlich, einen vernünftigen Grund gibt es nicht. – Weil es mich seglerisch fordert, die weite See mein Element ist und mir den Kopf frei macht? Nun, ich weiß nicht. Nachdem ich diesen klassischen Kurs gesegelt habe und spätestens bei Seemeile 4000 auf dieser nautischen Unterlage gespürt habe, dass dem nicht immer so war.

Fast 2000 Wenden gegen teils bissige Winde und weiße Wellenkämme brauchte ich, um bis zum Kap auf der anderen Seite der Seekarte zu kommen. Das war über eine Million Mal, in denen sich der Bug hob und senkte, um gegen die anrollenden Wellen voranzukommen. Tag und Nacht. Mal weniger gischtig, dann wieder stach das Boot wie ein Taucher mit dem Bug unter Wasser. Das waren abrupt auftretende Schläge, die in der Koje nur angespanntes Schlafen erlaubten. Schläge, die bei den erforderlichen Segelmanövern an Sehnen und Bändern rissen, die Innereien durcheinander wirbelten, sodass man gar nicht wissen wollte, was um einen herum passiert.

Aufkreuzen ist eh eine Segelei der Wiederholung des Immergleichen: Backstag lösen, Bug durch den Wind steuern, Schot lösen und auf der anderen Seite rasch dicht holen, Kurs justieren, Backstag durchsetzen. Wieder und wieder. Die Wiederholung des Immergleichen ist die Grundvoraussetzung – wie beim Boxen. Im Umgang mit den Segeln war es nicht anders: Segel bergen, Segel setzen, Reff einbinden, Reff ausschütten, Knoten schlagen, Fallen bedienen, Festhalten. Das ging alles instinktiv vonstatten. Egal ob in finsterer Nacht, bei Hammerböen oder völliger Übermüdung. Amwindsegeln südlich des 40. Breitengrades ist wie mit einem Fahrrad ohne Bremsen, ohne Schutzbleche, ohne Licht in stockdunkler Nacht bei Regen und Wind über eine kurvige Bergstraße zu fahren.

Zeitweise war ich der wahre Einhandsegler. Generell gilt: Eine Hand ist zum Festhalten, die andere für die jeweilige Tätigkeit. Rollsegel, die die Segelarbeit erleichtert hätten, standen mir nicht zur Verfügung. Absichtlich nicht. »Keep it simple« ist schon länger meine Devise. Einfachheit trägt zum Gelingen bei. Und Gelingen stand im Vordergrund.

Eigentlich müsste ich jedem laut zurufen: Mensch, wenn Sie halbwegs bei Trost sind, segeln Sie bloß keinen Nonstopkurs gegen die Welle. Aber Nonstopkurse sind inzwischen Kult. Jedes Jahr startet mindestens einer, um bei Erfolg immer die gleichen Geschichten zu erzählen und aufzuschreiben, wie es am Kap Hoorn, in einem chaotischen Sturm, nach einer Monsterwelle und dann im Zielhafen war. Anscheinend nicht nur für mich eine große einmalige Erfahrung und markantes Erlebnis zugleich, die es nicht zu bereuen gilt. Vielleicht ist eine Wiederbelebung mit den extremen Elementen der Grund für einen Törn dieses Kalibers. Weil das Meer uns auf diesem Kurs beibringt, dass es im Leben darum geht zu kämpfen, und nicht unter Deck zu verharren, wenn im Cockpit die Wellen zusammenkrachen.

Wie schon notiert, Seekarten üben eine seltsame Faszination auf mich aus. Ich kann sie stundenlang betrachten: fremde Namen, Hafenstädte, Missweisungslinien, Wassertiefen, Inseln, Bänke, Sea Mountains, Küstenverlauf. Manche Karten sind so klar und kräftig, dass die Topografie der Wasserflächen einem geradezu reliefartig entgegenzuragen scheint. Im Gegensatz zu dicken Büchern bieten sie mit einem Blick viel deutlicher und komprimierter vielfältige Erkenntnisse über das Abbild der See und seiner Küsten.

Die Zeiten sind logischerweise passee, als ich beim Studieren der Seekarten noch unter Zeichenerklärung nachschauen musste, was ein Kreuz mit Kreis bedeutet (Fels, Klippe), oder worin der Unterschied

Das Südpolarmeer: Ein Raum mit nichts als bewegter See, Düsternis, Kaltluftfronten und unendlicher Weite.

zwischen Strömungspfeilen mit oder ohne Federn besteht (das eine ist eine starke, das andere eine schwache Strömung).

Die Seekarte ist eine kartografische Darstellung eines begrenzten See- beziehungsweise Küstengebietes. Meine 4007 ist zweifarbig: das Land gelb, die Küstengewässer bis zu einer Tiefe von 100 Metern blau, lichtblau die Tiefen bis 1000 Meter. Der Rest ist weiß. Alle Tiefenangaben sind in Metern. Auf meinem Kurs sind nicht allzu viele Tiefenmessungen verzeichnet. Es ist ein schwach befahrenes Seegebiet. Die Lotungen liegen bei 4598 Meter, 1998, 5098, 3657, 1426. Ein 6034 Meter tiefer Krater ist dabei. Auch eine 60-Meter-Stelle, ein so genannter Seamount. Das Beruhigende war: Kein Land und keine Untiefe lagen auf meinem Kurs. Der Kartenmaßstab ist 1 zu 20 000 000. Das heißt, die reale Entfernung ist 20 Millionen Mal so groß. Ich mache es plastischer: Ein Zentimeter auf der Karte entspricht 75 Seemeilen. Bis Kap Leeuwin hatte ich 7800 Meilen mit Richtkurs West vor mir. Das machte, als ich die Distanz abgesegelt hatte, im Schnitt 55 Meilen am Tag. Mein Durchschnitt entsprach folgedessen nicht mal einem Bleistiftstrich von einem Zentimeter Länge auf der Seekarte. Hätte ich das so vorher gewusst, ich weiß nicht, ich weiß nicht ...

Es begann nicht gleich mit einem Kreuzkurs. Aber mit einem Wetter, wie man es nur am Kap Hoorn findet. Alle typischen Jahreszeiten an einem Tag. Erst leuchtete das Wasser noch blau, später leuchtete nichts mehr. Grau und schwarz waren die anrollenden Seen. Zwischendurch eiskalte Hagel- und Schneeschauer in Verbindung mit Winddrehern, die einem die Richtung im Kopf verdrehten. Grau und schwarz auch die gewaltigen Berge der Kapregion im Hintergrund. Stimmungsvoll und tückisch zugleich die ganze Szenerie. Außerdem entstehen dort durch den »Zusammenstoß« zweier Ozeane (Atlantik und Pazifik) bedrohliche Strömungswirbel. Kein Ort der Meere ist mehr verflucht worden als das Kap Hoorn, weshalb auch normalsterbliche Segler die offene Kap-Hoorn-Rundung meiden.

So war die Ausgangslage an diesem – ich nenne ihn mal – ersten Kartentag. Doch das Wetter in seinen Abläufen zu beschreiben, ist in diesem Bericht Nebensache. Es geht um die BA 4007. Noch jungfräulich, das feste Papier glatt und einladend und trocken lag sie auf dem

Tisch, als ich mich westwärts auf den Pazifik stürzte. Im Kopf meine Segelanweisung: Kurs West, auch wenn der Kompass Süd oder Nord anzeigte.

Ich warf einen Blick aus dem schmalen Fenster überm Kartentisch. Die See bewegt. Leichte Gischt fetzte über die Wellenkämme. Der Himmel eine graue Finsternis. Keine Schiffe. Bald war das letzte Stück Land, die kleine Felseninsel Ramirez, achteraus verschwunden. Große Einsamkeit und wohl das Kritischste, der Respekt vor diesem Meer, begleiteten mich. Der erste Eindruck jedoch war eher unspektakulär. Es ging nämlich gut los. Der Wind war zwar wechselhaft in Richtung und Stärke, KATHENA NUI konnte aber Westkurs anliegen. Und kam gut voran. Und ich? Mein Geist schrie: Ich bin unterwegs. Gegen den Wind im Südpolarmeer. Ich hatte es gewagt. Der Kurs war gebucht, also ab in die Fluten. Was auch geschieht, jedes Lamentieren würde zwecklos sein. Ich war zum Westwärtsstreben verdammt.

Orkanartige Stürme und schlimmer, mächtige Seen, die sich zu schäumenden Monstern auftürmten und gegen mich anstürmten, erlebte ich wenige Tage später. Dies in Verbindung mit extremen Temperaturunterschieden, die die Tiefdruckgebiete mit 50 und 60 Knoten Wind verursachen.

Es kribbelt immer noch beidseitig der Wirbelsäule, fünf Jahre danach, wenn ich die fleckige, salzgetränkte Karte betrachte. Ich sehe mich auf 58 Grad Süd, eingepackt in Ölhaut, Sturmhaube, Südwester. Luft vier Grad Celsius, Wasser zwei Grad. Ich sehe das dramatische Dreieck. Eine Woche im Dreieck segeln und nur einen Zentimeter auf der Karte vorangekommen. Das ging auf die Psyche. Da hieß es Contenance bewahren und nicht zur chilenischen Küste ausscheren, die wenige Segeltage entfernt lag.

Und mir fallen Fragen ein. Fragen, die mir bei Vorträgen gestellt wurden. Ob man sich im Sturm über 9 Beaufort traut beizudrehen? Und der Fragesteller selbst die Antwort gibt: »Vermutlich haben Sie das nie gemacht und insofern keine Erfahrungen damit.« Da denkt man, bin ich so dämlich, oder habe ich mich verhört? Man will doch gut aussehen, also antworte ich freundlich und umfassend, dass ich bei hohen Sturmstärken mit dem gerefften Groß gegenhielt. Mit sieben Quadratmetern Tuch gegen eine lebendig schäumende See.

Man schaut nach einer Extremreise wie allein und nonstop gegen Wind und Strömung neu auf sein Leben.

ATHENA NUI

Gegen einen peitschenden, kalten Wind. Gegen den inneren Schweinehund. Denn bei Sturmböen mitten in der Nacht aus dem warmen Schlafsack an Deck zu stürmen, um die Segel zu reißen, kostet enorme Überwindung. Hat man endlich den Kurs neu justiert und ist bereit, sich wieder in der Kajüte zu verkriechen, knallt irgendetwas im Rigg, oder die Selbststeuerung ist nicht optimal eingestellt. Also,

Schwerer Sturm von vorn. Das Treibenlassen vor Topp und Takel war dann oft die einzige Möglichkeit, dem Wetter zu begegnen.

wieder ins Ölzeug und den Sicherheitsgurt. Eine umständliche Prozedur: Erst mit einem Bein in die Ölhose, abstützen, dann das andere, festhalten, abstützen, Reißverschluss dicht ziehen, Klettverschlüsse schließen. Mit der Öljacke dasselbe und zuletzt die Gummistiefel und der Südwester. Mühe machte bei Dunkelheit immer der Gurt, nämlich die Verschlüsse richtig zuschnappen zu lassen. War man klar, schob man sich durchs enge Luk ins Cockpit und wurde von Wasser und Wind empfangen. Zugegeben: Es spritzte nicht bei jeder harten Bö. Kathena nui ist ein Aluminiumbau und segelt relativ angenehm und auch trockener als vergleichbare Stahl- und Kunststoffboote.

Wichtiges Thema, das Beidrehen. Legten Sturm und See zu, wurde das Segel geborgen und rasch und locker eingebunden, schnell zwei Schritte zur Pinne, um den neuen Kurs festzulegen. In der Regel lief ich dann vor Topp und Takel bei raumem, achterlichen Wind ab. Erst nachdem der Kurs stand, verzurrte ich das Groß sorgfältig. Der kritischste Punkt bei solchen Manövern war der Moment, wenn das Schiff genau breitseits zur See lag und in einer Welle hätte kentern können. Ist nicht passiert. Kentern ist, wenn die Mastspitze ins Wasser titscht. Wie jeder schwere Sturm einige Wellenkämme hat, die höher und weißer sind als alle anderen, so gibt es ab und an auch eine Phase der Ruhe, in der Wind und See Atem holten, die es dann zu nutzen gilt. Bevor ich den Kurs änderte, versuchte ich einen solchen Moment abzupassen. Eines ist sicher: Man kann nie prophezeien, was einen da unten erwartet.

Es gab »verrückte« Wellen. Diese sich brechenden Wellen waren höher als die durchschnittlichen des Moments und kamen aus einer völlig anderen Richtung. Während eines Sturmes rund 1500 Meilen westlich vom Kap Hoorn, als ich eine Woche im Karree gesegelt bin, habe ich Seen von über 200 Metern Länge, vielleicht sogar 300 Metern gesehen, die sich auf der gesamten Länge ohne Unterbrechung überschlugen. Ein bedrohlicher weißer Anblick. Sie hinterließen ein Schaummeer beängstigenden Ausmaßes. Ich kann diese Naturgewalten nicht wiedergeben. Sie sind buchstäblich unbeschreiblich.

Ich »verzichtete« logischerweise darauf – mein Boot ist mit gut zehn Metern zu klein –, den direkten, etwas kürzeren Kurs Kap Hoorn – Tasmanien südlich des 55. Breitengrades zu wählen. Boot, Ausrüstung und ich hätten nicht standgehalten. Nicht aufgrund des Materials, schlichtweg wegen der Größe, achteinhalb Meter Wasserlinie sind zu wenig, um gegen noch höhere Seen anzusegeln. Ich wäre in den Stürmen zu oft zurückgeworfen worden. Und wegen der Eissituation wäre es auch nicht ratsam gewesen, ohne Radar ein zusätzliches Risiko, das ich nicht gebrauchen konnte. Mir war der Nonstop-gegen-den-Wind-Kurs zwischen 50. und 40. Breitengrad spannend genug. Der »Umweg« ist zum einen nicht erheblich und andererseits wütend genug, um meine seemännischen Ambitionen zu befriedigen.

Ein Blick auf die Positionskreuzchen der 4007 und ich kann mich an das jeweilige Wetter erinnern – nicht im Detail, aber dicht dran. Exakt dagegen erinnere ich mich an meine Stimmungen, meine Verfassung zum jeweiligen Zeitpunkt.

Nie vergessen werde ich die Neun-Tage-fünf-Fronten-Situation. Sie war zum Verzweifeln. Neun Tage, die mich zwei Zentimeter auf der Karte voranbrachten und mir alle Kräfte abverlangten. Es waren nicht die Stürme, es war nicht der Seegang während es blies, es war der Zustand zwischen den Tiefs, der mich fertig machte. Hätte ich zu dem Zeitpunkt einen Hafen in der Nähe gehabt, die Fahrt wäre dort zu Ende gewesen. Ein Marathonläufer, der bei Kilometer 35 keinen Mumm, keine Motivation mehr hat, braucht nur zwei Schritte seitwärts auslaufen, schon ist er in »Sicherheit«. Ich hätte noch mindes-

Gischt. Es ist verdammt schwer, die Gewalt der Seen im Bild festzuhalten, aber ich habe wirklich einige gigantische Seen erlebt.

tens zehn Tage segeln müssen. Viel Zeit, um Gewissheit zu erlangen, die Fahrt wirklich abzubrechen.

Zwischen den Fronten heißt im Südpolarmeer: Der Sturmwind bleibt plötzlich weg, aber es herrscht chaotischer Seegang – mit Wassermonstern an Deck. Es gab Augenblicke, wo ich um meine Takelage fürchtete, so wurden wir vom Seegang gebeutelt. Und nicht nur für wenige Stunden. Immer wieder Rollen und Stampfen zugleich, schlagende Segel und Fallen, ein stetes Knarren und Ächzen. An den Rumpf knallten ohrenbetäubende Wellen. Oder Kreuzseen schütteten alles zu. Und kam der Wind zurück, konnte ich nicht die erforderliche Fläche Tuch setzen, die Wellen hätten uns aufgespießt. Ein Beispiel, wie wechselhaft der Wind war: morgens abflauende 5, mittags 3, nachmittags schon 8 und zur Nacht hin auffrischende 9 und nach Mitternacht eine leichte Brise von heftigen Böen unterbrochen. Also stand an: Bergen, Reffen, Setzen, Beobachten. Das ganze Repertoire. Aufmerksam hing ich vor dem Barometer. Klopf, klopf. Es fiel, es fiel immer noch. Dann hingegen: Es stieg, jedoch es stieg rasend schnell ... Auch nicht gut. Ich hing über der Karte, auf die es von oben tropfte. Mein Blick war nicht vorwärts gerichtet, sondern rückwärts. Meine Position veränderte sich mal wieder im Krebsgang, denn Krebse bewegen sich bekanntlich rückwärts, um vorwärts zu kommen.

Was mich sehr wundert beim Blick auf die schrumplige Papierkarte mit Wasserkränzen und Blutflecken? Dass ich mir bei hässlichem Wetter, bei Schräglage und jähen Bocksprüngen, trotzdem mit Pergamentpapier Kurse davon abgepaust habe, um sie fein säuberlich ins Logbuch zu übertragen. Wohl nicht aus nautischen Gründen, eher um die Situation plastischer vor Augen zu haben. Jede Skizze erforderte immerhin vier Arbeitsgänge. Abnehmen, Durchzeichnen, mit einem harten Bleistift den Kurs ins Logbuch drücken und mit einem weichen Bleistift die Einkerbungen nachziehen. Dann Längen- und Breitengrade eintragen, schraffieren, Zeiten und Anmerkungen eintragen.

Später, auf der Passage zwischen Neuseeland und Tasmanien, bewegte sich mein Boot einmal nullkommanull. Kein Windhauch, keine Welle, keine Sonne. Die Wasserfläche wirkte bleischwer. Wolken

Das Wetter in den hohen Breiten ist sehr wechselhaft. Reffen die Regel.
Selten hatte ich mit günstigem Wind und Sonne zu tun.

reflektierten am Horizont. Mast und Segel warfen unmittelbar Spiegelungen. Meinen Sprung in das glatte, kalte Wasser werde ich nie vergessen. Der Kontakt mit dem Urkalten war zu plötzlich. Der Körper erstarrte, völlig benebelt wartete ich an der Bordkante, bis die Betäubung nachließ. Ich griff hastig zum Malerspachtel, um die Entenmuscheln, die am Unterwasserschiff wuchsen, abzustechen. Faustgroße Bündel sanken bald in dunkle Tiefen, wo sie schwerelos dahinschwebten und sich auf den Rücken drehten. Ihre perlmuttartigen Köpfe leuchteten ausdauernder durchs Schwarze, als ich Luft in meine Lunge packen konnte: 30, 40, 50 Sekunden. Ich stach und stach, und die Tiere schwebten weiter davon, immer in eine Richtung, gebündelt wie Laserstrahlen. So etwas hatte ich nie zuvor gesehen. In den Tropen hatte ich Sonnenstrahlen und Fische unterm Schiff gesehen und die Farben der Tiefen am Korallenriff, aber nicht vergleichbar mit diesem kleinen, funkelnden Licht im nachtdunklen Wasser. Das war ein Moment, in dem ich glaubte, ebenfalls zu schweben – weit, weit weg und glücklich.

Seekarte. Du bist heute noch salzig, so wie ich es unterwegs war. Je länger die Reise dauerte, desto feuchter wurde die Kajüte. Das Meerige breitete sich darin aus wie eine schleichende Flut, sie war nicht zurückzudrängen. Bücher wurden dicker, Frotteetücher steif, Schlafsack salzig. In der Kochecke konnte ich mir das Salzfass sparen. Im Mund war steter Salzgeschmack. Dabei ist Salz kein Lebensmittel. Es ist antibiotisch. Das heißt, Salz ist gegen das Leben. Und ich hatte es überall: in der Kleidung, im Kaffee. Ich trank sogar gelegentlich einige Schlucke mangels Frischwasser.

Am 24. März verabschiedete ich mich von meiner British Admiralty 4007. Das australische Kap Leeuwin lag 330 Meilen in Nordpeilung. Die Karte hatte durchgehalten, sogar tropfendes Ölzeug, Regenböen und ab und an einen leichten Guss durchs Luk überstanden. Und nur 35 Mark gekostet. Gibt es solch robuste Papierqualität noch? Mit einem Glas Rotwein, das auf der Karte den letzten Kranz hinterließ, feierte ich diesen Tag. Gedanke: Hoffentlich drängt mich nichts, nochmals auf dieser Strecke zu segeln. Nicht wegen der Härte, eher um besagten 139. Tag mein Leben lang in meinen Erinnerungen zu bewahren. Ich zelebrierte ihn am Niedergang. Ein Bein am Boden, das andere im Ausfallschritt gegen die Möbel gestemmt, um die Balance zu gewährleisten. An einer Griffleiste klammerte ich mich zusätzlich fest. Schon eine merkwürdige Stellung, in der man sich fragt: Wie waren diese Seemeilen? Glück gehabt? Vielleicht zu groß für mich? Die glücklichsten Momente waren, wenn KATHENA optimal getrimmt war, die Gischt im hohen Bogen zur Seite fegte und ich rücklings im Cockpit lag und in den Himmel schaute und der mangels Horizont ins Meer floss. Stundenlang genoss ich den atemberaubenden Anblick, versunken von Wolken, Wasser, Weite. Stunden, in denen ich eins mit dem Ozean war. Das Meer zeigte auf fantastische Weise, was ich bin.

Komischerweise spürte ich an diesem Rotweinabend keinerlei Erschöpfung, jede Anstrengung schien gewichen. Positive Gedanken überwiegten. Ein seliges Lächeln beherrschte mich. Ich vergaß fast, was ich seglerisch noch bis nach Hause zu bewältigen hatte: rund 12 000 Seemeilen.

Eine Seekarte enthält alle wichtigen Unterlagen für die Navigation. Beispielsweise: Wassertiefen, Seezeichen, Missweisungslinien, die Höhenangaben markanter Berge und sowieso Breiten- und Längengrade. Die 4007 umfasst zusätzlich ein ordentliches Stück meines Lebens. Jetzt hängt der »Überblick« an der Wand. Auf dem Rand mein handschriftlicher Vermerk: »Mit dem Überblick fängt alles an«.

Übrigens, zum ersten Mal schriftlich fixiert wurde das Thema mit dem »Überblick« in der Bibel, in den um etwa 1300 v. Chr. niedergelegten Mose-Kapiteln. Da ermahnte Gott, der Herr, den Propheten vor der Verkündung der heiligen Gebote auf dem Gipfel des Sinai: »Mache dem Volk ein Gehege umher und sprich zu ihnen: Hütet euch, dass ihr auf den Berg steigt.«

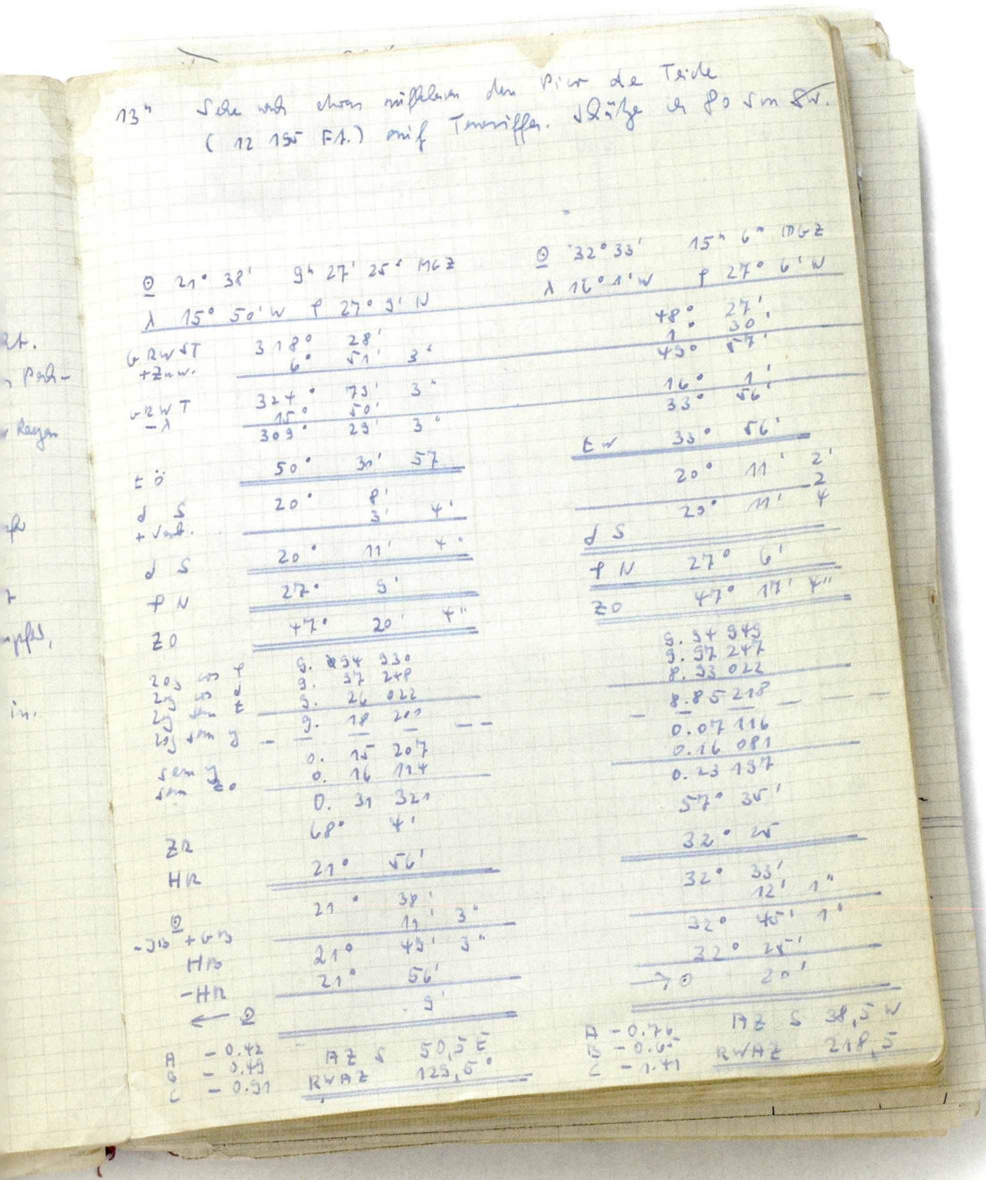

Als Astronavigation noch Rechenarbeit war. Eine Standortberechnung aus dem Logbuch von Ingeborg von Heister vom 22. November 1969.

3

Aus eigener Kraft

Von September 1969 bis September 1970 segelte die Düsseldorferin Ingeborg von Heister allein über den Atlantik zu den karibischen Inseln und zurück. Ihr Boot: ein Trimaran von 10,70 Meter Länge, 6,20 Meter Breite und mit 0,75 Meter Tiefgang.

Im Sommer 2002 starb meine Schwiegermutter und hinterließ mir kostbares Papier: Logbücher, Briefe, ein Manuskript. Darin enthalten ihre Erlebnisse und Erfahrungen, die sie 1969/70 machte, als sie mit ihrer ketschgetakelten ULTIMA RATIO vom Mittelmeer über den Atlantik in die Karibik und via Bermudas und Azoren zurücksegelte.

Vor 35 Jahren galt solch ein Ansinnen als verrückt. Eine Frau allein über den Ozean. Wo bleibt da die Seemannschaft? Und dann noch das Ganze auf einem Trimaran, also einem Mehrrumpfboot, von dem sich hierzulande kein männlicher Seglerknochen vorstellen wollte, dass man mit drei Rümpfen gut segeln konnte. Jedenfalls nicht über den Ozean.

Selbstredend hat man damals gefragt: Warum als Frau? Warum als solche ausgerechnet allein? Man lässt doch nicht seinen sicheren Kaufmannsberuf sausen, um auf dem unsicheren Meer Erfüllung zu finden. Es wird nachfolgend Antwort gegeben.

Sehr viel Persönliches gab Ingeborg von Heister damals nicht preis. Nur: »Ich stehe auf dem Standpunkt, dass es besser ist, allein zu segeln als mit einer Crew, mit der man nicht zurechtkommt. Und wen soll ich als Frau mitnehmen? Eine andere Frau? Bin nicht sicher, ob eine Frau ein Kamerad sein kann. Ein Ehepaar? Kommt nicht infrage. Ein Mann, in den man nicht verliebt ist? Gibt ganz sicher große Schwierigkeiten. Und einen, in gegenseitiger Liebe verbunden und der zudem gern segelt, finde ich nicht oder habe ich nicht gefunden. Entweder kein Geld, keine Neigung zum Segeln oder zu alt.«

Dabei war nicht nur ihre seglerische Leistung ungewöhnlich. Ihr seglerischer Werdegang war es auch. Allemal für die 50er Jahre. Wo viele noch eisern in Sofas und Küchen investierten, entdeckte sie ihre Liebe zum Wasser und zu Segelbooten. »Um meine Geschicke in die eigenen Hände zu nehmen. Um endlich selbstständig zu sein.«

Segelschule Prien am Chiemsee. Die stand am Anfang, nein, es war eigentlich ein Zelt. Das Zelten – wild in der Lüneburger Heide. »Die Bäume rauschten, Käfer zirpten, das Gras umschloss mich. Ich lag vor dem winzigen Zelt und starrte in den blauweißen Himmel – nur leicht zogen die Wolken von links nach rechts.« Wind. Segeln. Das war die Idee! Dieser eine besondere Tag gab ihr die Lösung: Ein kleines Segelboot, das ist es. Damit war man fast frei wie ein Vogel, dachte sie. Seen und Kanäle existierten ja im Überfluss.

Vor Aufregung konnte sie die Nacht kaum schlafen. Zurück in Düsseldorf setzte sie sich sofort ans Telefon und buchte einen Segelkurs. Am Chiemsee stellte sie rasch fest: »Jollensegeln und Binnenseen sind nicht mein Ding.« Zu leicht, nicht fordernd. Ein Wunsch wurde konkret: Ein Kajütsegelboot sollte es sein. Seetüchtig für das Meer, den Atlantik und warum nicht gleich für »ganz rum«. Dafür wurde fortan gespart. Der Traum sollte sich erfüllen. »Träume können sich erfüllen, aber Einsatz ist notwendig.« Jede Mark kam auf die hohe Kante, »für mein Boot«. Der berufliche Stress war sehr hart, »aber man war jung und hatte ein Ziel«. Ingeborg von Heister hatte ein Geschäft für Autozubehör – zusammen mit ihrem Mann, der nicht mehr ihr Mann war. Man hatte sich privat getrennt.

Dann, 1959, war es so weit: »Ich hatte SIE.« Die erste Ultima Ratio war ein Neun-Meter-Schiff aus Stahl. 25 000 Mark, eine Menge Geld für zunächst reinsten Luxus. Kauffrau Ingeborg musste ganz schön durchatmen.

Aber sie liebte das Boot mit all den dummen, unnötigen Dingen, mit denen sie es einrichtete: Porzellan, handbemalt in Delftblau, Bettwäsche mit gesticktem Bootsnamen, nette Gardinen, Geflügelschere und so weiter. »Es war eine Zeit wie die ersten Kinderjahre, ungebunden, ohne Ängste, ohne Komplikationen. Nur das Schiff zählte.« Damals sagte man noch stolz: das Schiff zu einer normalen Segelyacht.

Es folgten die ersten Schritte vom Liegeplatz im holländischen Muiden. Volle Kraft zurück. Volle Fahrt voraus. Ein Großsegel, das nicht hochzukriegen war. Ein Außenborder, der über Bord fiel. Die vergessene Spring beim Ablegen. Wie lachten alle ringsum – die holländischen wie die Düsseldorfer Segler. Sie waren schon im Englischen Kanal gewesen. Hatten längst Salzwasser an Deck erlebt. Da half also nur Lernen und viel Üben. Leicht gesagt: »Wie klein waren die holländischen Seen, wie groß mein Schiff.«

Jedes Wochenende war sie mit ihrer Tochter Astrid unterwegs: »Segelschule Ultima Ratio.« – »Sieh an, eine Frau auf einem Neun-Meter-Boot und nur mit der Tochter. Wo ist denn der Ehemann?« Kaiser Wilhelms Zeiten waren so weit weg noch nicht. Nein, das war bedenklich und nicht zu akzeptieren.

Rückblickend eine amüsante Konstellation. Man stelle sich die beiden Blonden an Bord von Ultima auf dem IJsselmeer vor, das damals noch ein bisschen größer war. Ingeborg schreibt: »Frauen fehlt die ›Rippe‹. Daran ist nicht zu zweifeln. Sie sind nicht so leistungsfähig wie ein Mann. Jahrtausende haben sie in ihre jetzige Bahn gedrückt, die biologische Seite ist auf keinen Fall zu vergessen.«

Sie dachte: »Trotzdem kann ich nach den Sternen greifen.«

Dass die Tochter sich bald selbstständig machen würde, ließ sich absehen. Die Anzeichen häuften sich: »Ich bin eingeladen, darf ich gehen?« In den Sommerferien, die Astrid lieber mit Freunden verbringen wollte, segelte die Mutter ihren ersten Einhandtörn. Durch die holländischen Kanäle nach Vlissingen, hinaus auf die Nordsee, entlang der Küste bis nach Oostende und Dünkirchen. Sandbänke, Tidenströmungen, Tonnen. Der nächste Törn führte schon über den Kanal nach England. Und immer machte die Maschine Trouble. Es war ein Benziner mit Fallbenzin. »In jedem Hafen musste ich erst mal den Vergaser in Teile zerlegen und säubern.«

Wenig später hatte Ingeborg bereits das Patent als Sporthochseeschiffer in der Tasche. Das absolvierte sie im Düsseldorfer Yachtclub. Die Prüfer allerdings kamen aus Bremen von der dortigen Seefahrtschule und fragten sie, die sich mit der Theorie der Astronavigation ein bisschen schwer tat, die »unmöglichsten Sachen«. Zum Beispiel nach dem Sternzeichen auf der Südhalbkugel, das dem Großen Wagen der nördlichen Halbkugel als Richtungsweiser gleichkommt. »Mein Gott, das wusste ich. Das Kreuz des Südens. Hat mich wohl rausgerissen, denn die wollten partout kein Auge zudrücken.«

1964, ihr letztes Jahr mit der geliebten Stahlslup, segelte die eingefleischte Kauffrau über die Themsemündung nach Burnham-on-Crouch. »Es ist sehr früh, gerade nach Sonnenaufgang. Nebelschwaden ziehen über das weite Wasser. Es ist zauberhaft, das Licht, die Stimmung und alles, aber dafür habe ich eigentlich keine Zeit. Die Karte auf den Knien, die Augen immer wieder auf die See und die vielen Bojen gerichtet. Und die verschiedenen Strömungen, die man richtig laufen sieht. Dann ein großer Ozeandampfer, ganz dicht schräg von achtern, aber zwischen ihm und mir nichts als flaches Wasser. Ich habe auf den Goodwin Sands Schiffe gesehen, die dort gestrandet sind und langsam sterben.«

So steuerte die Alleinseglerin in den River Crouch. Alle Boote lagen, wie in englischen Tidenflüssen üblich, in der Mitte an Bojen vertäut. Hunderte. Sie musste den Fluss hinaufsegeln, Gottlob lief die Tide mit, eine freie Boje aufpicken und die Kette an Deck nehmen. »Aufpicken, gut gesagt. Alleine. Die Engländer haben besondere Bootshaken dafür. Ich nur meinen normalen, darf also nicht verfehlen, denn die Boote liegen ziemlich dicht um mich herum. Alles muss in der Strömung, zudem unter Segel passieren. Der Vergaser ist mal wieder dicht.« Es ging gut. Für derartige Manöver hatte sie keinerlei Erfahrung. Stolz notierte sie: »Erfahre beim Guinness im Club, dass Ultima die erste deutsche Besucheryacht nach dem Krieg ist.« Der Abend war gebongt. Von Colchester, einem weiteren Flusshafen, zurück nach Holland machte Schwiegermutter noch eine bewegende Erfahrung: ihre erste Nacht auf See. »Keiner meiner Segelfreunde hat das bisher gewagt.«

All das ist über 40 Jahre her. Gegenwärtig hüpft man in ein Boot und segelt einfach los. Andere haben in der Tat vorher gezeigt, dass es nicht so schwierig sein kann. In ihrem England-Logbuch hält sie fest:

Immer sind es die Ersten, die Entdecker, die wichtig sind. Sei es Captain Cook, der später auf Hawaii von den Eingeborenen erschlagen

Ultima Ratio legt sich in einer Bö mächtig über. Der Trimaran ist allein und ohne Selbststeueranlage schwer zu segeln.

wurde, Magellan auf der ersten Weltumseglung oder der Argentinier Vito Dumas, der mit seiner Yacht Legh II, einem Colin-Archer-Typ, 1942/43 seine legendäre Einhand-Weltumseglung machte. Von Buenos Aires aus und mit drei Stopps – Kapstadt, Wellington, Valparaiso. Und mit einem Durchschnittsetmal von nur 74 Seemeilen. Aber er war der erste Einhandsegler, der Kap Hoorn umrundete und überlebte. Und er war der erste Weltumsegler auf dem so berühmten und gefürchteten Südpolarmeer. Es gibt so viele mehr, so viele zu bewundern, aber es sind immer die Ersten, die wichtig sind.

1965 fand die endgültige Abnabelung statt. Die Tochter bezog ein Apartment, Ingeborgs Geschäftsanteile gingen an ihren ehemaligen Mann, die Slup wurde verkauft. Der Ozean konnte kommen. »Mit Weite, völliger Unabhängigkeit und Exotik: wie wundervoll. Ich habe ein bisschen Geld übrig. Und ich habe mein Hochseeschiffer-Patent.«

Nur das richtige Schiff, das vermeintlich richtige, fehlte.

Ein Segelfreund kam mit der Idee eines Trimaran. Eine Drei-Rumpf-Konstruktion namens Nimble, 30 Fuß, ein Entwurf des Briten Arthur Piver, der eigentlich Flugzeuge entwarf, aber gelegentlich Boote zeichnete, die allesamt schnell segelten. Für neue Ideen und generell Anderes war meine Schwiegermutter immer zu haben. Also: hören, sehen, kaufen – war alles eins. Den Tri (sie hatte ihn schon bestellt), so erfuhr Ingeborg auf der Londoner Bootsschau, gäbe es auch eine Nummer größer. Typ Lodestar, Länge 10,60 Meter. Sie bestellte ihn fürs darauf folgende Jahr. Die ersten Tri-Erfahrungen machte sie mit dem Nimble, was auf Deutsch der »Flinke« hieß. Von der Überfahrt ins Mittelmeer mit Freund Walter notierte sie: »Als wir die portugiesische Küste weit draußen entlangsegeln, haben wir genau den richtigen Wind, ordentlich stark und Seen aus Nordwest. Prima Richtung, aber was ist mit dem Boot? Es fängt an zu brummen wie ein Motor, rast förmlich über die Wellen. Ruder gehen ist harte Arbeit, 20 bis 30 Minuten sind das Maximum, was man bei der Konzentration leisten kann. Das Log schlägt über die 15 Knotenanzeige hinaus. Der Flinke hat es eilig. Es ist ein berauschendes, aber auch sehr gefährliches Gefühl. Gischtumhüllt haben wir Bedenken, die Orientierung zu verlieren. Lange können wir das nicht aushalten. – Natürlich kann man. Es geht so bis zur Straße von Gibraltar. Auf dem Mittelmeer holen wir erst mal Luft.«

Der Nimble wurde in Italien exzellent verkauft. Auch dort gibt es Segelfreaks, die sich für hypermoderne Konstruktionen begeistern.

Den Lodestar-Tri, getauft wieder auf den Namen ULTIMA RATIO, brachte sie 1966 allein von England nach Vigo in Spanien. Mit Tochter Astrid, die wieder mal ihre Ferien an Bord verbrachte, segelte sie weiter nach Süden. Platz an Bord war ausreichend vorhanden. Der Trimaran ist im mittleren Rumpf großzügig bewohnbar – mit Kojen, Pantry, Toilette und Achterkajüte.

Die Straße von Gibraltar wurde diesmal zum Alptraum: »Fünf Wochen Zeit mit meiner Astrid. Wir wollen zumindest bis Alicante, von wo sie zurückfliegen kann. Die weiß, was an Bord zu tun ist. Nur leider wird sie ziemlich schnell seekrank. Aber Himmel, was für ein wundervolles Segeln haben wir für Tage. Auf der Höhe von Cadiz bekommen wir schlimmen Wind, der uns zwingt beizudrehen. 20 Stunden treiben wir vor Topp und Takel. Das Ruder ist festgelascht, wir fühlen uns sicher, nur wird es mal wieder Nacht. Leider am nächsten Tag starker Dunst, der sich zur absoluten Nebelsuppe entwickelt. Es bleibt dicht, bis wir in Gibraltar einlaufen.«

Bei pottendichtem Nebel und ohne Maschine, das 18-PS-Aggregat (ein Außenborder im Schacht montiert) gab immer dann den Geist auf, wenn es gebraucht wurde, irrten Mutter und Tochter zwischen der Schifffahrt herum, immer mit der Furcht vor einer Kollision. Der Nebel war so dicht, dass man das Vorschiff nicht mehr sehen konnte. Ständig gaben sie Signale mit dem Nebelhorn. »Die Schiffe antworten, aber wo sind wir kleinen Würstchen?«

Nach zwei Nächten klare Sicht: »Da ist er, der Rock von Gib. Nichts wie rein in den Hafen, bevor der Schlamassel wieder anfängt.« Im Hafen erfuhren sie dann, dass zwei Schiffe tatsächlich zusammengestoßen waren. »Das war wohl der Krach, den wir so dicht bei uns gehört haben.«

Das Haar gekämmt, Lippenrot aufgetragen und in schicken gelben Öljacken erlebte ich die beiden beim Anlegemanöver. Stolz und plötzlich gar nicht mehr müde gab es viel zu erzählen. Wir schlossen Freundschaft. Wir mochten uns. »Wir haben wunderschöne Tage, Astrid und Wilfried schließen mich oft in ihre Exkursionen mit ein. Frauen sind knapp in Gibraltar. Einmal bietet ein Schwarzer Wilfried Geld für mich. Er meint, zwei Frauen für einen Mann sei nicht gerecht. Es wäre beinahe zu einer Schlägerei gekommen.«

Drei Jahre später, ich hatte inzwischen die Erde einhand umsegelt, waren wir wieder zu dritt in Gibraltar. Und wiederum mit zwei Booten. Schwiegermutter wollte endlich crossen, wie sie so schön sagte. Nach dem Verlust ihres Freundes musste sie mit niemandem rechnen, nach niemandem Ausschau halten. Zwölf Jahre nach dem Gedankenblitz in der Lüneburger Heide wollte sie es mit ihrem Tri über den Atlantik wagen. – Astrid und ich, die wir inzwischen verheiratet waren, planten das Gleiche und weiter – um die ganze Welt. Bis in die Karibik war gedacht, sich hier und dort in einem Hafen zu treffen. »Bloß nicht im Schlepptau des anderen ...«

Es folgt die historische Atlantikreise der ersten deutschen Frau. Es ist ein zeitloser Bericht, geschrieben von einer zeitlosen Frau. Ingeborg von Heister hat ihrer Geschichte ein Motto vorangestellt, für das sie den römischen Schriftsteller Epikur bemüht:

»Unsinnig ist es, von den Göttern etwas zu erbitten, das man aus eigener Kraft leisten kann.«

Als Marokkos Kap Espartel am Ausgang der Straße von Gibraltar schließlich hinter mir liegt, habe ich einen flotten achterlichen Wind. Schön, aber dafür darf ich das Ruder nicht für 20 Sekunden aus der Hand lassen. KATHENA überholt mich. Astrid und Wilfried sitzen entspannt im Cockpit. Sie haben ihr Boot zum Selbststeuern gebracht, während ich mich abrackere. Ich brauche nun definitiv etwas Ruhe. Es ist nicht nur das ständige aufmerksame Rudergehen. Es sind auch die Sonne, das Glitzern des Wassers, die weißen Segel, die hellen Aufbauten, die mich quälen.

Nun kommt mein Problem. ULTIMA steuert sich keine Meile selbst. Das heißt: Ich muss Rudergehen, Schlaf, Navigation und Essen irgendwie auf die Reihe kriegen. Die Küste zieht sich hin, tagsüber segle ich dichter heran. Es ist so interessant. Auch wenn es nicht viel zu sehen gibt, aber die Fantasie kann schweifen: Marokko. Beduinen. Kamele.

Abends halte ich wieder mehr auf See, reduziere die Segel und döse ein wenig am Ruderrad. An festen Schlaf ist nicht zu denken. Ich würde nichts hören. (Später sollte mein Empfinden für Geräusche besser werden. Oft war ich sogar schnell genug, das Schiff vor einer unfreiwilligen Wende oder Halse zu bewahren.)

Am vierten Seetag am Horizont die weißen Häuser der Stadt Casablanca. Meine Kinder sind mit ihrer KATHENA ganz weit drinnen im Hafen. Nahe beim Segelclub finde auch ich eine Lücke zum Vertäuen. Wundervolle Bummelei, Cafés, Einkaufstage und Seglerfreunde. Alles ist so primitiv, aber sehr positiv. Jeder Eimer Süßwasser ein Geschenk. Und der saubere Gemüsemarkt mit leckeren, saftigen, aromatischen Tomaten. Lose deutsche Butter im Stück – alles billig. Keine Probleme mit dem Einklarieren, keine Schikane.

»Nun aber raus aus dem Hafen und Kurs Las Palmas«, sagt Wilfried. Ein Segler, der mit einem winzigen Boot unterwegs ist, will unbedingt auf ULTIMA RATIO mitsegeln. Fast hätte ich ihn mitgenommen, aber Wilfried winkt ab. Und er hat Recht. Kaum habe ich angefangen, ein bisschen was zu beweisen, will ich mich schon wieder hinter jemandem verstecken.

Das Leben kann so herrlich sein: unter Segel im geschützten Cockpit, mit dem richtigen Wind und einem Glas in der Hand.

Nun, so bin ich erneut alleine auf der See. Bald dümpelt ULTIMA in einer Flaute herum. Was kann ich schon tun? Ich lasse die Segel oben, spart Arbeit bei der Hitze. Wenn eine Brise kommt, bin ich bereit. Aber mit der Brise kommt auch ein Motorboot. Fünf Leute an Bord, Maschinenpistolen, Tücher hoch bis zur Nase, keine Uniformen. Auch keine Nummer am schmuddeligen Boot, das sieht mir überhaupt nicht offiziell aus. Sie kommen auf »Tuchfühlung« heran, fragen, schreien. Sind ziemlich rau. Ich kann nur an Deck stehen und mit den Schultern zucken. Verstehe wirklich nichts. Einen Augenblick später habe ich meine Papiere zurück, und sie drehen mit lautem Gequatsche ab. Was war das Ganze nur? Nach der Korrektheit in Casablanca unverständlich. Herrje, das hätte mir gerade gefehlt: erst Flaute, dann Fellachen. Mein Herz ist tief unten.

Wieder denke ich an den Riesentanker, der ULTIMA im Mittelmeer fast überrannt hätte. Klare Sicht, vollkommen windstill. Ich sah ihn schon früh, dachte, dass er mich auch sieht und ausweicht. Aber er tat es nicht. Hektisch bekam ich buchstäblich im letzten Moment die Maschine in Gang. Der Tanker fuhr geradewegs durch mein Kielwasser. Schwarze Schiffswände gingen bis in den Himmel.

Diese Erfahrung habe ich dann so bald nicht vergessen. Sie hat mich übervorsichtig werden lassen. Ganz besonders auf dem offenen Atlantik, wo man auf der unbefahrenen alten Segelroute von Ost nach West praktisch nicht mit Dampfern rechnen muss. (Ich sah drei Schiffe, die meinen Kurs kreuzten. Später, auf der Rückreise, waren es 17.) Nie habe ich verstanden und verstehe es immer noch nicht, dass sich Segler einfach in die Koje begeben und die Nacht über nicht ein einziges Mal nach draußen sehen. Nur wenn der »natürliche« Drang sie zwingt. Tagsüber genauso. Die Selbststeuerung hält Kurs – es ist heller Tag, das Boot muss doch zu sehen sein! Ende.

Wachen müssen an Deck stattfinden. Tag und Nacht. Es sind mal eben 20 Minuten, die nach meiner Beobachtung ein Frachter vom Horizont bis zu meinem Standort braucht. Einhandsegler segeln solo, weil sie es wollen oder – müssen. Aber dürfen sie anderen die Aufmerksamkeit aufbürden?

Der Törn von Casablanca nach Las Palmas hat es in sich. Lange Windstillen, starke Winde von vorn. Ich bin weit draußen, nehme die

Segel, wenn ich müde bin, runter und nächtige im Cockpit. Dick eingepackt. Oft versuche ich, mithilfe einer Taschenlampe zu lesen. Bis heute weiß ich nicht, ob das Lesen einen müde oder wach macht. Die afrikanische Küste entlang, die Kanarischen Inseln vor mir, kann ich kein Risiko eingehen. Zusätzlich habe ich viele Fischerkähne, meist unbeleuchtet, die bis auf hundert Meter herankommen.

Zwölf Tage brauche ich für nur 550 Seemeilen. Gut, dass ich das vorher nicht wusste.

Nach meiner Begegnung mit dem angeblichen Polizeiboot fange ich an, mir unheimlich Gedanken zu machen. Aber ich sage mir, dass wir nicht mehr im Mittelalter leben. Boote werden nicht geentert und die Crew einfach über Bord geworfen. Was könnte ich schon tun, wenn plötzlich Männer, halbnackt, mit blitzenden Messern zwischen den Zähnen an Bord springen? Das ist sowieso Unsinn, aber die Nächte sind lang und furchtbar dunkel, und ich bin sehr allein.

Hingegeben an die Weite der See und die Unendlichkeit über mir, verliere ich die Wirklichkeit.

Eines Nachts sitze ich verbissen am Ruder, kämpfe an der Kreuz um jeden Meter und komme doch nur 6 Meilen voran. Ich bin wie ausgelöscht, ausgebrannt. Ich will es erzwingen, koste es, was es wolle, ist ja nur bis Las Palmas. (Diese Pein des Nichtvorankommens sollte mich später noch öfter quälen.)

Mein Gott, auch am vierten Tag Wind aus Südwest, das heißt von vorn. Erst schwach, dann plötzlich 6 bis 7 Beaufort – und es liegen noch 400 Meilen vor mir. Es bläst. Dünung rollt an. Wellen knallen unter die Ausleger. Sporadisch regnet es. Wie schön, die Luft kühlt ab. Kann nichts essen. Will nur schlafen, schlafen, schlafen ...!

Logbuch, 20. Oktober: *Alle Knochen und die Ohren schmerzen. Bin ganz benommen vor Elend. Trotz allem, ich bleibe den ganzen Tag, eingepackt in Wollsocken, Öljacke und Wolldecke am Ruder, dabei ist es warm bei inzwischen frischem achterlichen Wind. Unwetter mit tropischen Regengüssen ziehen über mich hinweg.*

Gegen Mitternacht ist mir übel vor Kopfschmerzen. Vermutlich habe ich auch Hunger. Meine Schulter ist lahm, die Beine steif, kann mich kaum rühren vor Müdigkeit. Sogar Segelmanöver werden zur Qual. Es ist mondhell und klar, mit der Ankerlaterne wird man mich wohl sehen. Ich falle angezogen auf den Boden der Kajüte, ziehe eine Decke über mich und schlafe augenblicklich ein. Nicht lange. Da sind die 20 Minuten, die mich wieder an Deck treiben.

Logbuch, 21. Oktober: *Klare erst mal auf. Esse eine Hand voll Nüsse und Rosinen und trinke ein Bier. An sich nicht der richtige Tagesbeginn für den Magen, aber ich habe Lust darauf. Bevor es am Morgen Tee und Kaffee gab, trank man früher auch selbst gebrautes Bier. Der Himmel ist wolkenlos blau. Mir geht es nach der Mütze Schlaf besser. Die Wärme unter meiner Vermummung hat wohl sehr geholfen.*

Am achten Tag erwache ich, weil mir ein Piepmatz über den Kopf läuft. Wage es nicht, mich zu bewegen. Ein zweiter saust in der Kajüte herum. Sie haben eine gelbe Brust und graugrüne Flügel. Vermutlich sind die armen Tierchen mit dem ständigen Südwest von den Kanaren abgetrieben worden. Ich versuche, sie zu füttern, aber einer fliegt nach draußen. Der andere sieht völlig zerrupft aus, hüpft unruhig überall herum. Ich beobachte ihn vom Ruder aus. Manchmal hockt er sich nieder, steckt den Kopf unter die Flügel, aber es treibt ihn wieder hoch. Stunden später stirbt er unter Krämpfen. Ich bin vor Schreck wie gelähmt und wage nicht, ihm zu helfen, ihn zu töten.

Der nächste Tag wird einer der schönsten Segeltage. Der Himmel hat nur einen Wolkenkranz, der Wind kommt aus Nordwest mit 3 bis 4. Die Sonne ist herrlich angenehm. ULTIMA habe ich so hingetrimmt, dass sie sich allein steuert. Was für ein Tag. Dies sind die göttlichen Segelstunden. Tiefer Friede und eine große Freude erfüllen mich. Nicht nur der Blick über die Reling ist unbeschreiblich schön, auch ULTIMA RATIO ist das beste Schiff, das es gibt. Darauf trinke ich eine Flasche Guinness.

Wie schnell können sich Wünsche erfüllen. Es läuft eine lange gleichmäßige Dünung. Das Schiff liegt weiter sicher auf Kurs. An Backbord passiere ich die hohen Inseln Lanzarote und Fuerteventura. Dort brechen sich über tausende Meilen laufende Seen in starker Brandung.

Ich wundere mich oft, dass ich trotz größter Müdigkeit immer dann wach werde, wenn ich es mir vorgenommen habe. Es ist wie ein in mir verborgener Wecker. Überhaupt ist es erstaunlich, wie stark die Aufmerksamkeit auf See im Unterbewusstsein verankert ist. Auch wenn ich schlafe, bleibe ich wachsam, bin sofort bei der kleinsten Veränderung in der Bewegung des Tri oder der Geräusche von Wind und See da. Morgens, wenn ich am besten schlafe, muss ich allerdings jedes Mal meinen inneren Schweinehund überwinden, um an Deck zu schauen.

Der zwölfte Tag ist nochmals ein Tag zum Küssen. Warum ihn nicht genießen? Habe ich denn nicht genügend Zeit, über die wirklich wichtigen Dinge nachzudenken? In einer Flaute gehe ich schwimmen. Was für ein Gefühl! Tief und weit und breit nur Wasser – begrenzt vom Horizont. ULTIMA und ich. Eine der großen Freuden ist vom Boot aus nackt in einem blauen Meer zu schwimmen.

Mittags sehe ich im Schönwetterdunst Land voraus. Es ist der Nordostzipfel von Gran Canaria. Als ich noch etwa 15 Meilen von Las Palmas entfernt bin, bekommt ULTIMA den Wind, der uns in den Hafen bringt. Vor der Einfahrt drehe ich kurz bei. Mache schnell noch ein wenig Toilette. Bin praktisch seit zwölf Tagen nicht aus den Kleidern gekommen. Im hinteren Teil des Hafens fällt der Anker. Meine beiden Hochzeitsreisenden sind überglücklich. Astrid war sehr in Sorge. Sie wollte schon die Hafenpolizei mobil machen. KATHENA brauchte nur fünf Tage. Sie konnten gleich von Anfang an durchsegeln und hatten immer günstige Winde, während ich mit Gegenwind, Flauten, Starkwind und vor allem meiner Müdigkeit (wegen fehlender Selbststeuerung) kämpfte.

Nur etwa 30 Yachten mit Ziel Karibik liegen in La Luz, dem Hafen von Las Palmas, vor Anker. Mit uns sind es fünf Deutsche. Neben einem jungen Schweden bin ich der einzige Einhandsegler und ULTIMA der einzige Mehrrümpfer – logisch.

Die Tage im Hafen verrinnen schnell, man kommt einfach zu nichts. Nach der Anspannung brauche ich eine Woche, um wieder auf die Beine zu kommen – das heißt in den normalen Rhythmus. Nachts wandere ich an Deck herum, tief zufrieden, denn ich kann jederzeit in meine Kemenate gehen.

In der dritten Woche beginne ich, unruhig zu werden. Irgendetwas sitzt mir quer. Zuerst will ich es nicht wahrhaben, aber dann gebe ich mir selbst zu, dass es die aufkeimende Angst vor dem Start ist. Ich beginne hektisch und nervös die notwendigen Arbeiten: kontrolliere Segel, Fallen, Beschläge. Mein Schwiegersohn steigt in den Mast und checkt Profil und Rigg. Ich bunkere reichlich Proviant für die 2700 Meilen bis Barbados. Abends studiere ich wiederholt See- und Windkarten und sinne darüber nach, ob es vernünftig war, dieses Unternehmen gestartet zu haben. Auf einmal fühle ich mich klein und schwach.

Auftrieb geben mir meine Kinder, die sich scheinbar keine Gedanken machen und mir zureden, was ich bisher alles schon erlebt und geschafft hätte. Wir gehen in der Stadt essen und auch sonst kümmern sie sich sehr. Es bleibt ein leichter Druck im Magen, trotzdem bereite ich mich mit Elan weiter vor. KATHENA würde einige Tage nach mir starten, da ich ohne Selbststeuerung doch langsamer sein würde und auch immer noch nicht wusste, ob meine beiden

Abschied in Las Palmas. Die Kinder sind überhaupt nicht traurig als die Ketsch sich im Licht des Morgens am Horizont verliert.

Vorsegel als so genannte Passatsegel das Boot wenigstens ab und zu steuern würden. Alle Versuche bisher klappten nicht sonderlich. In der Woche vor dem Start gehen wir ins Wasser, kratzen schwimmend den Muschelbewuchs von den Rümpfen. Letztendlich bekommt das Rigg Tausendfüßler (Bagywrinkles) zum Schutz der Segel. Am letzten Tag holen wir Obst und Gemüse und die Dinge, die noch fehlen.

Ich finde sogar noch dreifach in Stanniol eingepacktes Vollkornbrot und brate sechs große Steaks. Jetzt bin ich klar.

Tja, der 20. November 1969, 9.00 Uhr: Wir sitzen an Deck, trinken eine Flasche Sekt zum Abschied. Danach geht alles sehr schnell: ein Kuss, eine Umarmung. »Mach's gut Mami.« – »Sei vorsichtig.« – »Bis Barbados.«

Die Segel schon vorbereitet, motore ich bis zur Hafenausfahrt. Wilfried und Astrid begleiten mich auf KATHENA, als endgültiges Abschiedsgeschenk fliegt noch eine Tüte Bücher rüber. Und dann wird KATHENA kleiner und immer kleiner, und ich einsamer und immer einsamer. Nun habe ich neben dem Kloß im Magen noch einen im Hals.

Der Wind weht zum Auftakt aus Nord bis Nordost. Leider schwach, aber so hat man herrlich Zeit, sich zu gewöhnen. Schon bald bin ich ruhig und zuversichtlich. Alle Angst ist abgefallen. Stattdessen erfüllt mich ein Gefühl des Stolzes auf ULTIMA. Nun sind wir für die nächsten Wochen ganz und gar alleine mit uns. Sie kommt mir wie ein lebendes Wesen vor, und ich verspreche ihr, sie nicht zu ärgern.

Die Sonne, der Wind, vor allem die große Helligkeit und das ständige Am-Ruder-Sein greifen an. So bin ich mit Sonnenuntergang schon todmüde. Der Abbau meiner Widerstandskraft geht viel zu schnell. Ich habe mir fest vorgenommen, sehr auf meine Gesundheit zu achten. Vor allen Dingen regelmäßig zu essen, möglichst täglich einmal warm. Jetzt muss ich ein gewisses Gleichmaß in mein Leben bringen. Ich will zwar eine schnelle Überfahrt machen, aber nicht auf Kosten der Sicherheit. Die bringt mir nur meine volle Leistungsfähigkeit. Jetzt am Anfang, in der Nähe der Inseln, werden die Nächte noch unruhig sein, da ich auf den Dampferverkehr zu achten habe. Hier passieren alle Linien von Norden nach Süden – und umgekehrt.

Der neue Tag beginnt mit einer Überraschung. Ich überhole langsam eine amerikanische Yacht. Erstaunlicherweise wenden sich die drei Köpfe im Cockpit nicht, ich werde nicht gegrüßt – seltsam.

Das fängt ja schön an. Ich meine nicht die Geschichte mit den Amerikanern, die habe ich bald achteraus aus den Augen verloren, nein mit dem Wind. Flaute und schwachwindig gestern, heute – und morgen? So habe ich zwar viel Zeit, den Schmutz von Las Palmas abzuwaschen, aber ich komme schlecht voran. Im Osten und Süden brauen sich wiederholt dicke schwarze Wolkenbänke zusammen, die alles bringen, nur keinen Wind. Ich bin kribbelig, sehr nervös und hoffe, dass nicht ganz schlechtes Wetter heranzieht. Ich bekomme nicht mal die Mittagsposition zustande, entweder Sextant kaputt oder ich zu dämlich. Hoffentlich das Letztere. Ich muss mich entschieden zusammennehmen. Was ist bloß los?

Nachts reicht eine Ankerlaterne nicht. Dicht daneben hänge ich eine zweite ins Rigg. So ist die Beleuchtung zwar nicht vorschriftsmäßig, aber bedeutend besser zu sehen als die Positionslampen, die viel zu tief montiert sind.

Logbuch, 22. November: *Setze bei schralendem Wind Vollzeug – Genua, Groß und Besan. Barografennadel blubbert wie Kork im Wasser. Der Himmel pechschwarz. Mittags zieht eine schwere Regenbö durch, mit Dauerregen. Also, raus mit dem Ölzeug, den Stiefeln. Mutig sein, sage ich mir und platziere mich am Ruder. Gerade auf den Anfang kommt es an. Meinen Kurs kreuzen hier noch zahlreiche Dampfer. Abends hänge ich wieder beide Laternen raus. Es ist scheußlich dunkel und ungemütlich. Zuvor, bei einer kurzen Aufklarung, habe ich den Pico de Teide auf Teneriffa deutlich gesehen. Schätze 60 Meilen entfernt. Er hat eine Höhe von 3700 Metern. Imposante 3700 Meter, die aus dem Meer ragen.*

Im Salon habe ich mir auf der Koje der Backbordseite mit einer großen Tischplatte einen Kartentisch gemacht. Dort liegt nun alles griffbereit: Zirkel, Bleistift, Radiergummi. Der Sextant ist angebunden. Ich habe also viel Platz und kann die großformatigen Seekarten bequem benutzen. Es ist wie auf einer Dampferbrücke. Zwar hocke ich bei der Navigation mit den Knien auf der Sitzbank, aber was macht das schon. Für die Navigationsarbeiten kann ein Tisch nicht groß genug sein.

Natürlich sieht mich die Nacht viertelstündlich an Deck. Ich habe die Sache raus. ULTIMA kriege ich nämlich auch auf Selbststeuerkurs. Sogar unter der großen Genua. Nicht immerfort, aber wenigstens zeitweise. – Die See ist flach. Sie spiegelt die Düsterheit des Himmels wider. Eine grenzenlose Einsamkeit liegt bei diesem Wetter über mir.

Leider muss ich feststellen, dass mein Obst bereits verrottet. Davon werde ich also zu wenig an Bord haben. Ich sortiere sorgfältig und ordne alles neu und beginne, mich besser einzurichten. Zwischendurch brauche ich Nervennahrung in Form eines spannenden Kriminalromans. Zudem halte ich mich strikt an die Anweisung meiner Tochter: regelmäßig essen. Lieber wäre mir ein regelmäßiger Wind. Auch am fünften Seetag werde ich auf die Probe gestellt. Beaufort 7, ein irrsinniger Regen und ein total unsinniger Kurs.

Logbuch, 25. November: *Der Kurs 180 Grad, hart am Wind. Wo komme ich damit nur hin? Die See hat zwei bis drei Meter. Es regnet in Strömen. Zwischendurch ist manchmal kein Wind, und die Segel klatschen, nass wie sie sind, hin und her. Das Boot schaukelt so ganz ohne Fahrt furchtbar. Im Laufe des Tages wechsle ich verschiedene Male die Segel. Das Wetter ist veränderlich mit schlagartig viel Wind. Eine komische Situation. Sie macht mich zappelig und hält mich trotz Regen und Kälte ständig an Deck.*

Auch am nächsten Tag herrscht Südwest und Finsternis ringsum. Der Südkurs erscheint mir vernünftig, denn so könnte ich früher in die gewünschte Passatzone rutschen. Der Tag bringt mir jedoch auch unnötigen Ärger und Arbeit. Die an der Reling festgelaschte Genua hat sich durch die überkommenden Wellen losgearbeitet und ist ein wenig über Bord gerutscht. Hat dabei die Schot nachgezogen, die sich dann in den Propeller der Maschine vertörnt hat. Herrje! Einen Moment steht mir das Herz still. Es ist unmöglich, diese gute Schot zu zerschneiden. Und: Damit wäre sie immer noch im Propeller.

Die See bewegt. Der Wind frisch. Die notwendige Aktion muss trotzdem erledigt werden. Sinnlos, sich selbst Vorwürfe zu machen. Auf keinen Fall kann ich mit Taucherbrille und Messer bewaffnet ins Wasser springen. Jetzt, wo die Segel unten sind, tanzt das Schiff wie auf Schlaglöchern. Die ganze Situation ist reichlich verfahren. Letztlich bleibt nur das Dingi. Ich löse also die Taue, die es auf dem Netz zwischen den Rümpfen festhalten. Das Dingi wiegt 40 Kilo, aber über meine »Nudelrolle« rutscht es leicht ins Meer. Im Wasser sichere ich es mit Leinen am Boot – und springe hinein.

Ein ganz entsetzliches Gefühl bei dem Wetter. Es ist notwendig, das Dingi von achtern zwischen die Rümpfe zu bringen. Dann arbeite ich teils Kopf unter Wasser und zeitweise mit Taucherbrille. Dabei zerbricht meine beste Brille, deren Einzelteile in der Tiefe verschwinden. Solche Dinge tragen nicht gerade zur Erheiterung bei. Die Schot ist x-mal um den Propeller gewickelt. Ich versuche es immer wieder, beiße die Zähne zusammen, denn ULTIMA jumpt auf und ab, und zudem ist der Schiffsboden voller Seepocken, die mir Hände und Arme aufritzen. Ich fluche vor mich hin und habe Zweifel, ob ich die Situation überhaupt meistern kann.

Als die letzte Schlinge gelöst ist, springe ich wie der Blitz an Deck. Die Genua muss in Zukunft besser befestigt werden, sonst passiert womöglich das Gleiche noch einmal. Und das Dingi soll wieder an Bord. Ich bin klatschnass und restlos fertig. Meine Arme und Hände sehen »herrlich« aus. Man hat mich vor offenen Wunden auf See gewarnt, weil sie schlecht heilen.

Eine Woche bin ich schon unterwegs, und es wird höchste Zeit, dass ich etwas unternehme, um meine Moral zu heben. Ich bin ziemlich deprimiert. Glücklicherweise reißt die Wolkendecke hin und wieder auf, sodass es reicht, die Sonne zu schießen. Nun weiß ich wenigstens genau, wo ich bin. Breite: 25 Grad 37 Minuten Nord. Länge: 17 Grad 20 Minuten West. Ich bestimme meine Position nach der Semiversus-Formel. Eine umständliche astronomische Navigationsmethode. Um den mit dem Sextant gemessenen Winkel der Gestirne in Koordinaten umzurechnen, muss ich mich mindestens eine Stunde lang mit Zahlen, nautischen Tafeln und Standlinien herumschlagen.

Frauen sind doch schwache Geschöpfe und im Vergleich zu Männern zu sehr eine Beute ihrer wechselnden Empfindungen, die von äußeren Einflüssen geprägt werden. Und hier liegt auch das Problem bei derartigen Unternehmungen. Körperlich ist eine Anstrengung durchzustehen, psychisch hapert es – jedenfalls bei mir.

Das Ergebnis dieser ersten Woche ist katastrophal. 330 Meilen in die richtige Richtung. Ich weiß nicht, was ich von dem Wind halten soll. Er verhält sich wie eine Achterbahn: mal ganz wenig, dann wieder zu viel und immer noch aus Westsüdwest. Ich will doch nicht nach Südamerika. Und Regen, Regen. Die Salzluft und Salznässe kriechen überall hin.

Die Schnitte an den Armen und Handrücken heilen schlecht. Eigentlich gar nicht. Und Schlaf findet fast nicht statt.

Logbuch, 29. November: *Es weht aus Nordost! Das kann doch nicht wahr sein. Dazu mit herrlichen 3 bis 4 Beaufort. Ich bin wie elektrisiert. Der Kurs mit 230 Grad goldrichtig. Jetzt noch die Selbststeuerung. Ich beginne mit zwei ausgebaumten Vorsegeln, deren Schoten zum Ruder gehen, zu experimentieren. Haste an Deck vor und zurück. Denke alles durch, aber es will nicht recht klappen. All das nimmt Zeit in Anspruch. Erst als ich die Schoten überkreuz belege, funktioniert's. Hurra, die Vorsegel arbeiten. Kann daneben sitzen und Däumchen drehen.*

Nicht zu fassen. Ich korrigiere noch ein bisschen, und dann sitze ich auf dem Vorschiff und bestaune das Wunder. Puuh, bin ich glücklich. Eine Flasche Sekt muss her. Gottlob steht immer eine im Kühlschrank. Ich bin völlig überwältigt: Die gelben Vorsegel stehen prall gefüllt. ULTIMA pendelt zwar stark, wenn sie von einer Woge leicht schräg von achtern angehoben wird, aber sie fängt sich immer wieder und kommt auf Kurs zurück. Ich sehe auf die sich bewegenden Schoten und glaube beinahe an Heinzelmännchen.

Der Luftdruck steht fest. Das schlechte Wetter ist offenbar achteraus. Achteraus erst mal auch die Kopfschmerzen, der fehlende Schlaf und die Anspannung, als ich vor Erschöpfung heulte.

Jetzt mache ich klar Schiff. Der Teppich wird geklopft, Schränke gelüftet, Wetterkleidung und andere Sachen zum Trocknen auf die Reling gehängt. Mein Standort ergibt noch 2200 Seemeilen bis Barbados. Ich kann mein Glück nicht fassen. Erstmals schreibe ich jetzt am Tisch. ULTIMA läuft mit 7 Knoten ihre Bahn, und ich staune. Ein unbeschreibliches Gefühl zu sehen, wie ein Boot in Harmonie mit den Elementen seine Arbeit tut. Ich bin dagegen ein Nichts. Der Erdball schrumpft förmlich zusammen. Was sind bei dieser Art Segeln 2000 Meilen?

Und wie richtig habe ich es gemacht! Wie gut war es, dass ich den Mut aufbrachte, die Überquerung zu starten. Man sage mir, wer so glücklich ist wie ich. Alles ringsum ist plötzlich positiv. Jede Stunde, die ich verträume, bringt mich meinem Ziel näher.

Ich brause mit 8 Knoten in die Dunkelheit. Keine Verkehrsampeln, keine Polizei, keine hupenden Autos, weit und breit nur

Wasser, frische Luft, Ultima und ich. Kein Einsamkeitsgefühl. Im Gegenteil, es ist wundervoll. Bald muss das Kreuz des Südens zu sehen sein. Ich kann vor Begeisterung nicht schlafen, sitze draußen im Cockpit und bin fasziniert von allem. Der frische Passat, die Kraft der Segel, das milde Klima, besonders die Beschaffenheit der Wolken hat es mir angetan.

Logbuch, 30. November: *14 Uhr. Da kann doch was nicht stimmen. Habe ich die Sonnenbeobachtung verpatzt? Ich mache eine neue. Rechne, kontrolliere und zeichne das Ergebnis eine halbe Stunde später in die Seekarte. Es gibt keinen Zweifel. Von gestern 13 Uhr bis heute 13 Uhr habe ich sage und schreibe ein 220er Etmal hingelegt. Kaum zu glauben. Das wäre ein Durchschnitt von 8,9 Knoten. Nein, nicht das wäre, das ist einer von 8,9. Kinder, Kinder, ich hole auf. Wenn das so weitergeht, bin ich in zehn Tagen da!*

Irgendwie ist es mir doch unheimlich. Ich mache eine nahezu irrsinnige Fahrt. Ultima rauscht zeitweise mit beängstigender Geschwindigkeit über die drei bis vier Meter hohen Wellen. Angehoben, getragen, weitergeschoben kommt sie oft ins Gleiten. Das ganze Schiff vibriert und brummt wie unter einer sehr starken Maschine. Hoffentlich geht das nicht ins Auge. Die Vorsegel haben zusammen 26 Quadratmeter und sind nicht einzureffen. Ich hocke im Cockpit, trinke von Zeit zu Zeit Tee oder Zitronensaft mit einem rohen Ei. Die See ist rau, und der Trimaran wird schwer hin- und hergeworfen. Aber er fängt sich immer wieder und läuft doch seinen Kurs, auch wenn er bei dem Seegang erheblich pendelt. Der Wind dreht ein wenig auf Ost, bleibt jedoch bei Stärke 7 bis 8.

Diese unruhige Nacht werde ich nicht vergessen. Alles in mir ist aktiviert bis zum Äußersten. Irgendwann habe ich das Gefühl der Unsicherheit verloren und keine Furcht mehr vorm Unterschneiden oder Querschlagen. Ultima ist ein seetüchtiges Schiff!

Es ist ein rauschhaftes Empfinden, im Passat »speedy« zu segeln. Auch wenn dieses Gleiten höllisch gefährlich sein kann. Allerdings, wer es einmal getan hat, will es immer wieder.

Logbuch, 1. Dezember: *Einfach sensationell mein Navigationsergebnis. Mehrfach geprüft. Ein Etmal von 270 Seemeilen. Ein Durchschnitt von 10,9 Knoten. Das reicht fast an Pen Duick heran, den Tri von Eric*

Tabarly. Und das mit meinen braven drei Sperrholzrümpfen und meinen ausgewehten Segeln.

Gewiss, Träume sind herrlich, denn was ist los am nächsten Tag? Nur 110. Der 13. Tag auf See! Kann nicht gut gehen. Südwind, wo komme ich denn damit hin? Bermudas? Noch sind die doppelten Vorsegel gesetzt. Nämlich in Erwartung, dass der Passat sich wieder auf Ost einstellt. Aber tut er nicht. Gegen Abend ist das Wetter wie in Deutschland, alles grau in grau, kalt und Regen. In dieser Finsternis Segel wechseln? Nein. Ich kann mich nicht überwinden. Ich verhole mich unter Deck, öffne mehrere Konservendosen, esse ab und zu daraus und stiere die Nacht durch in das flackernde, weiße Licht. Von Zeit zu Zeit traue ich mich in den Regen hinaus, um Ausschau nach Schiffen zu halten. Die anderen passen ja nicht auf.

Es schüttet auch am folgenden Tag und am übernächsten, so als wolle es niemals aufhören. In den Nächten peitschen Regenböen das Meer, dass mir angst und bange wird. Kein Stern. Nach diesen Tagen kommt es mir ungerecht vor, mit solch widrigen Bedingungen in der Passatregion segeln zu müssen. Wenigstens einen Vorteil hat es, wenn man langsam läuft: Man kann kochen. Die fliegenden Fische beispielsweise, die ich morgens an Deck einsammle, kommen in die Pfanne. Die handflächengroßen Bratlinge bringen Abwechslung in meine Nahrung. Die Früchte sind bei dieser hohen Luftfeuchtigkeit eh größtenteils verdorben. Ich mache mir wieder und wieder Reibekuchen aus frischen Kartoffeln, dazu Schwarzbrot und Bier. Etwas muss der Mensch sich gönnen – wenn er schon keinen Passat hat. Weibliche Gefühlsschwankungen machen mir zu schaffen.

Dabei hüpft mein Herz, sobald ich auf die Seekarte schaue. Auch wenn, verglichen mit Landkarten, die Kurslinie nur langsam nach Westen kriecht, klar ist: Der Umgang mit einer Seekarte hebt meine moralische Verfassung. Was bleibt, ist der Zickzackkurs bei aktuell zugezogenem Wetter, umlaufenden Windrichtungen und Regen. Man fühlt sich wie in einem Unterseeboot.

Logbuch, 6. Dezember: *Mache vier Sonnenbeobachtungen und rechne mich schier zu Tode. Die Ergebnisse sind kurios. Erst nach langen Bemühungen finde ich die Fehler. Sie entstehen, weil: 1. Nach der Semiversus-Formel navigieren heißt zu viele Möglichkeiten für Rechenfehler.*

2. Mein grundsätzlicher Mangel an Konzentration. – Habe zu viel Leerlauf. Zu wenig körperliche Aktivität. Es fehlt die Energie, etwas Gescheites zu tun. Wäre ich mit mir konsequenter, ginge es mir wohl besser.

Dieser Tag bietet ein seltenes Wolkenbild mit doppeltem Regenbogen, bizarren und völlig verschiedenen Wolkenschichten. Von Ost bis Südsüdost ziehen Altokumulus; im Süden Kumulus Quellungen, darüber Kumuluswolken; im Südwesten Kumulonimbus; im Westen Altokumulus duplicatus; im Nordwesten und Norden Kumulus congestus und im Nordosten Altokumulus lenticularis. Direkt über mir blau, einfach strahlend blau. Am Horizont leuchten und verändern sich die Wolkendramen in immer Verzückteres. Werde ich noch einmal etwas Vergleichbares sehen? Stunden später ist das Schauspiel zusammengesunken. Von Südwesten hat sich alles verdunkelt, und es regnet tropisch: dicke Bindfäden.

Wie schnell Schönheit vergeht!

Ich bringe ULTIMA mal wieder zum Selbststeuern und greife zum authentischen Kriegsbericht der »Wüstenfüchse«. Es ist gut, wenn mein Geist revoltiert, er muss beschäftigt werden. Und wenn ich nach dem Lesen dieses Buches meine vorübergehend desolate Lage betrachte, kann ich nur sagen, dass ich den Scharfblick verloren habe. Es ist nicht wichtig, wann ich ankomme, sondern lediglich, dass ich ankomme. Ob Astrid und Wilfried mich schon eingeholt haben? Na, Stahl und 8,90 Meter ist auch nicht das Schnellste. Meine Tochter segelt über den Ozean. Wie schön. Wirklich zu beneiden. Als ich in ihrem Alter war, hatten wir Krieg. Bombennächte in Düsseldorf, ein Baby im Bauch und die ständige Suche nach Obst und Milch. Ein Apfel kostete eine Zigarette. Und eine Packung Zigaretten wiederum einen Mantel. Die Nachkriegsjahre waren auch nicht ohne. Die Suche nach dem Mann. Dann: der Mann kriegsverletzt. Wir lebten in einem Zimmer und kannten nur Arbeit. Aufbau eines neuen Lebens, des Geschäftes fraß alle Gedanken, alle Zeit. Man musste organisieren können, war viel angespannt. Zum Glück klebte ich an meinen Büchern.

Wie an Bord. Voller Bewunderung lese ich beispielsweise das Buch »Allein über den Atlantik« von Hannes Lindemann. Was für ein Kerl das ist. Ohne einen Tropfen Wasser und mit nur einer Hand voll Proviant paddelte und segelte er mit einem Faltboot über den Ozean. Als Arzt wollte er herausfinden, ob ein Schiffbrüchiger überleben kann. Starke Ansprüche, starker Charakter.

Ich habe Flaute. Aber ich will nicht nur an Wind denken.

Ich schaffe es nicht bis Weihnachten.

Mir wird so einiges nicht erspart. Ein Gewitter ist im Anmarsch. In pechschwarzer Nacht installiere ich den Blitzableiter, einen Kupferdraht, der vom Want ins Wasser reicht. In Ölzeug und Gummistiefeln harre ich am Niedergang aus. Unvermittelt brist es bis 7 Beaufort auf. Ich streiche die Segel und warte ab. Es kommt von allen Seiten näher. Blitze jagen durch die Dunkelheit, so hell, dass ich lesen könnte. Manchmal sind die Blitze eine gezackte Linie und der Himmel gleichzeitig taghell. Schauerlich. Später hocke ich im Salon und starre durch die Fenster nach draußen. Auf dem Meer blitzen große Flächen

Himmelsnavigation. Ingeborg beim Schießen der Sonne. Mit Höhenwinkel, Uhrzeit und nautischen Tafeln berechnete sie ihre Position.

silbern auf. Es gewittert die ganze Nacht unmittelbar über mir. Ich döse und habe Albträume.

Logbuch, 12. Dezember: *Flaute. Klingt nach Sichtreibenlassen auf einer Luftmatratze im Pool. So ist es nicht auf* Ultima. *Sie wabert auf den Wellen hin und her. Nehme die Segel herunter. Dingi zu Wasser. Wird Zeit, dass ich die Entenmuscheln mit einem Spachtel absteche. Anschließend kommt der batteriebetriebene Plattenspieler an Deck. Lege ein paar von meinen schwarzen Scheiben auf. Zum Beispiel singt Frank Sinatra für mich »Strangers in the night«, das Philharmonia Orchester London unter Herbert von Karajan spielt Beethoven. Betäubt. Liege rücklings auf dem Netz zwischen den Rümpfen, starre in den Abendhimmel, lausche zwischendurch dem Glucksen und Plätschern des Atlantiks unter mir. Mensch, bin ich gut aufgelegt. Meine »schwarze Sonne« rotiert, bis die Batterien nichts mehr hergeben.*

Logbuch, 14. Dezember: *In der Nacht kommt eine Brise aus Ost auf. Hastig setze ich die gelben Vorsegel. Flehe den Wind an, nicht gleich aufzuhören. – Das ist wieder Passat. Beginnt hoffnungsvoll schwach, steigert sich angenehm langsam.*

Logbuch, 16. Dezember: *Die letzten tausend Meilen ziehen sich wie ein Gummiband. Der Wind mäßig, aber immerhin aus Ostnordost. Als ich mit dem Sextant in der Hand die Sonne schieße, stürze ich ungeschickt. Rippe, Blutergüsse. Mir ist übel vor Schmerzen. Lege mich in die Koje. Morgen sieht hoffentlich alles anders aus.*

Logbuch, 18. Dezember: *Mein 46. Geburtstag. Die Party muss leider ausfallen. Es geht mir miserabel. Nicht mal Lust auf Sekt und Sextant. Mache dennoch die Position. Ergibt 116 Meilen. Na, aber dann liege ich. Ein kümmerlicher Geburtstag. Hatte alles geplant: Spargel mit Schinken, Buttersoße und Kartoffeln. Und jetzt hänge ich in der Koje – mit einer Dose Pfirsiche in der Hand. Trotzdem lecker.*

In diesem Zustand reduziere ich meine Ambitionen auf ein einziges Ziel – ankommen. Zum Ankommen gehört aber eine ordentliche Navigation. Mache mir Sorgen. Die Sonne ist nicht einzufangen. Wolken liegen über ihr. Nun nähere ich mich Barbados in großen Schritten, und ein wenig Unruhe steigt in mir auf, dass ich die Insel womöglich verpassen könnte. Sie ist nicht groß, 20 Meilen lang und 300 Meter hoch.

Noch 90 Seemeilen, was kann jetzt noch schief gehen? Um diesen sicheren Standort zu bekommen, habe ich sechs Beobachtungen gemacht. Also, eine Nacht. Ich kühle eine Flasche Sekt für den ersten Blick auf Land.

Dann am Morgen, es ist noch nicht richtig hell, gehe ich bewusst zögernd ins Cockpit, schaue erst nach achtern und drehe mich langsam um. Da ist sie – meine Insel. Ganz deutlich. Der Kurs liegt direkt darauf zu. Vielleicht noch 15 Meilen entfernt. Vor Aufregung weiß ich nicht, was ich tun soll und mache alles zugleich: Toilette, Haar waschen, cremen und vor allem an den Wanten stehen und das Wunder bestaunen. Eine Flasche austrinken braucht auch Zeit. Ferner muss Neptun eine bekommen, nicht nur ein Glas, eine ganze Flasche steht ihm zu. Ich bin ganz verrückt vor Freude, denn, das habe ich mir selbst nie zugegeben, mich quälten Bedenken vor diesem Landfall. Doch Barbados liegt wie ein Geschenk zur erwarteten Zeit vor mir.

Meine Navigation mit Sextant, Uhrzeit, Nautischem Jahrbuch und den Fulst-Tafeln hat perfekt funktioniert.

Die Insel wird schnell größer. Über mir kreist ein Fregattvogel. Kleine Fischerboote dümpeln weit vor der Küste. Ich runde das nördliche Kap und sehe später zwei Frachter auf Reede und dicht unter Land die Masten von Segelyachten.

Ich sehe KATHENA. Und meine Kinder im Beiboot. Sie entern ULTIMA, helfen mir beim Ankern. Astrid und Wilfried sind einen halben Tag vor mir angekommen, aber eine Woche später gestartet. Das wurmt mich doch. Ich plane seit einem Jahrzehnt das Atlantikcrossing, meine Tochter kommt Ostern auf die Idee und ist Weihnachten, verdammt noch mal, vor mir in Amerika. Glückselig vergleichen wir die Seekarten. Mein Kurs führt im Zickzack über die Karte, der von KATHENA schnurgerade auf Barbados zu.

Gemeinsam landen wir mit dem Beiboot beim Yachtclub. Wie herrlich der Sand, goldgelb und fein. Die Bäume mit dicken Blüten wachsen bis dicht ans Wasser, unter ihnen Tische und Stühle verteilt. Eine Schwarze serviert Drinks. Ich bestelle Cuba libre mit sehr viel Eis. Doch bald muss ich ins Büro des Clubs mich anmelden und meine Post abholen. Was für eine Enttäuschung. Nichts, nicht mal eine

Allein über den Atlantik. Nach 33 Tagen hat sie es geschafft. Gleich nach der Ankunft mit Astrid und Wilfried beim Kursabgleich.

armselige Postkarte. Meine Familie, meine Freunde dachten sicher, sie könnten das Porto sparen, weil – »die kommt sowieso nicht an«.

Mit uns liegen rund 35 Yachten vor Anker. Ich stelle zu meiner großen Freude fest, dass ich mit 33 Tagen keine schlechte Zeit herausgesegelt habe. Andere, größere Schiffe mit Crew und Selbststeueranlagen haben 38, 44, 46 Tage gebraucht.

Gesundheitlich hatte ich einige kleine Probleme. Ärgerlich waren vor allem die Rippenverletzung und die Wunden an den Händen. Solche Dinge untergraben die Moral. 33 Tage und Nächte allein auf See sind eine lange Zeit, da gibt es eben auch unliebsame Gedanken, die der Seelenlage schaden. Die ausgesprochen schlechte Wetterlage kam hinzu, Flauten und Starkwind wechselten einander ab mit ungeheuerlichen Gewittern. Ich wäre vor Angst fast gestorben.

Am 23. Dezember, dem Ankunftstag, ist es vorbei mit Angst, Rippenprellung, blutigen Händen und dergleichen. Tiefe Freude verdrängt Schmerz und trübe Gedanken. Ich bin angekommen. Wir sind angekommen. Ach, ist das schön! Sand, klares Wasser, Kokospalmen, eisgekühlte Drinks und die lockere Karibikstimmung mit Musik und überall die betörendsten Farben.

Boot neben Boot – in Sichtweite – segeln wir über St. Vincent nach Bequia. Eine große, flache Bucht empfängt uns. Diese Insel ist der karibische Traum. Mit Brotladen, wenigen Bewohnern, einem kleinen Hotel und einer Bar mit Barhockern, wo die Füße über dem feinen Sandstrand baumeln. Wir wandern durch die sanften Hügel, schwimmen im klarsten Wasser. Astrid und ich wollen uns ungern trennen. Wilfried leiht mir meine Tochter sogar für einen Tag. Also segeln wir beide auf ULTIMA und erzählen wie in alten Zeiten über Gelebtes und Zukünftiges und ganz Persönliches.

Auf Bequia müssen wir uns endgültig trennen. Erdmanns gehen Gefahren entgegen, und auch bei mir wird es nicht einfach sein. Wie geplant segeln die beiden zu den Inseln des Pazifiks. Meine Route soll über die Bermudas und Azoren zurück nach Europa führen. Zum Abschied nehmen wir uns in die Arme und sagen irgendetwas mit belegter Stimme. Die Kinder holen noch meinen Anker hoch. Als sich unsere Boote voneinander entfernen, laufen mir die Tränen nur so übers Gesicht.

Nach dem Atlantik starte ich damit die Verwirklichung meines zweiten Traumes: Segeln zwischen den karibischen Inseln, einer Kette kleiner Inseln mit verlockenden Namen wie St. Lucia, Martinique, Guadeloupe, St. Barth, Antigua, Anguilla, Virgin Islands. Was auch immer dabei herauskommt, ich will ihnen freudig begegnen.

Ich mache es kurz: Als Frau allein ist das 1970 schrecklich. Die Insulaner oftmals frech, pöbelhaft, aufdringlich. Die Behörden meist mehr als unfreundlich. Innerhalb von Yachtankerplätzen fühle ich mich nicht zu Hause, so treibe ich mich in einsamen Buchten herum. Dort wiederum kommen Jungen zum Boot geschwommen, wollen Fisch verkaufen und fragen, wo mein Mann sei. Nun, nach einigen Erlebnissen bin ich schon klüger und sage, er sei unten in der Koje und krank. Sie wollen mir sofort ihren Doktor ranschaffen. Mit dem

Angebot bin ich dann ein bisschen in Schwierigkeiten, denn manchmal sind diese Burschen nicht unhöflich, nur hilfsbereit und neugierig. Später vor dem Dorf Ferry will ein Dutzend aggressive Jugendliche an Bord kommen. Sie klettern über die Ankerkette und das Dingi an Deck. Also Anker auf und nichts wie weg. Das ist schon sehr deprimierend.

Überwältigende Buchten mit Urwald und Wasserläufen. Alles um mich herum ist oft so unglaublich, dass ich mir immer wieder sagen muss, dass ich nicht im Paradies lebe und mit der Schlange rechnen muss.

Meine Kurse führen hoch am Wind oder mit leicht gefierten Schoten in Lee der Inseln nach Norden. Der Trimaran ist ein reines Segelboot, schnell und lebendig. Er springt bei leichtestem Wind an. Die Manöver dagegen sind oft kompliziert. Besonders auf beengtem Raum und mit mehr Wind. Um eine Wende zu fahren, muss ich über Deck spurten. Die Winschen liegen außerhalb des Cockpits, aus dem man erst hinaus muss, sagen wir zur Backbordwinsch, dann wieder hinein ins Cockpit und hinaus und rüber zur Steuerbordwinsch, um das Segel dicht zu holen. Trotz größter Schnelligkeit beim Spurt geht ULTIMA mir oft durch den Wind, oder ich schaffe das Dichtholen nicht rechtzeitig.

Manchmal komme ich zu Inseln, wo ich gar nicht hin will. St. Barth ist so ein Eiland – mit dem saubersten Städtchen der Karibik. Es macht einen heiter verschlafenen Eindruck – insgesamt eine Augenweide mit sicherem Ankerplatz.

Aber dann kommt Anguilla. Als ich die Südwestecke der Insel runde, glaube ich, das Paradies zu entdecken. Die Insel ist flach, hat aber teilweise schroffe Küsten mit den weißesten Sandbuchten dazwischen. Ich sehe weder Häuser noch Menschen, nur Seevögel bevölkern die Strände. Über allem türmt sich der hier oft so unwahrscheinlich schöne Passathimmel. Das Wasser ist türkisfarben und so klar, wie ich es sonst nirgendwo gesehen habe. Plötzlich tauchen vor mir Palmen auf, die im Wasser stehen. Beim Näherkommen erkenne ich, dass es eine kleine Sandinsel ist, umgeben von einem Riff, auf dem Brandung schäumt. Die Luft ist klar wie Kristall. Die Road Bay, der Ankerplatz Anguillas, liegt direkt im Westen. Er ist seewärts offen und zeigt die gleiche Wasserfärbung und die gleichen Sandstrände wie bei der Ansteuerung. In der Bucht liegen neun kleine Küstenschoner vor Anker. Sie besorgen wohl den Transport für Lebensmittel und andere Waren. Ein zauberhaftes Bild. Und keine andere Yacht weit und breit.

Kaum habe ich den Anker richtig ausgebracht, als schon ein kleines Motorboot mit sechs Männern längsseits kommt. Alle braun gebrannt und in Badeshorts: »Hallo, you have just arrived? We are from the London Police!« Na so was, ich will schon antworten, dass ich aus China komme, aber da nähert sich ein von einem schwarzen Boy gerudertes anderes Bötchen mit der »offiziellen Mannschaft«. Der Offizier bestätigt mir, dass sie tatsächlich von der London Police sind. Was bin ich froh, den Mund gehalten zu haben. Als man sieht, dass ich alleine bin, werde ich sofort zum Lunch eingeladen. In der Station am Strand sind sieben Offiziere und ein Koch. Dem Lunch folgt ein Dinner und alle Hilfe, die ich brauche. Sogar einige Kanister Wasser bekomme ich, denn das ist mehr als knapp. Beim Essen erfahre ich auch die Zusammenhänge. Seit einem Jahr sind 63 Offiziere der London Police in Verbindung mit einer Squadron Militär auf der Insel stationiert, überwiegend Ingenieure. Sie bauen

Karibik pur: einsame Strände, wilde Dschungelbuchten, fröhliche Insulaner. Nicht ganz einfach für eine Frau allein mit Boot.

Straßen, Schulen, Wasserreservoire. Vor einem Jahr gab es Unruhen, weil Anguilla unabhängig von der Föderation St. Kitts and Nevis sein wollte. Die Regierung dort behielt das schöne Geld aus England, das für Hurrikanschäden gedacht war, für sich. Ein schwerer Wirbelsturm, der über Anguilla (Schlangeninsel wegen ihrer Form) hinwegzog, hatte allen Mutterboden ins Meer gespült und die Infrastruktur zerstört und dadurch vielen die Existenz genommen. Sie bestand hauptsächlich in der Erzeugung von Kartoffeln, Salz, Baumwolle, Bananen, Schafzucht. Nun gibt es nur noch Salz. Die Insel hat 6000 Einwohner, davon über die Hälfte Kinder. Die Bewohner benehmen sich sehr selbstbewusst, mit einer gewissen Art von Hochmut, ganz abweichend von denen auf den anderen Inseln. Anguilla war die erste Insel, auf der die Sklaverei abgeschafft wurde. Der Vorgang sehr einfach: Die Engländer kamen hier mit ihren Zuckerrohrplantagen nicht zurecht. Aus irgendeinem Grund wollte es nicht funktionieren, infolgedessen zogen sie weiter, ließen aber ihre Arbeitersklaven auf der Insel zurück. Die waren dann plötzlich frei.

Hier kommt mir zum ersten Mal zu Bewusstsein, welch eine schwere Last Kolonien oder Protektorate für ein Land sein können, denn sie sind oft ein Fass ohne Boden. Nicht selten höre ich die Einstellung der Einheimischen: »Macht ihr mal.« Oder: »Wir wollen diesen und jenen Nutzen.« Das ist nicht mal böse gemeint, es liegt einfach an den Verhältnissen und ist zum Teil ein Resultat der Vergangenheit. Die Bevölkerung von Anguilla ist verdammt arm. Kinder dürfen nur zur Schule, wenn sie ordentliche Kleidung haben. Die haben sie aber in vielen Familien nicht. Gerne gehe ich durch meine Schränke, und es kommt eine schöne Menge zusammen, die durch einen der Offiziere verteilt wird. Einer 24-Jährigen, die bereits acht Kinder hat, kann ich persönlich einiges von mir schenken.

Lustig ist, wenn Yachten vor Anker gehen, kein Bötchen zur Verfügung steht und der Dienstoffizier mit dem Einklarierungsbuch auf dem Kopf zum Segler schwimmt. Eine komische Situation, denn oft sehe ich die sehr offiziell angezogenen englischen Beamten mit weißen, ziemlich langen, weiten Shorts und weißen Kniestrümpfen. Das Oberteil auch sehr weit und alles fleckenlos. Dazu die langen, dünnen Körper mit den blond oder rötlich behaarten Armen und

Beinen. Das ist natürlich ein bisschen eine Karikatur, jedoch eine sehr liebenswerte. Sie geben so sehr das Bild von Muster und Ordnung ab.

Die London Police von Anguilla geben gleichfalls dieses Bild ab. Sie mussten sich für sechs Monate verpflichten und dachten, sie kämen vom kalten, nebligen London direkt ins Paradies. Sie waren mächtig enttäuscht. In den Unterkünften sehe ich über vielen Betten einen Kalender hängen, in dem die Tage abgestrichen werden. Und: Es gibt niemanden, der ihnen das Haar schneiden kann. So zeige ich mich erkenntlich. Das Haareschneiden habe ich zwar nicht gelernt, aber mir durch Abgucken und Übung angeeignet. So kommt einer nach dem anderen an Bord zum Haarekürzen. Gemütlich im Deckstuhl, einen Drink in der Hand, genießen sie es. Ich gebe mir große Mühe, speziell wenn sie einen Kanister Trinkwasser mitbringen.

Es sind verwunschene, unwirkliche Tage. Ich werde weder bedroht noch bedrängt. Sehr ungern verlasse ich diese zauberhafte Bucht mit Sand, Korallen, Palmen und den nettesten Menschen – Einheimische wie Polizisten.

Einen Tag und eine Nacht später ankere ich in den Virgin Islands. Vor dem Städtchen St. Thomas liegt eine große Flotte Privat- oder Charteryachten. Trotzdem ist es eine reizvolle Szene, und außerdem kann man rings um St. Thomas noch viele schöne Buchten, wo man allein sein kann, finden. Fast allein. Das Wasser herrlich klar, die Korallen leuchten, es ist ein Verbrechen, Abfälle über Bord zu werfen. Ich bekomme viele Einladungen für Drinks und Snacks an Bord oder an Land. Aber ich fühle mich nicht glücklich. Ich bin halt allein, oft die überflüssige dritte Person. Trotzdem baumeln hin und wieder auch hinter meiner ULTIMA drei oder mehr Dingis. Endlich mal wieder habe ich nette Kontakte zu Fahrtenseglern. Sie sind alle jung, die Girls fürchte ich nicht, und die Boys wollen mich nicht. Eine prima Basis.

Eigentlich habe ich nie auf den Konstrukteur der ULTIMA geschimpft, weil er bei der Zeichnung die Maschine vergessen hatte. Wie sie schon eingebaut ist! In einem Schacht ohne Belüftung, deswegen zu feucht, ein Grund, warum sie niemals gescheit läuft. Gut, ich will ja segeln, aber für Hafenmanöver geht es nicht ohne.

In einer Bucht der Virgins, bei Little James, reinige ich ULTIMA gründlich. Von hier aus will ich eigentlich die »Zurücksegelei« beginnen. Indes, ich kriege die Kurve nicht. Nicht für die lange Seestrecke, nicht für Europa. Ich hänge noch ein paar Ankerbuchten an, schreibe groß ins Logbuch: »Ingeborg, es hilft nichts, du musst weiter!« Aber es kommt immer wieder ein neuer Palmen gesäumter Strand dazwischen. Nachdem ich keine Entschuldigung mehr finden kann, hole ich am 20. Mai Hand über Hand den Anker ein. Ich brauche wohl nicht zu erwähnen, dass das Segeln dieses Bootes in den Rücken geht.

Bald liegt die letzte Sandinsel achteraus. Ich bin wieder allein auf See. Einmal kräftig geschüttelt, und der Kopf ist frei. Frei für die zweite Atlantikquerung. Frei für die Heimreise. Was jetzt auf See bis Gibraltar passiert, wiederholt sich gewissermaßen zur ersten Überquerung. Die Teilstrecke von 840 Meilen bis zu den Bermudas mache ich in zwölf Tagen. Wie so oft entspricht der Wind nicht den Versprechungen der Windkarten. Prima, dass man das nicht vorher weiß. Erstaunlich ist, dass ich keinerlei Nervosität oder Angst fühle. Es ist etwas, was ich tun muss. Ich weiß nun auch, dass ich es kann.

Die Bahamas sind atemberaubend. Land wie Menschen. Als ich von dort zu den Azoren starte, brauche ich Erholung von den anstrengenden Tagen auf der Inselgruppe. Ich bin kaputter als am Tag meiner Ankunft. Die 2000 Meilen nach Horta sind das Übliche für dieses Seegebiet: 29 Tage umlaufend schwachwindig und heiß. – Horta, auf Faial, eine Wucht. Angefangen mit dem sauberen Hafen, über das berühmte Café Sport, wo sich Segler und Seefahrer treffen, bis zum Walfang mit offenen Booten. Männer, die mit einer Nussschale von Boot einen 50-Tonnen-Wal fangen und an Land ziehen, die bewundere ich total. Aber, großes aber: Ich schaue mir auch das Abschlachten dieses Kolosses auf der Rampe an. Vergessen Sie alles Blut, das Sie je auf Fotos gesehen haben, es ist in Wahrheit viel, viel mehr.

Und schnell das letzte Seestück gen Gibraltar. Es beginnt schon im Kopf schwer, denn wie es zunächst drüben weitergehen soll, weiß ich nicht genau. Ich habe nur eine vage Vorstellung: Will im Mittelmeer mit Chartertörns meinen Unterhalt verdienen. Die andere

Barriere auf diesem 1300 Meilenstück ist das stürmische Wetter. Ein 54-stündiger Oststurm mit Spitzen um 10 Windstärken zwingt mich beizudrehen. Vor Topp und Takel, ohne jegliches Tuch treibe ich mehr oder weniger quer zu Wind und See. Furcht vorm Kentern habe ich nicht. Einen Tag vor der Straße von Gibraltar trifft es mich noch schlimmer. Ich erlebe orkanartige 30 Stunden. Chaotische, steile Wellen und blaues Wasser an Deck füllen mein Cockpit. »Nun habe ich jedenfalls meine Windspitze erreicht. Erstmalig muss ich mit einer Pütz die Plicht leer schöpfen.« Nach fünfzehn Tagen fällt der Anker vor der Marina von Gibraltar. GESCHAFFT – notiere ich im Logbuch groß in Blockbuchstaben.

Logbuch, vom 22. September: *Wehmut überfällt mich, und mit brennenden Augen sehe ich die Yachten um mich herum liegen, die den Absprung Richtung Karibik planen. Ich bin exorbitant müde, mehr aber noch deprimiert und nicht ein bisschen glücklich, dass ich die Atlantik-Rundreise gut geschafft habe. Tagelang kämpfe ich gegen die Traurigkeit, die Erlebnisse sind zu unwahrscheinlich gewesen, ich will nicht hierher zurück. Ich bin verändert, vom Nursegler zum abhängigen Segler mutiert. Mein Blut ist mit Salzwasser gemischt.*

Hier schließen die Aufzeichnungen der Atlantikseglerin. Einige Monate später hat sie das große Glück in der Liebe gefunden – in Person eines Engländers. Aus Ingeborg von Heister wurde Ingeborg Ford. Damit endete für meine Schwiegermutter das eindrucksvolle und imponierende Leben als Einhandseglerin.

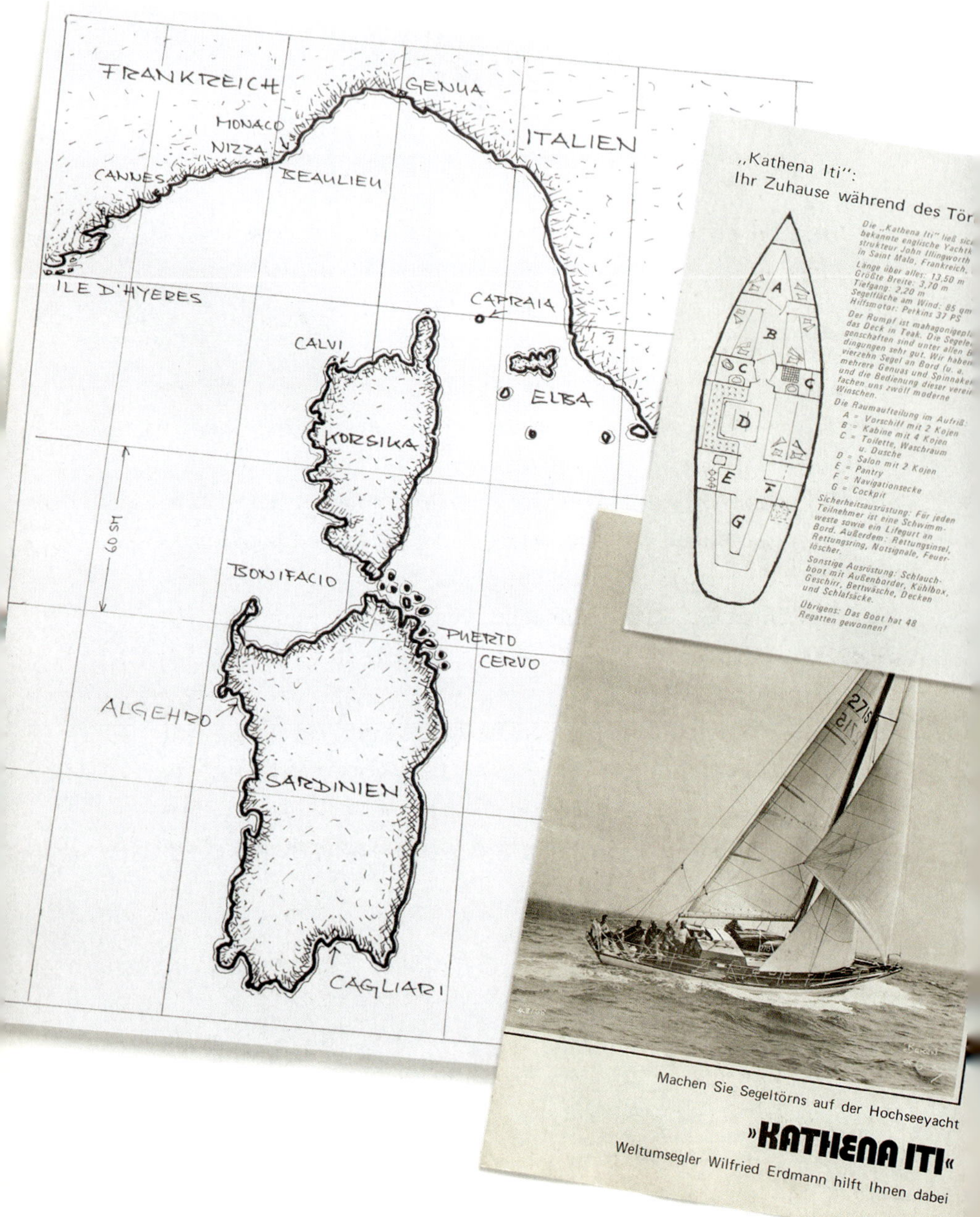

Unser Segelgebiet: eines der schönsten im Mittelmeer. Die Törns gingen von Beaulieu aus rund Korsika und manchmal bis Sardinien.

4

Drei Sommer regeln ein Leben

Das Mittelmeer wurde zur Wiege meines seglerischen Lebens und Ausgangspunkt zweier Weltumseglungen. Auch fuhr ich dort drei Jahre Törns unter der Marke „Segelschule Kathena“. Darüber werde ich regelmäßig von meinem Sohn Kym befragt.

Ende September ist die Schlei fast leer von Segelbooten. Außer meiner Hansa-Jolle sind an einem herrlichen Sonnentag nur ein paar Yachten unterwegs. Sie haben es eilig, sind wahrscheinlich auf dem Weg ins Winterlager. Kym, mein Sohn, und ich sitzen uns in der Jolle gegenüber. Er steuert, ich hocke seitwärts. Nur langsam ziehen uns die Segel mit einem Hauch von Wind übers Wasser. Kym liebt das Segeln, die Ufer und Buchten unseres Ostseefjords. Er möchte überall mal ankern und herumgucken. Da er sich als Grafiker selbstständig gemacht hat, interessiert ihn neuerdings meine berufliche Selbstständigkeit von vor 30 Jahren, von der ich ihm im Laufe der Jahre sporadisch, aber immer euphorisch, erzählt hatte. Hier zusammengefasst einige Antworten.

Welche Erinnerungen hast du eigentlich an diese Segelzeit?
Viele Eindrücke sind natürlich nur fragmentarisch. Das generelle Bild, das bis heute nachhängt, sieht am ehesten so aus: Das Schiff war praktisch immer gut belegt, manchmal überbelegt. Wir waren hyperaktiv am Tag und in der Nacht. Segeln, Hafen, segeln, ankern, segeln … Letztlich das Glück mit unseren Buchungen. Ich habe meine Mitsegler zu 90 Prozent in bester Erinnerung. Sie haben alles mitgemacht: Aufkreuzen bei Starkwind, Flauten ohne Maschine bewältigen, Fußball am Strand, Wettschwimmen, Lagerfeuer, nächtliche

Ausflüge. Hilfreich bezüglich der Laune war die Landschaft. Bedenke, es war Korsika, die schönste Insel im Mittelmeer. Und nicht zu vergessen – die 70er-Jahre. Alles war recht unkonventionell. Langes Haar. Lockere Kleidung – wenn überhaupt. Die Gäste waren weniger anspruchsvoll als heutzutage. Sie waren unkritischer. Acht Personen und eine Toilette an Bord, wie es bei mir war, ist heute nicht mehr akzeptabel.

Das hört sich nach »schöne heile Segelwelt« an.
War es auch. Ich habe von 269 Mitseglern nur einen »verloren«. Ein junger Mann stieg vor Ende des Törns aus. Und ich hatte in den Jahren wegen miserabler Wetterbedingungen nur eine Verspätung. Das machte mich gerade zuverlässig, wohl das Wichtigste in solch einem Kojengeschäft. Was mir geholfen hat, war meine spielerische Herangehensweise an die Aufgabe, dadurch empfand ich die Strapazen, die bei der Länge der Tage nicht ausblieben, als nicht gravierend. Stell dir vor: Ich war bei sieben und acht Gästen für alles zuständig: Boot führen. Navigation. Einkauf von Proviant. Kochen – zum Teil. Unterhaltung. Landgänge. Abgegeben habe ich das Ruder. Gleich nach der ersten Hafenausfahrt wurden die Wachen eingeteilt, und somit hatte ich jemanden fürs Ruderdrehen.

Du bist doch eigentlich Alleinsegler, was brachte dich dazu, dir Segelgäste einzuladen?
Ich wollte damals primär Segeln und Wissen vermitteln. Möglichst in einer schönen, milden Natur mit eigenem Schiff. Klar, das Argument »Geld verdienen« war auch vorhanden. Wer zweimal um die Erde gesegelt ist, will bestimmt nicht in einen Acht-Stunden-Tag an Land zurück. Nein, da sträubte sich einiges bei mir. Außerdem war ich das zweite Mal um die Erde nicht allein gesegelt, sondern mit Astrid, wie du weißt. Allerdings segelt man da auch zeitweise allein – wenn der andere schläft oder malad ist.

War die »Segelschule« ein spontaner Einfall?
Nein, absolut nicht. Dieses Kojengeschäft ist, nachdem wir von dieser Art Segelei erfuhren, jahrelang in uns gewachsen.

Kym und ich mit der Hansa-Jolle auf der heimischen Schlei. Auch mein Sohn segelt furchtbar gern – nur nicht allein.

Wer hat dich hierzu inspiriert? Wie kamst du auf die Idee?

Als Astrid und ich auf Weltumseglung waren, trafen wir auf Tahiti und später in Neuseeland einen jungen Franzosen, der ebenfalls mit dem Boot auf Weltreise war. Yves Jonville kam aus Südfrankreich und war von Beaulieu aus Chartertörns gefahren. Wir sprachen oft darüber, und er gab mir sein altes Törnprospekt – zwei DIN-A4-Blätter. Sofort wusste ich, was wir nach der Weltreise machen würden. Nämlich ein Buch schreiben und danach ebenfalls von Südfrankreich aus Charterfahrten veranstalten. Ich war hellauf begeistert, und im Nu hatte ich meine eigene »Segelschule« skizziert. Nicht ganz zufällig fanden wir später in der Nähe von Beaulieu das richtige Schiff. Eine Slup, Kutter getakelt, von vierzehn Meter Länge. Sie war generalüberholt und für Charter ausgerüstet. Ich brauchte in der Tat nur an Bord springen und lossegeln. Zuvor mieteten wir eine kleine

Wohnung in Cap Ferrat, wo Astrid dich, der du inzwischen geboren warst, versorgte. Nebenher organisierte sie die Buchungen und half mir, alle vierzehn Tage das Schiff zu reinigen, den neuen Proviant an Bord zu bringen und die jeweilige Crew einzuweisen – und ganz wichtig: zu unterhalten.

Aber vor dem An-Bord-Springen und Lossegeln muss man so eine Yacht bezahlen. Wie ging das? Woher kam das Geld?
Gut, die Summe war enorm, aber mit dem Verkauf der alten KATHENA, Buch- und Zeitschriftenhonoraren und ein bisschen Geliehenem haben wir es geradeso zusammenbekommen. Beinahe hätte ich es vergessen: Ein Teil des Budgets kam schon aus dem Topf der Törnanzahlungen.

Mein Freund Yves Jonville Anfang der siebziger Jahre in Beaulieu.
Segeln war unser Leben – Tag für Tag.

Was kostete ein Törn für zwei Wochen?
Rund 1000 Mark. Dafür alles inklusive – Essen, Trinken und so weiter. Keine Extrakosten für Diesel oder Liegegebühren wie sonst bei diesem Kojengeschäft üblich. Das war nicht billig, wahrlich nicht. Aber die KATHENA ITI war nicht irgendein Kahn, sondern eine schnelle, für Regatten gebaute Vollholzyacht mit Teakdeck, kompletter Segelgarderobe, guten Kojen und jeder Menge Instrumenten. Und mir an Bord.

Und, war es wirklich ein Geschäft, oder habt ihr euch das nur schöngerechnet?
Nein, bestimmt nicht. Bei sieben bis acht belegten Kojen pro Törn kann sich jeder ausrechnen, dass es ein Supergeschäft war. Rückblickend haben wir in den drei Jahren – 1973 bis 1975 – mit den Mitteln die finanzielle Basis für die Zukunft gelegt. Aber es ging nicht nur um die Einnahmen. Was man leicht verdient, gibt man auch leichter aus. Ich kaufte hochwertige Lebensmittel, lud die Crew ins Restaurant ein, beglich in Bistros häufig den Wein, den alle bestellten, aber niemand bezahlen wollte. Kurzum: Ich war großzügig. Meistens jedenfalls. Am Ende blieb trotzdem ein finanziell sorgenloser vierjähriger Südseetörn für uns drei übrig. Und ein bisschen mehr. Wenn ich bedenke, wie viel Freude diese Zeit bereitet hat, wie viele interessante Menschen mitsegelten, schämt man sich fast, damit Geld verdient zu haben.

Würdest du einem jungen Segler heutzutage zu Kojencharter raten? Ich meine, auf eigene Rechnung Chartertörns durchzuführen?
Immer. Wer das richtige Schiff und die richtige Einstellung besitzt, kann damit auch heute noch gut existieren. Klar, die Konkurrenz ist größer als zu meiner Zeit. Der Idealfall wäre im Sommer hier auf der Ostsee und im Winter in der Karibik. Wie viele Jahre man das durchhält, frag bitte nicht. Mein Freund Yves ist zu jung gestorben. Man muss die dauernde Aufmerksamkeit ins Kalkül ziehen. Tag und Nacht hat man präsent zu sein. Hinzu kommen die Landausflüge abends mit Wein und Musik. Jahr für Jahr steigert sich der Alkoholkonsum unweigerlich. Man kann sich dem schlecht entziehen, denn

es sind deine Kunden in Urlaubsstimmung. Übrigens, Kojencharter (als Gast) ist die beste Methode, den Umgang mit einer Segelyacht und Seesegeln zu lernen. Zudem lernt man neue Menschen kennen, ist neugieriger, wissbegieriger, unbekümmerter als in einer Chartergruppe, die sich von vornherein kennt, und in der die Aufgaben nach Fähigkeiten und Wünschen zugeteilt werden.

Mal wieder hart am Wind. Das Revier Korsika - Côte d'Azur ist wegen des Mistrals eines der windigsten des Mittelmeeres.

Und das erwartete die Gäste an Bord: gemütliche Enge, spartanischer Komfort, eigene Koje. Allen zusammen gehörte das Schiff.

Wie stand es bei dir mit der Ausbildung an Bord? Wie hast du das gehandhabt?

Bei mir konnte jeder das Schiff segeln, und bei Hafenmanövern war ich nicht zimperlich. Nur wenn es kritisch wurde, steuerte ich das Boot oder griff bei Segelmanövern ein. Eigentlich paradox: Ich hatte keinen Segelschein und betrieb praktische und theoretische Ausbildung. Knoten, Spleißen, eine Mittagsbreite errechnen, Kartenlesen, mit Zirkel und Dreieck Kurse abstecken, Logbuch führen. Anfangs gingen mir die Fachausdrücke schwer über die Lippen. Allein und zu zweit unterwegs gibt man normalerweise keine Kommandos. Segelausdrücke wie Schiften, Schrick etc. habe ich erstmals von meinen Mitseglern gehört. Bei meinen Lehrstunden kam es mehrfach zu Beinaheunglücken. Einmal in der Straße von Bonifacio lag der Kurs direkt Richtung Strand, und die Frau am Ruder steuerte in aller Ruhe darauf zu. Ich hatte ihr diesen Kurs gegeben, aber wegen einer anderen Aufgabe die Zeit vergessen. Als ich an Deck kam, konnte ich die Muster der Strandtücher schon deutlich erkennen. Ich griff ins Ruderrad, und es knallte in der Takelage. Aber es ging gut. Anstrengender sind diejenigen am Ruder, die eigenmächtig ihren Kurs suchen. Bei der Ansteuerung von St. Tropez wollte einer eine überspülte Untiefe schneiden. Das wäre auch beinahe ins Auge gegangen, der Strom setzte nämlich darauf zu, und der unerfahrene Steuermann ahnte nicht, dass es die Strömung war, die das Boot versetzte. Wir schrammten mit Kathena iti nur Meter daran vorbei. Das war zu einer Zeit, als ich solche Fehler hinnahm, ohne mich aufzuregen. Ohnehin lebte ich gerne mit Risiko. Es war auch die Zeit, wo Mitsegler beim An-Bord-Kommen nicht alles wussten und schon mal leichtsinnig sein durften.

Hast du das Gefühl, dass es gegenwärtig anders ist?
Wenn ich sehe, dass Crews mit eigenen Rettungswesten, Notsignalen und einer Tasche voll Werkzeug und Instrumenten an Bord gehen, muss ich sagen: Ja, das Gefühl habe ich. Zudem umgibt man sich schon vorm ersten Törn mit dem schönen Schein: bestes Ölzeug, Docksider an den Füßen und möglichst noch einen gestickten Anker auf dem Pullover. Die herrliche Charterwelt ist seelenloser geworden. Früher ging es an Bord lässiger zu. Der Perfektionist kam später. Und ich war es nicht. Ich mag die Freiheit des Improvisierens und leistete mir manchen groben Leichtsinn. Mann-über-Bord-Manöver wurden robust veranstaltet. Ich sprang nämlich selbst mit Geschrei »Mann über Bord« ins Mittelmeer. Und dann begann häufig das Chaos. Schoten wurden auf den Winden falsch herum belegt oder vertörnten sich, Fallen losgeworfen, der Bootshaken fiel über Bord. Während ich im blauen Mittelmeer mit Rettungsring schwamm, der wurde mir direkt zugeworfen, gingen die Manöver meist schief, obschon wir in der Theorie alles durchgesprochen und auch Mann/Frau für die Skipperrolle bestimmt hatten. Ich glaube, letztendlich wird niemand diese Segelmanöver vergessen haben.

Dann hat diese »Schule« am Ende auch etwas bewirkt?
Auf alle Fälle. Zur Information: Bei mir buchten überwiegend Nichtsegler oder wenig Erfahrene. Beliebt war die Seekartenarbeit: mit Dreieck und Bleistift Kurse absetzen, Position eintragen, Distanzen abzirkeln. Oder mit dem Dingi richtig rudern. »Vor dem Segeln

kommt das Rudern«, mit solchen Sätzen hangelte ich mich durch den Sommer. Sehr geschätzt: im Cockpit zusammenhocken, Knoten stecken und Tauwerk spleißen. Weniger gemocht: Schräglage und Zickzacksegeln. »Klar zur Wende!« – »Klar!« – »Ree!« Für einige lag das Schiff zu schräg. »Wie kommt das?« – »Muss das sein?« – »Kippen wir wirklich nicht um?« Ich erklärte: »Schräglage ist das Prinzip des Amwindsegelns. Wind drückt aufs Tuch, das Boot weicht nach vorn aus, so entsteht Lage. Je mehr Druck im Segel, desto mehr Widerstand, folglich wird's extrem schräg und nass.« Für einige blieb dieses Gegen-den-Wind-Fahren rätselhaft.

Warum war gerade die Insel Korsika dein Ziel?
Ganz einfach: Für mich die schönste Insel im Mittelmeer und von Beaulieu in einer Nachtfahrt zu erreichen. Korsika ist eine ganz außergewöhnliche Schöpfung – zahlreiche 2000er Berge, Steilwände, 1000 Kilometer stark zerklüftete Küste und riesige Waldgebiete. Auch die Dörfer und Städte boten Abwechslung. Und der praktische Aspekt für Segler: Es herrscht auch im Hochsommer Wind. Es gab herrliche Ankergründe, damals noch leere Häfen und zuckerfeine Sandstrände, geeignet für Picknick und Lagerfeuer. Und nicht zu unterschätzen die hohe Qualität französischer Agrarprodukte.

Hast du im Nachhinein Anerkennung deiner Tätigkeit gespürt?
Durchaus. Die emotionalen Verabschiedungen habe ich noch gut in Erinnerung. Und wir bekommen, wie du weißt, regelmäßig Weihnachtskarten von Mitseglern. Inzwischen haben einige den Atlantik überquert oder sind um die Welt gesegelt. Manche haben untereinander Lebensfreundschaften geschlossen. Und viele sind beim Segeln geblieben – vielfach auf eigenen Yachten. Eine ganz persönliche und deutliche Anerkennung: Eine Handvoll Mitsegler hat meine Nonstopumseglung 1984 finanziell gefördert.

Warum schmeißt man bloß nach drei solchen Jahren hin, wenn alles optimal lief?
Chartern war auf diesen Zeitraum angelegt. Danach wollten wir einen Südseetörn über drei bis vier Jahre unternehmen, bevor du in

Korsika ist seglerisch ein Paradies. Einsame Buchten, Steilküsten, Sandstrände und idyllische Orte wechseln einander ab.

die Schule kamst. Und ich wollte diese Reise in einem Alter tun, wo ich noch am Strand herumspringen, in die Kokospalmen klettern und Fische beim Freitauchen aus 20 Metern Tiefe holen konnte. Als es aber so weit war, fiel mir der Abschied von KATHENA ITI, von Kap Ferrat, von den Freunden in Beaulieu sehr, sehr schwer. Es war eine wundervolle Zeit. Andererseits: Wie mein Freund Yves wollte ich

5

Seen so groß wie Meere

1987 ging ich mit Familie auf Chartertörn. Ziel war nicht etwa ein tropisches Traumrevier, sondern vor allem die Wildnis und Einsamkeit am nordamerikanischen Superiorsee.

Am Nachmittag kommen wir in Minneapolis an. Mit einem Flugzeug aus Frankfurt. Wir schultern unsere Gepäckstücke und streben zu den Kontrollen. Der Anker erregt Aufsehen. Wozu ein Anker? »Sailing Lake Superior.« – »Wow, be careful it's a bad lake«, meint der Zöllner. Der See soll gefährlich sein.

In die Schalterhalle gehen wir auf die Suche nach einem Mietwagen. Doch ohne Kreditkarte keinen Wagen. Auch am nächsten Counter einer weltweit bekannten Firma dasselbe. Erst die lokale Vertretung akzeptiert cash, also Dollarnoten.

Highway 35, North. Flaches, dicht bewaldetes Land, durch das wir nach Superior am Lake Superior fahren. 190 Straßen-Meilen. Verkaufsschilder deuten an, wie dünn besiedelt dieser Landstrich von Minnesota ist: 12 000 Acres Land für 20 000 Dollar (1 Acre = 0,4 Hektar). »Dafür kriegen unsere Bauern im Dorf gerade zwei Hektar«, sagt Astrid. Wegen ihres exzellenten Orientierungssinnes findet sie die Charterbasis auf Anhieb – in der Marina des Städtchens Superior. »There are our german clients.« Anita, Pat, Steve, Linda und Mister Collins, der Inhaber der Flotte, begrüßen uns überaus herzlich.

Wir stellen uns vor.

Also: Astrid, Initiatorin dieses Vorhabens, der 14-jährige Sohn Kym und ich, Wilfried, der darüber berichten soll. Warum wir ausgerechnet auf Sailboats Incorporated gekommen sind? Das interessiert die Vercharterer brennend. Europäer, die extra eingeflogen kommen, das hatten sie noch nicht. Darüber hinaus gleich so befahrene Segler. Sie sind ernsthaft verwundert.

Nun, nach vier langen Weltreisen mit eigenen Schiffen wollten wir unbedingt einmal chartern. Und da wir die US-Amerikaner bisher nur im Ausland – Panama, Marshall Islands, Chagos, Mikronesien – kennen gelernt haben, wollen wir sie mal in ihrem Land besuchen. Und dort macht uns nicht das Naheliegende – Florida, Kalifornien – neugierig, sondern die Großen Seen, die wie der Superior mit 340 Seemeilen Länge eigentlich Meere sind.

NICKELODEON steht in großen Lettern am Heck. Der Name klingt verheißungsvoll: Kintopp für fünf Cents. Wir erwarten gewissermaßen auch Kino, nur bezahlen wir 1830 Dollar. Dafür »gehört« uns das Boot 49 Tage. Es ist eine alte C&C 27, die viel genutzt wurde. Der Rumpf ist stumpf. Das Tauwerk verschlissen. Die nautische Ausrüstung dürftig. Uns stehen nur Kompass und Echolot zur Verfügung. Bootsriss und Kajüte wirken dagegen als Lichtblick. Die acht Meter lange NICKELODEON war das einzige Segelboot, das noch für sieben Wochen ununterbrochen zu haben war.

Zerknittert und verschwitzt, es ist der 11. Juni und der erste heiße Tag am Lake Superior, richten wir uns an Bord ein. Astrid Steuerbord, Kym im Vorschiff. Ich nehme die Backbordseite, die bewegliche Tisch-Koje, was meine Sache eigentlich nicht ist. Im Supermarkt kaufen wir ein: Für 142 Dollar bekommen wir elf vollgepackte braune Papiertüten. Im Laden bei Sailboats Inc. kaufen wir noch ein Handbuch von den Seen und Seekarten. Mit den Karten planen wir: Schnellstmöglich zu den Sault Ste. Marie Schleusen, um in den Lake Michigan und Lake Huron zu gelangen. Der Rückweg via Nordküste Superior soll etwas gemächlicher gehen. Zusätzlich einige Tagesausflüge ins Land und ein Musswunsch von Kym: Niagarafälle.

Von Linda, die neugierig vorbeischaut, bekommen wir Tipps: »Ihr müsst zu den Apostle Islands. Und auf alle Fälle in die Inselwelt östlich von Thunder Bay.« Nein, dort an den kanadischen Ufern war sie noch nicht. Geplant war es erneut diesen Sommer, aber ihr Lover hat sie verlassen. Samt Boot, das trifft sie offenbar stärker. Vergangenes Jahr waren sie auf dem Weg dorthin, aber es stürmte zu sehr. Da war es wieder, das schlechte Superior-Wetter.

Astrid kümmert es nicht. Sie macht's sich im Cockpit bequem, reißt eine Dose Bier auf und genießt den warmen, schönen Abend. Ich bin müde und baue meine Koje. Warum riecht es so penetrant nach Reinigungsmitteln? Dann höre ich nur noch, wie mein Sohn im Vorschiff M & M's abzählt und nach Farben sortiert.

Am nächsten Morgen bin ich nicht bei der Sache. Wenn das Wetter hart wird und schnell umschlägt, wie man erzählt, ist unser Boot miserabel ausgerüstet. Wir hätten einen zusätzlichen Seesack packen sollen – mit Schlepplog, Barometer, Fernglas, Werkzeug und so weiter. Astrid tut etwas gegen die mangelhafte Ausrüstung. In der Bootshalle der Firma besorgt sie ein Beiboot, eine Spiere, eine amerikanische Flagge. Die hatten vor, uns ohne ihre Nationale segeln zu lassen. Es fehlen trotzdem noch einige Dinge.

Aber der Wind ist günstig. Und los geht's. Wir wollen segeln. Steve, der Manager, löst die Festmacher. Vermutlich, um sich ein Bild vom Können der Deutschen zu machen. In den USA sind fürs Chartern nicht Segelscheine gefragt, sondern Erfahrungsnachweise. Nun, meine Seefrau und mich kann er nicht beurteilen, denn es ist Kym, der uns vom Steg weg und aus dem engen Hafen manövriert. Draußen auf dem See kein Schiff, die Küste flach und bewaldet. Der Wind kommt aus Südwest, also platt von achtern. Die ausgebaumten Segel stehen gut und sind auch gut. Es geht prächtig voran.

Leider spielt das Log blinde Kuh. Es pendelt zwischen 2 und 10 Knoten bei geschätzten 6. Die abgesegelten Meilen addiert es sowieso nicht. Das bedeutet für uns, jedes Kap, jeder markante Punkt muss sorgfältig in der Karte abgestrichen werden. Ärgerlich. Nach sieben Stunden und 42 ereignislosen Meilen der erste Hafen, Cornucopia. Verrottet, winzig, aber irre romantisch. Gleich gegenüber vom wackligen Holzsteg liegt der Strand. Breit, feinkörnig, weiß – wie in der Südsee. Nur die Wassertemperatur spielt nicht mit.

Der Hafenbesitzer kassiert vier Dollar und meint: »Ihr habt Glück mit dem Wetter, manchmal schwimmen im Juni noch Eisschollen im Hafen.« Hungrig und freudig – Segeln und Amerika – verholen wir uns stracks ins einzige Dorflokal. Der 14-Jährige bestellt gleich zwei Hamburger. Astrid »lake trout«, lokale Forelle. Und ich lokales Huhn. Es schmeckt vorzüglich, jedoch die Portionen sind amerikanisch. Sie bereiten uns Probleme. Mit doggy bags machen wir uns davon, das heißt, wir bekommen unsere Reste verpackt mit an Bord.

Als Erstes wacht sie auf und quatscht uns die Ohren voll, dass sie wegen des Geklappers im Mast nicht schlafen konnte. Kyms Tagebuchnotiz deutet auf ein Problem hin. Der Mast macht trotz angeknallter Fallen elende Geräusche. In der leichten Dünung vor Rasberry Island innerhalb der Apostles schallt es über die einsame Bucht. Es sind die losen elektrischen Kabel, die im Rhythmus der Dünung im Mastprofil schlagen und sich geräuschvoll in die Kajüte übertragen.

Erst als der einzige andere Segler, der hier ankert, vorbeigerudert kommt und sich mokiert, »ich konnte letzte Nacht kein Auge zukriegen, so laut war euer Mast«, entschließen wir uns, ins nahe Bayfield zu verholen, um die Sache in einer Werft checken zu lassen. Vor dem Ablegen noch ein Schwimmversuch im kristallklaren Wasser. Bei vierzehn Grad fällt der leider kurz aus.

Bayfield. Ein hübsches Städtchen mit Süd- und Hanglage, umschlungen von Wäldern, Felsklüften, Fährhafen und feiner Marina. Heiß ist es. In der Kajüte messen wir auf unserem neu erworbenen Thermometer 38 Grad. Der Wetterbericht im Radio gibt sich kurz: Das Wetter ist großartig. Die Musik gleichfalls großartig. Die ungewöhnliche Hitze führt zum Gezeter beim Anlegen: Drei Kapitäne wollen an drei verschiedenen Stegen festmachen.

Der Mast wird gelegt. Und siehe, der Schaum um die vielen Kabelstränge hat sich aufgefressen und die Leitungen müssen neu ummantelt werden. Unser Junge besorgt währenddessen bei einem Trödler ein antikes Handlot für nur einen Dollar. Damit sind wir navigatorisch einen Schritt weiter! Bevor es losgeht, lassen wir den Schmutztank leeren. Er ist übergelaufen und stinkt. In unserer Unwissenheit haben wir die Bordtoilette in üblicher Weise bedient, ordentlich viel Wasser anstatt nur wenig gepumpt. Ein Schmutztank ist für alle Boote auf den Seen Pflicht.

In den nächsten Tagen hangeln wir uns von Hafen zu Hafen entlang der Südküste bis zum anderen Ende des Sees. Morgens geht es mit dem ersten Licht hinaus, wenn die Sonne untergeht hinein. Dazwischen: Segel setzen, Segel bergen, Segel neu trimmen, essen und trinken und oft Maschine an, Maschine aus. Wir kommen langsam voran. Die Winde bleiben flau und umlaufend, daher fällt eine geplante Nachtfahrt aus, die die 300-Meilen-Strecke bis zum östlichen Ende schneller überwinden helfen würde.

Obwohl wir meistens 5 Meilen und mehr von der Küste entfernt unsere Kurse ziehen, erreichen uns Fliegen und Gewittertierchen zuhauf. Milliarden fallen über uns her, dicht und schwarz wie ein Schatten im Gegenlicht. Derjenige, der Wache geht, steckt wegen der verdammt frechen und beißenden Insekten stets bis zur Brust in einem leeren Segelsack. Während er mit einer Hand steuert, versucht er mit der Fliegenklatsche in der anderen, sich zu wehren. Kym schreibt über die Kleintierplage: *Am Abend kommen urplötzlich auch noch Moskitos und A. stellt die Moskitocoils auf, deren Rauch die*

In Black River treffen wir Feuerwehrmänner, die ebenfalls chartern. Sie haben aber nur vier Tage Zeit.

Mistviecher dahinsterben lässt. Vor dem Schlafengehen schlagen wir alle Fliegen (zirka 70) mit der Klatsche tot.

Segler sehen wir keine, nur Motorboote mit tollen Angelausrüstungen. Zumeist sind wir in den Minihäfen solo. Als Besucheryacht ohnehin. Nur in Black River finden sich Charteryachten ein. Feuerwehrmänner aus Minneapolis, die einige Tage segeln und ... löschen.

Ihre Dose Bier im Styroporbecher lassen sie ungern los. Wir unterhalten uns nicht nur über A- und B-Schläuche (die übrigens in den Staaten genauso benannt werden), sondern – nicht zu umgehen – über das fabelhaft gute Wetter. »In der Regel gibt es am Superior im Sommer einen Sonntag, an dem auch die Sonne scheint.«

Was ihnen mehr als das Wetter die Sprache verschlägt, ist, dass hier Deutsche chartern. »Segler aus Chicago oder New York haben wir auf dem See noch nie gesehen.« Sie scheuen den See wegen des schnellen Wetterumschwunges. Bedingt durch die enormen Temperaturunterschiede – Luft, Wasser – zieht häufig und rasch Nebel oder Sturm auf. Landtouristen sind ebenfalls rar. An Industrie hält sich noch eine Kupfer- und Erzmine. Allgemein ist die Arbeitslosigkeit groß.

Astrid ist beeindruckt von der amerikanischen Art: zwanglos, freundlich, hilfsbereit. Was mir imponiert – das grenzenlose Vertrauen: In den Häfen werden Liegegebühren nicht mit dem Zollstock eingetrieben, sondern man steckt häufig den Betrag in eine dafür aufgestellte Box. Grundsätzlich sind, zumindest in dieser Region, Boote und Autos nicht abgeschlossen.

Kym ist nicht gut drauf. Wegen des ständigen Unterwegsseins fallen Freundschaften an Land aus. Folglich reibt er sich an uns. »Segeln bei Flaute. Wozu?« Dauernd hinter der genauen Position her sein, findet er ebenso unnötig. Hinzu kommt, die Fische, auf die er sich mit seiner neuen Angelausrüstung stürzt, wollen nicht beißen. Geplant war, dass er ab und an einen Tag lang für alles Seglerische verantwortlich ist, aber die Winde sind nicht dementsprechend. Nur um uns zu reizen, will er Kaps schneiden oder ist gegensätzlicher Meinung: »Muss ich bei über 200 Fuß Wassertiefe (mehr zeigt unser Echolot nicht an) nach flachen Felsen Ausschau halten? Wohl eher nicht.«

Am 12. Tag Wind. Leider stürmischer. Er erwischt uns mitten in der Nacht. Kommt von 300 Metern hohen Sanddünen heruntergeschossen. Da wir nur ein Tau für unseren Anker zur Verfügung haben, liegen wir in den Sturmböen oft quer. Der mitgebrachte Bügelanker hält zwar, aber nach Stunden der Unruhe, es zerrt und reißt enorm, raffen wir uns auf und verlassen die Bucht vor dem

Hellwerden. Zwei Bindereffs ins Groß und eines in die Arbeitsfock und NICKELODEON zischt mit 7 Knoten bei raumem, ablandigen Wind ab – hoffentlich bis zum 50 Meilen entfernten Ziel.

Die Hoffnung trügt. Nach vier Stunden rauschendem Kielwasser nun totale Flaute. Fortsetzung wie üblich: leichter Gegenwind, Maschine, Klatsche. Etwas Neues bietet der See: zwei Segelyachten auf Gegenkurs und zwei riesige Lake-Ships, Frachtschiffe, die nur innerhalb der Großen Seen verkehren. Sie sind unverkennbar mit ihren komischen Aufbauten an Bug und Heck. Im Schutzhafen Whitefish Point können wir uns den Steg aussuchen. Alles leer. Zu gerne hätte ich zwecks Informationen die Bekanntschaft einer Crew gemacht.

Nach dem Bordessen, Chilibeans und Reis, wandern wir zum Leuchtturm. Er ist der älteste am Superiorsee – 1849 errichtet. Dem Leuchtturm angeschlossen ist ein Museum. Kyms Empfindungen: *Ich gehe ins Shipwreck-Museum. Tolle Aufmachung mit krächzenden Möwenschreien, Tuten von Schiffshörnern, Dunkelheit und leiser Gruselmusik.* Der Lake Superior ist der Schiffsfriedhof der Großen Seen. 550 Wracks sind in den Analen verzeichnet. Das bekannteste ist die EDMUND FITZGERALD. Ein 800 Fuß langes Lake-Ship, das 1975 in einem fürchterlichen Sturm mit elf Meter hohen Wellen ganz in der Nähe von Whitefish Point in eine Welle tauchte, nicht wieder an die Oberfläche kam und mit 29 Mann gesunken ist.

Es regnet am nächsten Morgen. Der erste Regentag. Blitz und Donner und ein idealer West begleiten uns bis zu den Schleusen von Sault Ste. Marie. Hier verläuft in der Flussmitte die Grenze zwischen Kanada und den USA. Da beide Länder eigene Schleusen haben, können wir wählen. Ist nicht kompliziert bei einer Dreier-Crew. Wir nehmen die kanadische – und haben Glück. Gleich grünes Licht. Im Nu sind wir um 21 Fuß abgeschleust und NICKELODEON schwimmt im St. Marys River. Die Schleusung war kostenlos.

Der Westwind bleibt, und so geht es mit Südkurs im Fluss zügig voran. Eine Strömung hilft, durch dieses langweilige Sumpfgebiet schnell hindurchzusegeln. Abends ankern wir in einem Nebenarm, montieren mit zwei Handgriffen unseren Bordgrill am Heckkorb und zünden Kohle an. Während Astrid Fliegen jagt, ich Batteriewasser und Ölstand kontrolliere, notiert Kym, wie die Steaks verteilt werden:

Covered Portage Cove. Ankern in unberührter Natur. Hier kann man einen ganzen Tag segeln, ohne auf andere Boote oder Ansiedlungen zu treffen.

Wieder Barbecue an Bord. Drei T-Bone-Steaks – 4,17, 4,07, 3,83 Dollar. Letzteres für mich!

Die Zeitungen berichten vom Tennisturnier in Wimbledon mit der Schlagzeile: Bye-bye Boris. Hier auch beinahe: Bye-bye Wilfried. Bricht doch der obere Relingsdraht, während ich mich mit dem Rücken dagegenlehne. Ich lande in voller Montur samt Filmkamera im Wasser. Kann mich trotzdem im Fallen am unteren Relingsdraht festhalten und werde somit nur mitgeschleift – allerdings bei 7 Knoten. Die Kamera ist pitschnass und meine linke Handfläche von der Reibung verbrannt. Ich fluche und bin trotzdem zufrieden: Was für ein Glück, dass ich mich bei der Wassertemperatur und der Strömung halten konnte! Großes Glück auch, dass wir bei der Übernahme in Superior den fehlenden unteren Relingsdraht gekauft und eingezogen haben.

Die Kamera leckt aus allen Löchern. Unser technikinteressierter Schüler macht sich gleich daran. Bei rauschender Fahrt und heftigen Bewegungen löst er die kleinen Schrauben der Elektronikverkleidung. Seine Augen strahlen beim Anblick des Innenlebens, wie selten auf dieser Reise. Eine solche Vielzahl an Kabeln, Lötstellen und winzigen Teilchen hat er nicht erwartet. Auch nicht, dass Wasser drin ist. Als er

Ein verlassene Holzhütte, die Verirrten Schutz bieten soll. Die Einrichtung besteht aus Bett, Kocher und etwas Proviant.

dann die Objektivteile einzeln in der Hand hält, sagt er: »Wenn das Axel sehen könnte, ich hier mit all den Kreuznach-Linsen!« Axel ist sein technisch hochinteressierter Freund.

Gemeinsam trocknen wir die Teile in der brennenden Sonne. Es kostet meinen Sohn viel Mühe (inzwischen haben Wind und See enorm zugenommen), alle Schrauben wieder an den richtigen Stellen einzudrehen. Abends, vor Anker, surrt sie wieder. Beim Filmen der fetten Lake-Möwen habe ich ein sehr gutes Gefühl. Wie sich später herausstellt – mit Recht. Filmgeschwindigkeit und Bildschärfe der Super 8-Kamera stimmen.

Jetzt beginnt der North-Channel. Ein 200 Seemeilen langer Inselarchipel im Huronsee. Die Küsten sind felsig – mal steil, mal flach abfallend. Fast immer mit Nadelgehölz bewaldet. Viele, zu viele Steine haben sich auch unter Wasser verirrt. Das heißt höllisch aufpassen, zumal wir auch höllisch schnell durch den Archipel gen Osten stürmen. Nach Einbruch der Dunkelheit ist hier Segeln verboten. In Little Current, wo die Strömung durchaus nicht gering ist, wollen wir NICKELODEON in der Marina sicher vertäuen und einen Ausflug zu den Niagarafällen machen. Ich bin nicht sonderlich interessiert, zumal es schwierig ist, einen Mietwagen aufzutreiben. Unter-

Wer Einsamkeit sucht, ist am Superior bestens aufgehoben. Es gibt Buchten und Inseln zuhauf, wo kein Mensch die Wildnis stört.

wegs, schon nach wenigen Kilometern, bereue ich nicht, die großartige Landschaft der Provinz Ontario per Auto zu erkunden: Felsen in allen Formationen. Dazwischen lockerer Nadelwald, tiefe Fjorde, kleine Seen, vereinzelt hell gestrichene Holzhäuser. Insgesamt eine dünn besiedelte Landschaft mit wenigen Ortschaften, die Norwegen sehr ähnelt. 1200 Kilometer kurven wir ab.

Die Niagarafälle sind dagegen hundertprozentig organisiert: Parkplatz, Souvenirshops, Eintritt hier, Eintritt dort. Wir schauen uns die stürzenden Wassermassen von der kanadischen Seite aus an. Kym schreibt weiter Tagebuch: *Scheiß Wetter. Regen und schlechte Sicht. Schade, aber nix zu machen. Fälle sind echt stark. Wir wandern durch einen Tunnel direkt neben den Fällen auf ein Plateau schräg vor dem herabstürzenden Wasser – 60 Meter, fast senkrecht. Schön, habe aber noch nicht genug gesehen. Mache zusätzlich eine Bootsfahrt dicht unter die Fälle – so dicht, dass ich von dem aufsteigendem Dampf beziehungsweise Spray bis zum Bauch nass werde. Die Fahrt, 5,60 Dollar, war das Beste. Meine Eltern lassen das Beste immer aus.*

Covered Portage Cove soll der östlichste Punkt unserer Reise sein. Auf dem Weg dorthin begegnen wir wesentlich mehr Segelbooten als zuvor. Die meisten motoren allerdings – das Großsegel sauber abgedeckt. Als wir fragen, werden wir auf die knappe Urlaubszeit verwiesen. Wenn man nur vierzehn Tage hat, kann man sich nicht erlauben dahinzuschleichen. So erscheint uns plötzlich auch logisch, dass sie mehrfach am Tag Buchten und Häfen wechseln. Hier werden wir gelegentlich wie Exoten begrüßt. Nicht weil wir Deutsche sind, das ist auf Anhieb nicht erkennbar, sondern – »it is nice to have sailing people from Superior here« – weil wir vom fernen Superior sind, was groß am Bootsheck geschrieben steht.

»Ach, ist das schön.« Buchten, Inseln, Landzungen. Die Küsten werden noch markanter, die Gewässer eng. Alles ist ordentlich betonnt. Und dann öffnet sich Covered Portage Cove, noch einmal ein Kap mit weißen Felswänden, nicht zu steil, sodass Bäume und Büsche Halt finden. Kyms Ankermanöver und das Ausbringen der Heckleine an eine Kiefer am Strand klappt ausgezeichnet. Die Bucht urwüchsig. Wild. Ein Idyll. Vollkommen eingekesselt von hoch aufragenden Felswänden, liegen wir in einem Wasser, so klar, dass es zum Trinken verführt. Das Konzept, Schmutzwassertanks auf allen Booten, macht sich offensichtlich bemerkbar.

Die Akustik in diesem Kessel ist ungewöhnlich. Man traut sich kaum zu sprechen, es schallt und gibt einen Widerhall. An solch einem Ankerplatz vermisst man keine Kokospalmen. Schwimmen und Tauchen finden eben bei 18 Grad statt. Geklettert wird in den Felsen. »Da müssen wir rauf.« Zum Diner sind wir an Bord bei einem amerikanischen Ehepaar. Es gibt Spaghetti mit Tomatensoße. Pat und Ernest sind beide Lehrer vom Michigansee und haben jeden Sommer acht Wochen Zeit fürs Segeln. Auf dem Superior waren sie auch schon. Nämlich: »Bis zur gelben Tonne.« Nur 5 Meilen hinter den Schleusen kam dicker Nebel. So wurde eine Wende gefahren, und es ging schnell zurück.

In Beardrop Anchorage sind wir schon auf dem Rückzug. Es tut weh, sich übereilt, weil keine Zeit, aus diesem idealen Segelrevier zu entfernen. Wann kommen wir hier wieder hin? Benjamin Passage, Booth Rocks, Hook Isl., Gull Rock, Arnold Rock, Boyd Isl., Hiesordt Rocks, Detroit Passage, Mary Isl., Ethel Rock, Grenn Isl., Shanly Isl., Passage Isl., Wilfrid Isl., Laurier Isl., Villiers Isl., Casey Shoal, Norquay Isl., Grenway Isl., Barrypieker Rock, John Isl., Nelles Isl., Whalesback Isl., Dixon Isl., Fraser Rocks, Turtle Rocks habe ich auf einem 22-Meilen-Schlag abgehakt. Und es waren Inseln dabei, die schmerzen, so herrlich sahen Buchten und Landschaft aus.

Nach dem »Aufzähltag« liegen wir abends mit zwölf anderen Yachten vor Anker in Beardrop. Ein- und zugedeckt im Cockpit verbringen die meisten Leute den Abend unter sich. Wahrscheinlich ergeht es ihnen so wie uns: Mücken machen nach Sonnenuntergang jeden Landgang zunichte.

Für Kym ist es ein aufregender Tag: *Wieder ein Klasse-Ankerplatz. Ankern ganz dicht am Ufer mit Heckleine und toller Aussicht, Felsen und Buschbäume. Alle drei schlagen wir uns den Bauch mit wilden Blaubeeren voll. Wasser ist um 20 Grad. Schwimmen bringt richtig Spaß. Tolles Licht – viele Fotos. Was stört, sind die Mücken. Besonders wenn ich vom Ufer aus angle. Doch endlich, der erste große Fisch – ein armlanger Whitefish. Hoffe auf einen zweiten Erfolg, jedoch die Mücken stechen mich tot. Selbst durch meine dicken Wollsocken bohren sie ihren*

Die kleinen »Niagarafälle« in Otter Cove. – Rossport im Nebel. Im allerletzten Moment finden wir den Steg, dann ist es pottendicht.

langen Rüssel. Um 21.30 Uhr gebe ich auf. Ich liebe seine »Buchführung«. Ergänzend: Es waren die größten Moskitos, die mir je begegnet sind.

Für die letzten beiden Wochen ist der Lake Superior unser Revier. Und es beginnt, eingeweht für drei Tage, wieder am bekannten Whitefish Point: »Northwest winds 25 to 35 knots, waves generally 8 to 12 feet high.« Der Wetterbericht ist jederzeit über UKW zu hören. Für meine Frau sind die Überliegertage Wäschetage, Schnacktage. Für Kym sind es Fisch- und Esstage: *Dreimal werden wir zum Essen eingeladen – dreimal very good taste.*

In einer Nachtfahrt überqueren wir den südöstlichen Teil des Sees zur kanadischen Küste. Dort beginnt das berüchtigte Superior-Wetter. Steile, ruppige See – vier Meter Welle und dafür zu wenig Wind. Die Folge: Unsere kleine Slup beginnt auf und ab zu hüpfen, Segel schlagen erbärmlich, Fallen knallen. Nieselregen stellt sich ein. Da geht nur unser 14-Jähriger seine Wache strahlend. Ich bin voll ausgelastet, die Kaps in der Karte abzuhaken. Bei dieser Nieselsicht kann ich es mir nicht leisten, eins zu verfehlen. Und Astrid? Ohne Zweifel, es geht ihr schlecht. Sie führt ihren latenten Kampf mit der Seekrankheit.

Kym steuert. Er ist gut am Ruder. Sehr gut. Hervorragend steuert er die Wellen aus. Nur sein Mund steht nicht still: »Wenn ich singe, geht es mir besser.« Er kreischt vor Freude, als sei er auf der Achterbahn. Am Nachmittag wird die Sicht miserabel. Unter Land bilden sich Nebelschwaden. Still beobachte ich das Geschehen. Noch weiß ich unsere Position. Als der Nebel in Höhe Playter Bay plötzlich total dicht macht, drehe ich sofort Richtung Bucht ab – die schon nicht mehr zu erkennen ist. Ich berge die Segel, und gemeinsam lotsen wir uns mithilfe des Kompasses zur Nordhuk, an der entlang wir uns in die tiefe Bucht schleichen.

Leider ist die Bucht nach Westen völlig offen. Aber was soll's, besser ein unsicherer Ankerplatz, als in der Nebelsuppe draußen herumzukreuzen. Wir beschließen die Tag- und Nachtfahrt mit einer heißen Tomatensuppe, Toast, Tee und einem Canasta-Spiel. Anschließend stöbern Kym und ich am Ufer herum, das völlig mit Treibholz bedeckt ist.

Die Nacht ist durchwachsen. Wegen elendiger Rollerei schlafen wir auf dem Boden. »Nichts wie weg!«, ist übereinstimmend der erste Gedanke beim Wachwerden. Ein Becher Kaffee im Stehen, Anker auf, der nur unter Mordsanstrengung aus dem Lehmgrund freikommt. Währenddessen ruft ein Motorbootfahrer rüber: »Bad weather coming from the west!« Genau aus der Richtung, in die wir wollen, soll schlechtes Wetter aufkommen. Es herrscht bereits dichter Dunst, als wir die Bucht eilig verlassen. Auf See im Handumdrehen Sichtweite unter einer viertel Meile. Jede Landmarke ist im Nu verschwunden. Egal, wir bleiben auf Kurs Slate Islands.

Mit halbem Wind und Höchstgeschwindigkeit steuern wir die 33 Meilen entfernten Inseln an. Auf der Seekarte ein verschlungenes Ankerparadies. Da müssen wir hin. Nur, bei strichweise Nebel und Regen oder Regen und Nebelfeldern bin ich nicht sehr zuversichtlich. Was, wenn es in Landnähe wieder pottendicht ist?

Es wird nicht. Nur auf den Kompass fixiert, erwischen wir die Eilande ziemlich genau – und, wahnsinnig für dieses acht Meter lange Boot, 6,5 Knoten Schnitt von Kap zu Kap. Um sechs scharfe und weniger scharfe Kaps kommen wir in die Tiefe der Inseln. Es gibt ein geschütztes Loch für jedes Wetter. Eine grüne Hölle, und eine wilde dazu. Nur Wald und Busch ringsum. Umgestürzte Baumriesen versperren fast unsere Wunschbucht, die noch Platz für eine weitere Yacht hätte. Mehr gehen nicht rein. Die Ufer bieten kaum eine Möglichkeit, die Wildnis zu betreten. Bedauerlich für unseren neugierigen Jungen. Zugewachsen sind ebenso die anderen Buchten.

In dieser Bucht ohne viel Licht hat das Wasser nur elf Grad Celsius. Kurz ins Wasser jumpen fällt trotzdem nicht aus.

Die Slate Islands sind unbewohnt. Einleuchtend, sind nur große und kleine Felsen. Mangels Landexkursionen stürzen Vater und Sohn sich auf ein hölzernes Wrack, das am Ufer liegt. *Aus den Planken zieht W. die Nägel einfach mit der Hand heraus. Das Holz drumherum ist komplett verrottet. Sind vierkantig geschmiedete Nägel, lang wie mein Unterarm und sehen fantastisch aus mit vielen Schichten Rost. Sorgfältig, bloß nicht zu viel von dem Rost verlieren, packen wir sie als Andenken ein. Im ramponierten Steuerhaus setze ich mich auf eine Bank, die gleich zusammenkracht. Aufmerksam stöbern wir ein wenig herum, finden nichts mehr zum Mitnehmen. So ein Wrack hätte ich gern an der Schlei.* Ich bewundere Kym, wie er jeden Abend in der Koje liegend, sein Tagebuch führt. Er liebt die Natur und alles Technische am Segeln, aber mehr noch Erlebnisse aufzuzeichnen.

Nach Slate gibt es drei weitere Segeltage mit Nebel und Regen. Aber wie häufig im Leben, man gewöhnt sich an die Umstände. Was uns begeistert: die Einsamkeit der Küste. Manchmal mehr als 30 Meilen ohne Ortschaft, ohne ein Haus. Eben Kanada. In Otter Cove ankern wir nahe der Attraktion der Nordküste. Kym hält fest: *Hier gibt es die kleinen Niagarafälle zu bestaunen. 15 Meter breit und 20 hoch – schätze ich. Die Kaskaden sind bald besser als die echten Fälle, denn hier ist man allein, kann sich frei bewegen. Eigentlich gehören sie mir. Meine Eltern gucken nur einmal.*

In Thunder Bay trifft uns ein Tornado. Morgens um sechs fliegt ein Hobbie Cat vom Land aus durch die Luft gegen NICKELODEON. Zwei weitere rauschen nur um eine Handbreit am Heck vorbei. Der Rundfunk verkündet über 100 Stundenkilometer und reichlich Bruch. Das war der letzte große Wind auf dieser Fahrt. Am 28. Juli erreichen wir wieder das Städtchen Superior. Wir haben es rund gemacht. Rund bedeutet: Man hat es in Besitz genommen.

1281 Seemeilen in 49 Tagen. Damit verblüffen wir die Crew der Charterbasis. Für nächstes Jahr bieten sie uns spontan einen hohen Rabatt auf alle Boote. Thank you so much.

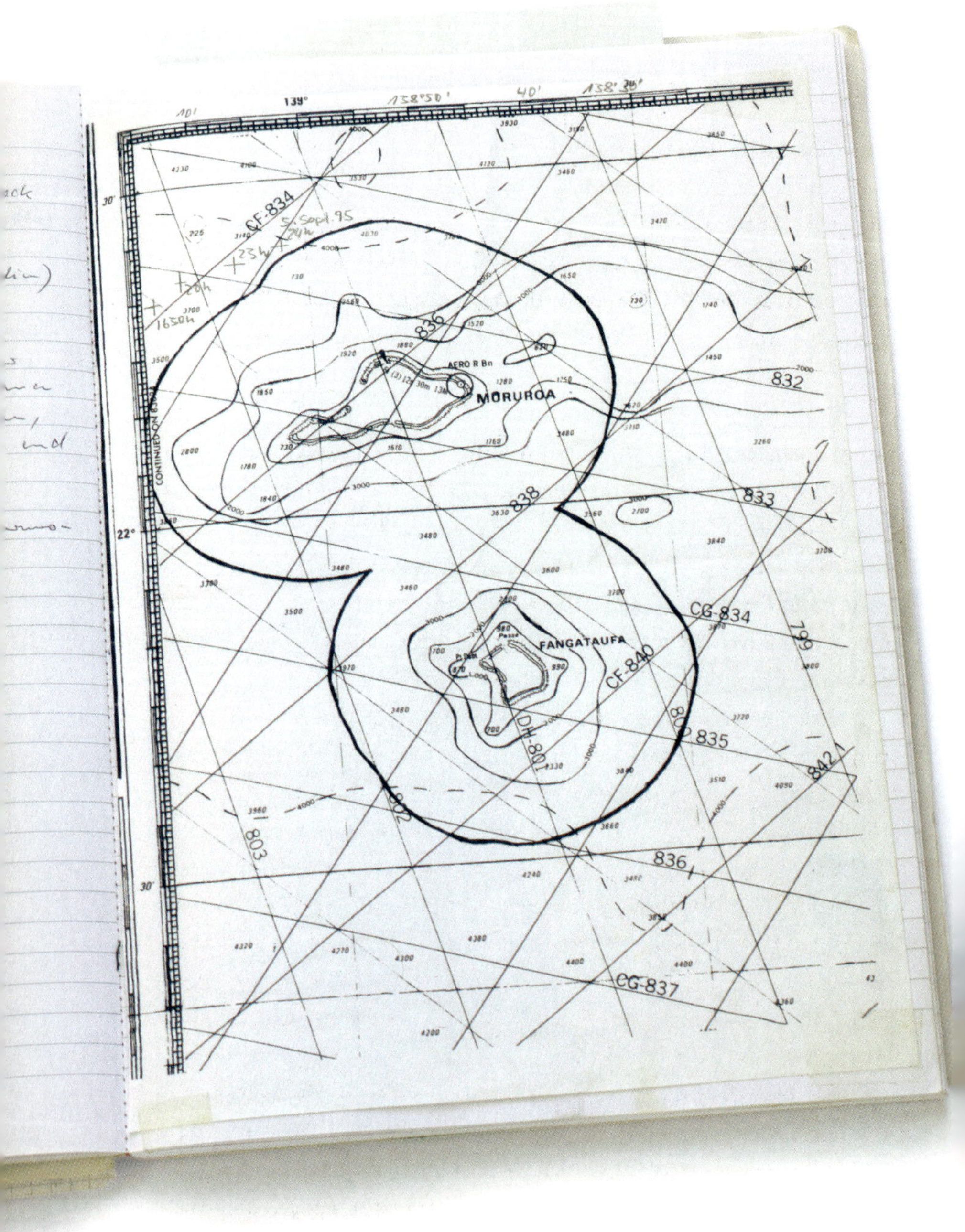

Dichter als die eingezeichneten 12 Seemeilen dürfen wir den Atollen nicht kommen. Die Marine überreicht uns diese Fotokopie samt Mitteilung auf See.

6

Mururoa – mein Atomtörn

Mit dem Katamaran „Regulus Star“ auf Protestsegelkurs gegen Frankreichs Nuklearversuche. 1800 Seemeilen durch die pazifische Südsee zum Meeting-Point – 21°40’ Süd – 139°10’ West – 12 Seemeilen nördlich von Mururoa.

Muss ich mir das mit 55 noch antun: Mit drei »Stern«-Lesern und einem Reporter, der nie zuvor eine Schot in der Hand hatte, wochenlang übers Meer zu segeln? Dazu mit einer Charteryacht, für die ich keine Reviererlaubnis habe und folglich keine Versicherung. Genau genommen entwende ich das Boot. Aber: Einmal im Leben darf ich, wenn ich von einer Sache überzeugt bin, auch Rechtswidriges machen.

Und ich bin überzeugt, aktiv etwas gegen die neuerlichen Atomversuche im Südpazifik tun zu müssen. Als langjähriger Südsee-Segler weiß ich um das empfindlichste Ökosystem der Welt – das Korallenatoll. Und die französische Nuklearmacht sprengt mit ihren Tests Mururoa und das danebenliegende Fangataufa in Stücke, tötet Fische und verseucht die Umgebung auf hunderte von Jahren. Gibt es einmal unterirdische Risse und Löcher, wird die Meeresströmung die strahlende »Seuche« über den gesamten Pazifischen Ozean tragen. Wenn es einen Ort gibt, der ungeeignet ist für unterirdische Atomexplosionen, dann ist es ein Atoll.

Auftraggeber und Financier dieser Demonstrationsfahrt zum Mururoa Atoll mit dem Katamaran Regulus Star ist das Hamburger Magazin »Stern«. Die Redaktion mit einer engagierten Leserschaft im Rücken will in diesem Sommer 1995 partout aktiv gegen die Atomtests protestieren. Kurzerhand haben sie das Boot gemietet und uns in die Südsee geflogen.

Hier Logtagebuchauszüge der 23-Tage-Fahrt.

1. Tag

Ich streife mein Protesthemd über – »Nein zu Frankreichs Atomtests« – klebe mühsam mit der Crew den riesigen rot-weißen Stern ins Großsegel und los geht's: von der polynesischen Südseeinsel Raiatea mit Ziel Mururoa. Mit an Bord Reporter Jürgen und die drei ausgelosten »Stern«-Leser: Claudia, Luftsicherheitsbeauftragte aus Drochtersen; der Frankfurter Markus, Lufthansapilot; Rainer aus Kassel, soeben Maschinenbaustudium abgeschlossen und auf Arbeitssuche. Paradoxerweise alle 31 Jahre alt. Schon seewärts der Riffpassage fällt Claudia aus. Die Seekrankheit packt sie mit Wucht. Jürgen, der noch in den ersten Dünungsseen stolz am Vorstag steht, den Blick auf den Horizont gerichtet, kommt nur kriechend ins Cockpit zurück. Er findet Segeln ganz plötzlich zum Kotzen. Ich spüre, der ärgste Feind der segelnden Protestler wird die Seekrankheit sein. Nicht nur bei uns an Bord, auf Mururoa segelt eine ganze Flotte von Booten zu.

Und ich? Ich bin noch nicht beim Eigentlichen, dem Segeln. Ich schaue immer wieder zurück zur Insel, in Erwartung, dass eines der schnellen Polizeiboote, die dort stationiert sind, unsere Verfolgung aufnehmen könnte. Schließlich haben wir noch kurz vor Abfahrt eine Zusicherung unterzeichnen müssen, auf keinen Fall die 60-Seemeilen-Zone der Gesellschaftsinseln zu verlassen. Mururoa liegt 830 Seemeilen entfernt. Dass wir uns daran nicht halten würden, war für die »Stardust«-Mitarbeiter offensichtlich, türmten sich die Vorräte, die für 49 Seetage kalkuliert waren, doch in Raiatea auf dem Steg.

Um etwas zu tun, teile ich die Wachen ein. Je Crewmitglied drei Stunden Ruderwache, darauf neun Stunden Pause. Hauptaufgabe der Wachen ist Steuern. Das Boot auf Kurs halten. Tag und Nacht. Außerdem im Tageswechsel Backschaft, Frühstück zubereiten, Ordnung halten und so weiter. Wobei ich mich nicht ausschließe. Ich sehe mich als Springer. Ist dies doch keine übliche Charterfahrt, sondern ein Demonstrationstörn.

Ermattet vom Sichzerdenken, gereizt und auch ein wenig zornig auf die Franzosen, weil sie mir nicht zubilligen, diese Fahrt offiziell zu machen, begehe ich reihenweise Fehler: Die Reffwinsch hinterm

Markenzeichen: Markus, Claudia und Rainer kleben mühsam das Logo des Hamburger Magazins »Stern« ins Großsegel.

Mast belege ich falsch herum. Großschot ist viel zu dicht bei diesem Amwindkurs. Oh, schlimm, Fockschotführung ist stundenlang völlig daneben. Sicherheitseinweisung fällt am ersten Tag auch aus. Es weht mit 6 Beaufort von vorn. Und trotz allem Reißen und Zerren an den Schoten stürmt der Katamaran Regulus Star nicht so voran wie erwartet.

2. Tag

135-Seemeilen-Etmal. Kein Schlag ins Wasser für diesen schweren dreizehn Meter langen Reisekat vom Typ Privilege. Nur: Uns allen fehlt das Gespür, das Gefühl, um einen optimalen Amwindkurs zu steuern. Das Ding ist irgendwie nicht in den Griff zu kriegen. Schon weil es nur einen Ruderstand hat – auf dem Steuerbordrumpf – irritiert die Übersicht. Jeder quält sich durch die Wachzeit so gut er kann. Das Beste sind die schönen breiten Kojen, dazu hat jeder sein eigenes Bad mit Dusche. »Was nützt uns das«, höre ich, steht doch jedem nur eine Tasse Wasser täglich zur Verfügung. Unsere 500 Liter sollen für die geplanten sechs Wochen reichen.

3. Tag

Ein wunderschöner Passatwindtag. Dazu Frühstück im Cockpit, rundum das blaue glitzernde Meer und über uns ein hoher Himmel, den weiße Wolkenfetzen noch höher machen. Jürgen geht es weiter mies. Lebt von Zwieback und Wasser. Claudia erscheint zu ihrer Wache im schwarzen Faltenröckchen. Wir unterhalten uns über Segelscheine. Markus hat den BR-Schein, Rainer den C-Schein, ich gleichfalls, Claudia wirft ein, sie habe auch einen, den Führerschein, Jürgen geben wir den Krankenschein. Offensichtlich stecken ihm als Letztem die 32 Flugstunden noch in den Knochen.

Die Bewegungen des Kats sind angenehm. Jedoch quietscht neuerdings die Einrichtung im Salon erbärmlich. Hier, so hört es sich an, wird nicht ein einzelner Baum gefällt, ein ganzer Dschungel muss dran glauben.

Demonstranten auf See sind Selbstverpfleger. Ich hatte mich um Proviant, Schiff, Crew und Fotomaterial zu kümmern.

4. Tag
Die Überraschung in der Früh: Geschirr gespült, alles weggeräumt, Böden gewischt, Tauenden im Cockpit aufgeschlagen. Alles picobello. Dies ist umso erstaunlicher, weil es keine Chartercrew ist, die die Wünsche des Skippers unmittelbar erfüllt. Es sind schlichtweg Demonstranten, die haben eigentlich anderes im Kopf, als sich mit Spülbürste und Fensterleder zu betätigen. Es freut mich, hatte ich doch Bedenken, dass ich ausgeloste Magazin-Leser mitbekomme, die die Fahrt als schönen Ausflug ansehen.

Abends die Hälfte der 830 Meilen nach Mururoa geschafft. Ich koche zur Belohnung Spagetti aus Hartweizen und eine Tomaten-Corned Beef-Soße. Dazu gibt es ein Glas Rotwein und Gespräche. Claudia: »Ich vermisse meinen kleinen Hund mehr als meinen Mann.«

Über unser Satellitentelefon richten wir eine Hotline ein. Ab sofort sind wir täglich von neun bis zehn Uhr erreichbar. Das koffergroße Telefon funktioniert relativ einfach. Ich hole die 12-Volt-Batterie aus dem Maschinenraum, stelle sie unter den Kartentisch, klemme die Kabel an, richte an Deck die Antenne aus und – Nummer wählen. Auf- und Abbau sind meine Aufgabe. Ein gutes Körpertraining. Wir erfahren, dass bereits acht Yachten vor Mururoa sind. Greenpeace mit zwei Schiffen dorthin unterwegs ist. Wer die 12-Meilen-Zone verletzt, wird in die Lagune geschleppt und die Mannschaften ausgeflogen. Wir beabsichtigen nicht, die Sperrzone um Mururoa zu verletzen.

5. Tag
Rundum Flaute. Der Motor dröhnt. Ich klopfe Sprüche, um uns bei Laune zu halten: »Schwimmen auf 4200 Meter Wassertiefe, wer kann das schon vorweisen.« Alle stürzen über Bord ins Blaue. Claudia schrammt sich dabei Schulter und Rücken am Muschelbewuchs des Rumpfes. Um Entzündungen vorzubeugen, behandelt die Apothekerfrau die Wunden mit Urin. Ich zitiere derweil aus dem »Stardust«-Prospekt: »Unsere Segelyachten sind optimal für den Hotelbetrieb auf dem Wasser ausgerüstet.« Lieber wäre uns ein sauberes Unterwasserschiff. Weiter stört, dass REGULUS STAR bei gischtigem Wetter

keinerlei Belüftung bietet; die großen Aufheizflächen den Salon zum Kochen bringen; dem Rudergänger nur eine zehn Zentimeter breite Sitzbank mit der Großschotwinsch im Rücken zur Verfügung steht; keine Haltemöglichkeiten an Deck sind; der Kat Kreuzeigenschaften von 110 Grad hat – bei schönem Wetter.

6. Tag

Grässliche Nacht mit Halsen, Wenden, Reffen. Begleitet von Regenböen und einer unruhigen, verqueren See. Immer wieder muss ich an Deck, um ins Rad zu greifen. Die beiden Nichtsegler Claudia und Jürgen können zwar nach Kompass steuern, aber noch nicht nach dem Wind. Dafür werde ich in den Morgenstunden belohnt: Ein Duft von frisch gebackenem Brot durchzieht das Schiff. Alle danken der Blonden, die die See oft auf der Elbfähre Wischhafen – Glückstadt erlebt. Wieder ein Beispiel, wie unwichtig Scheine sind, um bester »Mann« an Bord zu sein. Als Engländerin, allerdings schon länger wohnhaft an der Elbe, bietet sie uns einen exzellenten Tee. Ihr Tipp: »Zucker muss mit dem Tee in die Kanne.« Zucker, weil wir »english tea« (Milchtee) trinken.

7. Tag

Der Passat ist übervoll zurück. Weiße Kämme, ich schätze Beaufort 6. Der Kat verbiegt sich bei diesem Gegenankurs regelrecht. Jemand, der zur Seekrankheit neigt, erwischt es meiner Beobachtung zufolge schlimmer auf einem Reisekatamaran als auf einem Einrumpfboot. Der holpert so stark über die Wellen, dass ich Mühe habe, Notizen auf dem Kartentisch zu machen. Ambiente an Bord wie üblich: überall Zigarettenschachteln, Feuerzeuge, eine Dose als Aschenbecher, angebrochene Süßigkeiten, aufgeschlagene Bücher, Zeitschriften, Kleidungsstücke. Ordnungsaufrufe – zwecklos. Jürgen lebt weiter von Zwieback und Wasser. Als ich ihn zu Bananen überrede, »die stopfen«, folgen sie bald den Schalen.

Ich habe auf dieser Tour wieder meine Bedenkenträger. Der eine sorgt sich täglich um die Wasservorräte im Tank (mit Recht, wie sich später herausstellt); ein anderer prüft dauernd die Bilge, und der Nächste ist stets der Meinung, wir trügen zuviel Segelfläche.

8. Tag

Blackout eines Crewmitgliedes. Und das, weil das Licht während des Telefonierens im Salon ausgeknipst wird. Es blendet nämlich den Wachhabenden furchtbar. Schimpfworte kulminieren. »Ich springe gleich in den Pazifik«, höre ich. Dabei haben wir wirklich andere Sorgen: fehlende Versicherung für den Millionenkat und vor allem eine gemeinsame Aufgabe, anstatt uns mit solch läppischen Fehlern herumzuschlagen.

Um die Stimmung anzukurbeln, backe ich Pfannkuchen und gebe mich neugierig. Markus zeigt Bilder seiner dunkelhaarigen Freundin. Sie betreibt mit Mitte 20 bereits einen eigenen Friseursalon in der Frankfurter City; Claudia erzählt von ihren Hunden, ihrer Apotheke und sagt zu unserer Kochecke »meine Küche«. Missfällt mir, sie fährt hier nicht als Köchin, sondern schiebt wie alle anderen Tag und Nacht ihre Schicht am Ruder. Rainer ist ein begnadeter Reparierer, zudem sehr sportlich, daher bewohnt er die Vorschiffkoje, in die man nur über Deck gelangt. Stolz zeigt er Bilder seiner kleinen Tochter; Jürgen erzählt spannende Reporter-Geschichten aus nah und fern.

9. Tag

Es knallt. REGULUS STAR vibriert und stößt mit dem Mitteldeck so hart auf die Wellen, dass ich Sorge habe, das Boot könne auseinander brechen. Tassen auf dem Salontisch hüpfen dabei eine Handbreit hoch. Paradoxerweise fliegen oder rutschen sie nicht herunter.

Wind aus Südost mit 30 Knoten und weißblaue Wellen. Wir haben im Groß zwei Reffs und in der Fock eins. Trotzdem stürmen wir der See mit 6 und 7 Knoten entgegen.

10. Tag

»80 Meilen to go«, steht in großen Buchstaben im Logbuch. Aber: eine fünf Meter hohe Hacksee. Folglich nur wenige Meilen seit gestern gutgemacht und miese Stimmung. Mit Claudia hat der »Stern« einen guten Griff getan. Backt bei diesem Seegang Brötchen. Mit Hefeteig ansetzen und backen ist das eine Prozedur von über drei Stunden.

Ganztägliche Militärpräsenz. Besonders bedrohlich wirkt die Situation

Fregatte und Protestyacht im Gegenlicht.

Von Greenpeace Tahiti bekommen wir die Koordinaten vom Treffpunkt der Friedensflotte: 21° 40' Süd – 139° 10' West. Dazu eine Einladung, mit unserem Schiff an der MV Greenpeace längsseits zum Duschen gehen zu können. Man ist sofort hellauf begeistert. Schnelldenker Markus: »So ein Blödsinn, bei diesem Seegang kann kein Boot längsseits gehen.« Ohne Gefahr für Mast und Rigg geht das nicht. »Die wollen uns wohl veräppeln.«

11. Tag

Die Augen müde. Der Körper klebrig vom Salz. Der Geist hellwach. Der Meeting-Point ist pünktlich erreicht. Eine französische Fregatte kurvt herum. Leider sind beide Greenpeace-Schiffe weg. Im Morgengrauen waren sie gekapert worden, Rainbow Warrior von einem französischen Kommando mit Schlauchbooten und MV Greenpeace, das Versorgungsschiff, mithilfe von Hubschraubern aus der Luft. Heute, ab 1. September, sollte sich die Friedensflotte einfinden, und Greenpeace versprach Koordination und eventuell Hilfe. Nun sind sie erst mal lahm gelegt. Verrückt. Sie prognostizierten ein »Gewitter« gegen die französischen Militärs, doch alles, was sie jetzt haben, ist ein Gewitter in ihrem Nachttopf. Tatsächlich steht ihnen im Kampf gegen die Atomtests nur Protest-Pionier Vega zur Verfügung. Eine zehn Meter lange Ketsch, mit der David McTaggert 1972 in den Gewässern von Mururoa seine Aktionen begonnen hat. Seine erste Begegnung mit den Franzosen verlief noch glimpflich. Ein Minensuchboot rammte Vega damals, doch die Versuche gingen weiter. Als McTaggert, der spätere Gründer von Greenpeace, 1973 wieder vor Ort Segel zeigte, prügelte die französische Marine ihn und seine Crew krankenhausreif. Ungestört liefen die Versuche in der Atmosphäre weiter. Fünf in einem Jahr, sechs, acht. Erst ab 1985 explodierten die Atombomben in 600 bis 1000 Meter Tiefe. Nun ist McTaggert erneut dabei – allein auf weiter Flur.

Claudia erscheint wegen unseres Erreichens des Demonstrationsziels Mururoa im roten, langen Kleid an Deck. Damit steht und knallt sie in unser Protestbewusstsein heftiger als manch ein Millionenblatt. Ich, der primär für das Seemännische zuständig ist, möchte gerne etwas sagen, was ihr gerecht wird, aber mir fällt einfach nichts ein.

Eine ganze Armada hatte ich erwartet, aber es sind nur acht Yachten vor Ort. Die großen Entfernungen sind die Ursache. Kein normaler Mensch macht sich eine Vorstellung, dass es von Tahiti 700 Meilen gegen Wind und Meeresstrom sind. Und von Neuseeland 3000 Meilen durch ein sehr raues Seegebiet. So sind eine ganze Reihe Yachten aus vielerlei Gründen auf der Strecke geblieben – oder kommen später.

Lady Sephora, das Hamburger Medienschiff, ist mit uns eingetroffen. Sie wurde in Papeete, Tahiti, gechartert. Die Aktion der Hamburger »Ein Schiff für Mururoa« erscheint mir sauber und klar. 6200 Namen von Förderern sind in die Segel eingedruckt. Ich sage zu Markus, der unseren Proviant dürftig findet: »Dort hat der Leser bezahlt, hier segelt er völlig kostenfrei mit.«

Ich bin mit mir zufrieden. 830 Seemeilen in zehn Tagen gegen Wind und Strom. Dazu den avisierten Termin eingehalten. Jürgen übermittelt dann auch stracks per Telefon: »Wir sind vor Ort, Herr Chefredakteur.«

Abends entwickle ich in der dunklen Toilettenkabine Farbnegativfilme vom bisher Erlebten. Puh, ist das spannend. Ein Novum für mich, mit Farbentwickler, Bleichfixierbad, Wässerung und Stabilisierbad auf See zu hantieren. Und ich glaube es nicht: Fotos sind gelungen. Morgen werden die Aufnahmen per Bildfunk nach Hamburg übermittelt.

Zur Nacht holen wir das Großsegel dicht und versuchen damit eine Art Beidrehen – Kurs freie See. Das Wachsystem wird fortgesetzt, denn in der Ferne drehen zwei Kriegsschiffe ihre unorthodoxen Kreise. Glücklicherweise, nach vier nassen Tagen, normaler Wind.

12. Tag

Ein weiterer Tag, der früh um sechs Uhr beginnt. Wir segeln zurück zum Meeting-Point, um dort außerhalb der 12-Meilen-Zone zu driften. Währenddessen stelle ich fest, dass zwei von drei Wassertanks leer sind. Wo ist das Wasser geblieben? Hat sich doch jeder mal heimlich geduscht? Das Drucksystem wird abgeschaltet. Ab sofort steht nur eine Handpumpe zur Verfügung. Vorsichtshalber hole ich 40 Liter vom Wasserbereiter der Lady Sephora. Als ich dabei unser

Boot so aus der Ferne betrachte, stelle ich fest, dass unser Lattengroß seltsam am oberen Ende des Mastes hängt. Einige Bolzen der Mastschiene haben sich gelockert, und zwei Mastrutscher sind abgerissen. So ein Schiet, denn an Bord gibt's kaum Werkzeug und Material. Bleibt nur, Schrauben und Bolzen den Möbeln zu entnehmen.

Markus wendet sich gleich ab. Für ihn als Piloten gibt es kein Provisorium. Mit Rainer repariere ich den Schaden in stundenlanger Arbeit. Begleitet von dem Gedanken, dass die Mastschiene weiterhin Probleme bereiten wird.

Als wir die Reparatur abgeschlossen haben, uns gerade mit leckerem Saft erfrischen, kommt die Fregatte La Gracieuse rasch auf uns zu. Bedrohlich im rechten Winkel. Erst kurz vor der Regulus Star dreht sie ab, setzt hastig ein Schlauchboot mit vier Soldaten zu Wasser, das uns förmlich anspringt, so schnell flitzt es übers Meer. Zwei Marinesoldaten kommen an Bord, die anderen umkreisen unseren Katamaran. Was nun? Mit einem Funkgerät in der Hand stehen da plötzlich zwei Uniformierte bei uns am Heck und schauen verdammt ernsthaft drein. Klitschnass wie sie sind und bekleidet mit olivgrünen Shorts und ebensolchen Hemden mit tausend Taschen machen sie keinen feindlichen Eindruck. In den Brusttaschen Kugelschreiber, Bleistift, Notizblock, Zirkel und eine Taschenlampe. Ihre Schuhe sehen aus, als hätte man versucht, aus Gummistiefeln Schnürschuhe mit eingenähten Socken zu machen. Dem einen blutet die Lippe. Ich bin zunächst damit beschäftigt, die gewünschte Crewliste aufzustellen. Darauf folgt die Passkontrolle. Obschon in internationalen Gewässern, werde ich aufgefordert, die Schiffspapiere

Interview auf schwankenden Planken. Greenpeace-Gründer David McTaggert stellt sich an Bord der Vega den Fragen von Reporter Jürgen Steinhoff.

vorzuzeigen. Aber die will ich nicht finden. Um abzulenken, zeige ich ihnen nur den Chartervertrag. Die Chartersumme über 45 060 Mark verblüfft die jungen Militärs. Lenkt sie aber nur kurz ab. Per Handfunke geben sie alles ihrem Kommandanten durch. Doch der besteht auf Bootspapieren, in denen die Seetauglichkeit des Schiffes verzeichnet ist. Es beginnt ein stundenlanger Tanz. Wir bestehen auf dem Chartervertrag mit der notierten Kategorie 1, also seetauglich für alle Meere. Über die eigentliche Annullierung dieses ersten Vertrages sagen wir nichts, und der zweite bleibt in seinem Versteck. Der Vorgesetzte am Funk flucht mächtig. Er will uns ganz offensichtlich in die Lagune von Mururoa schleppen. Gleichbedeutend mit: Ende, Ausfliegen, Kosten. Vielleicht sogar mit ein bisschen Piesacken. Barsch fordern die jungen Kadetten von der La Gracieuse, dass die Schiffspapiere gefunden werden müssen. Wir bleiben ruhig, tun so, als ob wir suchen würden. Natürlich hat der Kat nicht die richtige Kategorie, sondern nur die für die Inseln um Raiatea. Also, weitestens die 100 Meilen bis Tahiti. Mit meiner Anschrift und der der Charterfirma ziehen sie nach Stunden ab. Ihr »à demain«, »bis morgen«, hört sich nicht gut an. Ich denke nur, hoffentlich nicht. Mit Herzklopfen endet dieser Tag. Das mit dem Seetüchtigkeitszertifikat verhält sich so, als müsste man bei einer Landdemo erst einen Gesundheitstest machen. Mit Militärs habe ich nicht gerne zu tun.

Wir werden glücklicherweise nicht mehr behelligt. Damit sind wir, was Wunder, das einzige französische Boot, das gegen die Tests protestiert und das dem Staat gehört. »Stardust« ist eine 100%ige Tochter der Staatsbank Crédit Lyonnais.

Selbst Autos und Feuerzeuge transportieren 1995 auf den Gesellschaftsinseln Tahiti und Raiatea Protestnoten.

Zur Nacht hin sind Attacken auf die 12-Meilen-Zone angesagt. David McTaggert hat sich das ausgedacht. Auf sein Kommando über Funk – »Let's go« – sollen alle zwölf Boote (so viele sind es inzwischen) vierkant auf das Sperrgebiet zusegeln oder -motoren. Damit will er die Franzosen um ihre nächtliche Ruhe bringen. Sie einfach nervös machen.

Ich muss derweil meine Demonstranten bremsen, nicht die Sperrzone zu verletzen. Beobachte stundenlang unser GPS (sicherheitshalber zwei Stück). Und tatsächlich zeigen immer mehr Kriegsschiffe ihre Lichter und fahren wild durch die Friedensflotte. Dieses Scharmützel ist eine willkommene Abwechslung und Aktivität für die zahlreichen Mediencrews, die sonst aus dem schier unendlichen Meer keine Mitteilungen für ihre Redaktionen schöpfen können. Wohlgemerkt: Mururoa ist ein Atoll mit nur wenigen Metern Höhe und aus 12 Seemeilen Entfernung nicht zu sehen.

13. Tag

Das ganze Repertoire vom Vortag, diesmal gleich nach dem Frühstück. Aus zwei Militärhubschraubern werden wir wiederholt minutenlang gefilmt. Drei Fregatten ziehen kreuz und quer durchs Meer. Heckwellen und lautes Dröhnen lassen die Yachten nicht zur Ruhe kommen. Das Unruhemachen der französischen Marine überträgt sich auf uns. Plötzlich hält jeder jedem seine Marotten vor. Hässliche Worte und Sätze fallen. »Choleriker.« – »Besserwisser«. Um locker zu erscheinen, mokiere ich mich über das Waschen der Unterwäsche in der Salatschüssel.

Philippe, der Skipper der Lady Sephora, setzt unabsichtlich noch einen drauf. Er kommt an Bord und verkündet: »Ihr werdet von der polynesischen Gendarmerie gesucht.« Na so was. »Fahrt bloß nicht nach Tahiti.« Dort drohe mir ein Seerechtsverfahren. Immer wieder höre ich »prison«, Gefängnis. Doch ich bin inzwischen so vom Protest eingenommen und infiziert, dass mich die Aussicht nicht wie anfangs bedrückt, sondern eher beflügelt.

Abends fahren wir wieder eine von David McTaggert organisierte Attacke aufs Atoll, pardon, auf die imaginäre 12-Meilen-Linie. Diesmal ohne Lichterführung. Und so dicht wie nie. Nur eine Kabellänge davor drehen wir ab, um anschließend seewärts durch die Nacht zu treiben. Hier vor Ort bewährt sich der Kat. Während andere Yachtcrews sich die Knochen aus dem Leib schaukeln, liegen wir wie ein Bett (Bett!) auf dem Wasser.

14. Tag

Gleich vier Hubschrauber, die uns mehrfach umkreisen und wie gehabt in wenigen Metern Abstand stehen bleiben und dröhnen, dass man sich die Ohren zuhalten muss. Claudia ruft hinüber: Trois baguettes, s'il vous plaît. Markus zeigt ihnen die Faust. Am liebsten würde er mit einem Schlauchboot in die Lagune fahren, so wie es einige Umweltschützer von der MANUTEA aus tun. Der 30 Meter lange Schoner ist inzwischen als weiteres Greenpeace-Schiff aus Kalifornien eingetroffen. Mit Wut im Bauch bedauert der Lufthansapilot, dass er auch gegen Dollars kein Schlauchboot auftreiben kann. Verbittert wegen der ständigen Umkreisung durch Militärs und um konkret aktiv zu protestieren, will er mich überreden, wenigstens mit der REGULUS STAR das Sperrgebiet richtig zu verletzen. Mit viel Geduld mache ich ihm klar, dass ich Order habe, dies auf keinen Fall zu tun. Was ihn erbost: »Diese Demo ist vergleichbar mit Hunden, die bellen, aber nicht beißen.«

Diesmal fahren wir eine Attacke um Mitternacht. Die französischen Schiffe rühren sich kaum. Denken wohl: Lasst die mal Pfadfinder spielen.

15. Tag

Der Tag der Explosion – ein trauriger Tag! Wir stehen an der Reling, Claudia und ich. Die anderen sind per Dingi unterwegs oder schlafen. Als wir erfahren, dass um 11.13 Uhr die Bombe auf Mururoa unterirdisch in 1000 Meter Tiefe explodierte, schlägt Claudia die Hände vors Gesicht und sagt traurig: »Welche Ignoranz.« Mir erscheinen plötzlich Schiff und Sicherheit sekundär. Alle Mühen der Segler waren umsonst. Ich habe wahrhaftig bei der Vorbereitung gedacht, die Seglerflotte und die weltweiten Proteste könnten die Tests verhindern. Von der Explosion war übrigens nichts zu hören, zu sehen oder zu spüren. Unser Geigerzähler registrierte keinerlei Strahlung.

»La Pomme de la Mort« – der Kohlkopf des Todes. Diese Bezeichnung für den Atompilz prägten die Einheimischen von Tahiti.

Die Nz 260 driftet vorbei. Ihre Crew, zwei junge Burschen, sitzt im Cockpit und heult. Sie sagen immer wieder: »Sad day, sad day.« Gestern sind sie erst angekommen. Haben 3000 Meilen und 32 Tage auf dem Buckel und jetzt diese Enttäuschung. Der Skipper von der neuseeländischen Avea funkt zu den Franzosen: »Warum zerstören Sie unsere Erde? Warum? Warum? Wir haben nur eine Erde!« Und wieder und wieder mit gebrochener Stimme: »I feel sad for you. I feel sad for you.« – Das normale, nicht enden wollende Gequatsche über UKW ist für diesen Tag verstummt. Stille liegt über der nun 16 Boote umfassenden Protest-Flotte. Die Kriegsschiffe sind außer einem in der Ferne verschwunden.

Da abends keiner Lust zum Kochen hat, fällt Essen aus. Jeder hängt ohnehin seinen Gedanken nach. Nur das Satellitentelefon des Reporters läuft auf Hochtouren.

16. Tag

Keine Hubschrauber, die lärmen. Keine Kriegsschiffe, die nahe kommen und mit ihrem Kielwasser die Boote zum Schaukeln bringen. Stimmungslage, als ob der »Krieg« vorbei wäre. Um uns abzulenken, veranstalte ich ein Wettschwimmen um den Kat. Alle beteiligen sich. Markus ist mit 36 Sekunden der Schnellste. Ich brauche über eine Minute. Ausdrücklich wird mein Kraulstil kritisiert, aber den hat schon meine Frau (Sportlehrerin) jahrelang auf dem Kieker, ohne viel auszurichten.

Der Höhepunkt des Tages: eine Pressekonferenz auf der neuseeländischen Barkentine TUCKER THOMPSON. Es wird eine Resolution aufgesetzt, aus der hervorgeht, dass wir alle wütend und traurig zugleich sind über die Missachtung der Proteste. Das war's dann.

Meine Crew und ich, wir würden gerne noch zehn weitere Tage Position beziehen, aber wir sind im Grunde alle Anhängsel des Magazins. Das sagt: Nix wie weg. Um 15 Uhr setzen wir Segel und legen Kurs Raiatea. Wir tun das, was die Medienboote alle machen: abhauen. Das Ereignis ist erst mal vorbei. Die Luft ist raus. So schnell habe ich mir das Ende nicht vorgestellt.

17. Tag

35 Knoten Sturm aus Nordwest. Also von vorn. Das gibt es doch nicht im Südostpassatgebiet! Wir drehen mit durchgerefftem Groß bei. Und das Boot liegt dabei sagenhaft sanft. Es ist für alle der erste Sturm an Bord eines Segelbootes. Claudia ist seit der Explosion im Hungerstreik. Auch meine mahnenden Worte, dass ich sie für die Wache brauche, halten sie nicht davon ab.

18. Tag

Wir diskutieren »la bombe« und telefonieren herum. »Ja. Ich weiß ... Ich liebe dich.« Das kostet via Satellit schon 30 Mark. Markus' Freundin ist enttäuscht, dass wir unseren Protest so schnell abgebrochen haben. Verwundert beobachte ich Claudia: Steht sie doch vor dem leicht geöffneten Backofen und trocknet meine im Sturm nass gewordenen Jeans. An Bord erlebt man Dinge, die glaubt einem an Land kein Mensch.

19. Tag

Die Mastschiene bereitet uns erneut Probleme. Mitten in der Nacht muss ich da hoch, um lose Schraubenbolzen festzudrehen. Der Kat holpert währenddessen mächtig über die See. Lohn – bestes Etmal: 144 Seemeilen. Claudia weiter im Hungerstreik. Sie will bis Raiatea durchhalten. Suche (auf einem Charterschiff nicht einfach) ein passendes Tau, um sie während der Nachtwache festzulaschen.

20. Tag

Nach einer Fahrt wie über mecklenburgisches Kopfsteinpflaster beruhigt sich die See. Zustand der Crew: Jürgen weiterhin seekrank. Darin ist er so standhaft wie Chirac mit seinen Tests. Claudia wie gehabt – im Streik. Markus langweilt sich. Noch immer verbittert ob unseres Abbruchs. Und Rainer genießt Essen und Trinken im Überfluss. Ich fühle mich durch die anstrengende Segelei topfit. Träume der Crew: J. von Bismarckhering. C. von einem einfachen Leben. M. von seiner Freundin. R. von einer Frau mit Yacht. Ich von einer Ankunft ohne Handschellen.

21. Tag

Passat wie er in der Karte steht. Endlich – schreie ich übers Meer. Claudia, schon etwas dünn, wünscht sich, auch mal bedient zu werden, »zum Beispiel Tee an der Bettkante.« Kojen kann man zu unseren Betten schwerlich sagen.

Es klötert mächtig im Gebälk. Rainer, der die meiste Kat-Erfahrung hat, fährt die häufigsten Patenthalsen. Heute früh holt er damit alle hoch an Deck.

22. Tag
Tahiti an Backbord. Abends die herrliche Silhouette der nächsten Insel Moorea. Jürgen geht es schlagartig besser. Er isst und erzählt. Fliegender Fisch an Deck. »Wie kann der nur so blöd sein und an Deck springen.« Dass fliegende Fische, wenn sie gejagt werden, fliegen, glaubt mir keiner.

23. Tag
Ankunft und Ende einer ungewöhnlichen Seefahrt, auf der sich vorher niemand kannte. Ich steuere die Marina Uturoa an. Ein winziger Hafen für einen 7,50 Meter breiten Katamaran. Gelingt trotzdem.

Ich werde nicht wie erwartet von der Gendarmerie abgeholt. Der große Verlag Gruner & Jahr macht's möglich. Ein Anruf der Pariser Dependance bei »Stardust« Paris genügte, um alle eventuellen Konsequenzen zu eliminieren. Die wollen nur ihr Schiff in unbeschädigtem Zustand zurückhaben. Da wir die 12-Meilen-Zone Mururoas nicht verletzt haben, interessieren sich auch die Behörden nicht für mich. Abends großes Fressen im Clubhaus. Auch Hungerstreikerin Claudia langt zu. Jürgen erzählt von »Stern«-Stories und bezahlt. Wir anderen sind schlichtweg müde, kaputt, was immer. Die Fahrt war strapaziös. Ich genieße es, Boot und Demonstranten in einwandfreiem Zustand zurückgebracht zu haben.

Fazit
Keiner lief sofort weg vom Boot, nachdem wir im Hafen waren. 23 Tage lang eingepfercht zu sein auf einem 13 Meter langen Schiff und mit immer denselben Typen zusammenzuleben, das muss man erst mal nachmachen. Hat die Friedensflotte etwas bewirkt? Ich denke ja. Das »Zündeln« hat danach bald aufgehört. Und: Die Friedensflotte war nach dem Verlust der Greenpeace-Schiffe ein wesentlicher Bestandteil des weltweiten Protestes. Auch ein anderer Aspekt scheint mir erwähnenswert: Das war keine Demonstration, wo man mit einem Transparent einmal um den Häuserblock marschiert und anschließend das Geschehene in der Kneipe ausdiskutiert. Für viele Yachtcrews war es verdammt anstrengend und zeitaufwändig, dort überhaupt als Protestsegler anzukommen und zu agieren.

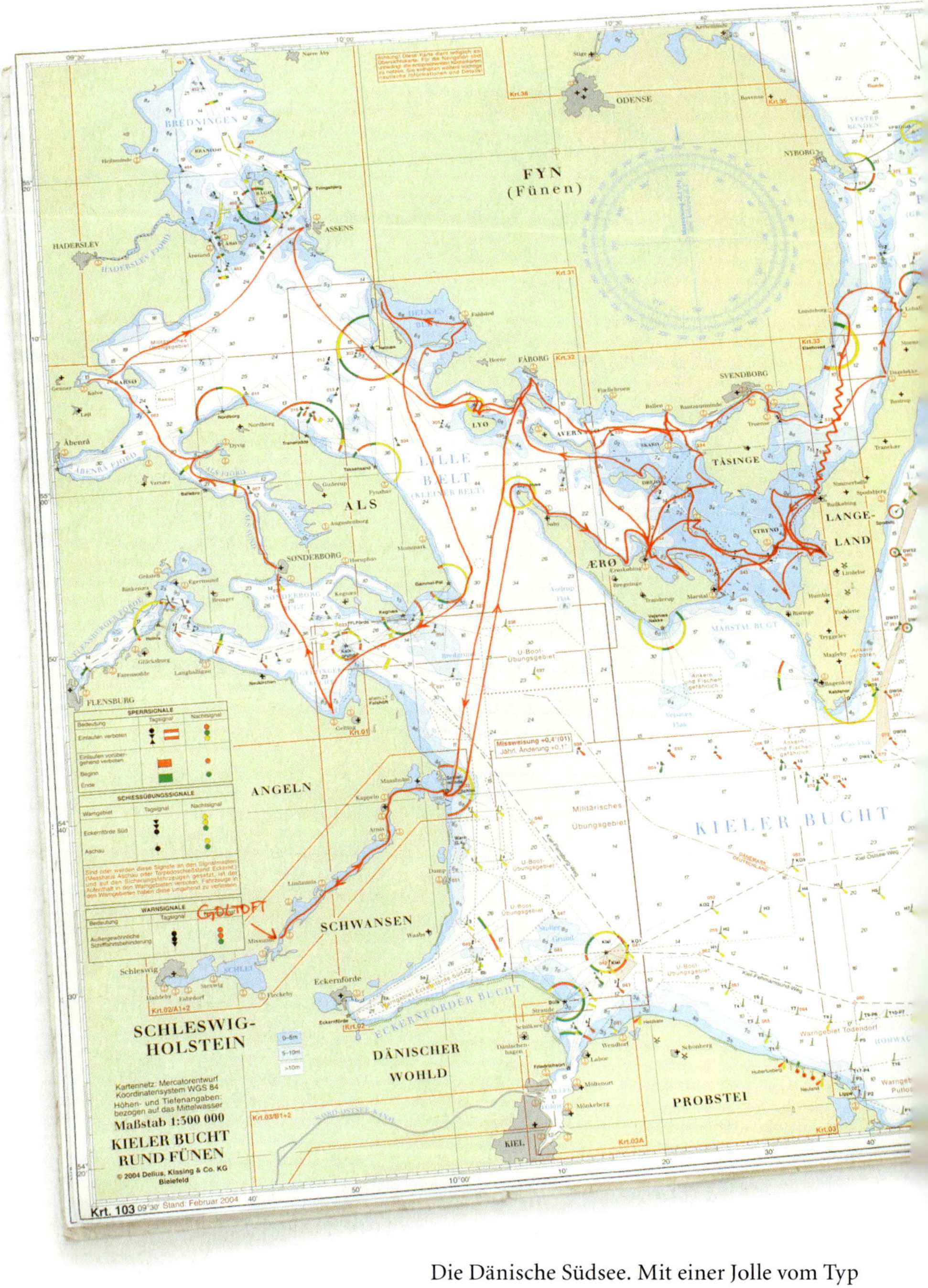

Die Dänische Südsee. Mit einer Jolle vom Typ
Schwertzugvogel ist sie mein Reisegebiet einen Segelsommer lang.

7

Die Dänische Südsee lockt

1992 erschloss ich mir mit einer Jolle die kleinen Inseln der Dänischen Südsee. Sie machte ihrem Namen alle Ehre: großartig und brütende Hitze.

Wenn einem das Attribut »Weltumsegler« anhängt, erwarten die Menschen, dass man sich nur für die Ferne interessiert, für exotische Ziele und harte Seestücke. Das ist Quatsch. Mich lockt jeder Törn. Auch der nahe liegende. Diesmal ist mein Ziel nur eine Tagesreise von meiner Heimat, der Schlei, entfernt: die Dänische Südsee. So nennt man die Gewässer um Alsen, Südfünen, Ærø und Langeland.

Ich besorge mir Bücher und Karten. »Das südfünische Inselmeer ist ein Eldorado für Segler«, lese ich und weiter, »eine der Wiegen Dänemarks«. Eine unvergleichliche Landschaft aus großen und kleinen Inseln, aus Buchten, Sunden und Belten. Das Inselhafte in mir zählt auf der Seekarte 37 Eilande.

Mit dem Zirkel stecke ich Distanzen ab, die eigentlich für mich keine Entfernungen darstellen: Fåborg – Birkholm 14 Seemeilen, Marstal – Lindelse Nor 8, Lyø – Faldsled 9. Solche Tagesstrecken sollte ich mir eigentlich fürs Alter aufheben – mit einem Dickschiff. Nun: Jetzt segle ich erst mal offen mit Jolle – mit einem Schwertzugvogel und ohne Kajüte.

Sechs Wochen will ich mit SCHLEI KATHENA unterwegs sein, kreuz und quer durch den Archipel. Dänemark en détail. Schlafen werde ich an Bord unter einer überm Großbaum gespannten Zeltpersenning. Mein Boot ist eine Augenweide. Mahagoni und völlig neu lackiert beeindruckt es vor allem die holzverliebten Dänen. Der »Tysker« wird ausgefragt: »Typ?« – »Länge?« – »Konstrukteur?«, und eingeladen: »Komm, noch ein Øl«. Øl ist Bier.

In den Häfen bin ich ein Exot. Ein älterer Solosegler. Warum bloß allein? Die Frage stellen sich speziell diejenigen, die als Paar reisen. Dabei hat allein segeln viele Vorteile. Zunächst die Freiheit, alles selbst zu entscheiden, ohne etwas ausdiskutieren zu müssen. Das ist etwas Kostbares. Ich darf ganz der sein, der ich bin. Muss mich nicht beherrschen, keine Kompromisse schließen, kann mir das anschauen, wozu ich Lust habe und darf in einer einsamen Bucht auch schweigen. Henry David Thoreau durchwanderte allein Neuengland und schrieb, dass er nie einem so geselligen Reisegefährten begegnet sei wie der Einsamkeit.

Alleinsegler sind nicht anzutreffen. Aber: Es reist auch kaum jemand per Jolle. Zu unbequem? Zu riskant? Zu faul? Ich weiß es nicht. Treffe in diesem idealen Jollenrevier nur drei junge Jollen-Crews. Ein Grund ist sicherlich die Yacht der Eltern. Entweder segeln die Jugendlichen mit, oder Vater und Mutter überlassen ihren erwachsenen Kindern die Yacht.

Häufig liege ich neben modernstem »Gerät«. Vom Rollgroßsegel bis zur Mikrowelle ist alles an Bord, was die moderne Technik bietet. Ohne Steckdose an Land können solche Schiffe nicht leben. Und: Gleich nach dem Vertäuen und Verlegen des Stromkabels macht es »ssssstt«. Reißverschlüsse schließen Tücher überm und ums Cockpit. So sieht dann auch die Hafenatmosphäre aus. Isoliert.

Viele Segler haben materiell dazugewonnen, dadurch ohne Zweifel die Sicherheit auf See erhöht, aber menschlich, glaube ich, verloren, ohne es zu wissen.

Einmal, in Søby, hat mich ein deutscher Segler in die Mangel genommen. »Warum mit der Jolle, wenn du es auch mit einem Kielboot machen könntest?« Die Bemerkung ist mehr Kritik als Frage. Trotzdem erkläre ich ihm meine Sichtweise. »Mit einem flachgehenden Kleinboot bist du allem näher, der Küste, dem Wasser, den Menschen. Und man segelt an manchem Ufer nicht einfach vorbei. Dort ist eine einsame sandige Bucht! Zack, Pinne rum und darauf zu, bis der Sand unterm Schwert knirscht. Ein paar Schritte, ein paar Blicke und weiter. Diese Beweglichkeit ist pures Fahrtensegeln. Zwar kommt man nicht so weit, aber da, wo man mit 20 Zentimeter Tiefgang war, ist man auch bestimmt gewesen.«

Leichtsinn! Gut, ich komme sportlich. Zum Beispiel bei steifer Ostwindwetterlage wie derzeit. Hart überliegend bei schäumender Bugwelle und hellen Spritzern an Deck eile ich über die Ostseewellen. Das ist schön und aufregend, setzt Balancegefühl und Konzentration an der Pinne voraus.

In der Tat hinderte mich wochenlang Ostwind an der Abfahrt, denn ich muss gegenan, um aus der Schlei herauszukommen. Ich wartete und wartete. Bis fast Mitte Juni. In der Morgendämmerung, weil der Ost dann am schwächsten weht, stoße ich von unserem Dorfsteg ab und kreuze Schlag auf Schlag der Ostsee entgegen. Gischt sprüht übers Boot. Das Gegenlicht lässt das Wasser an Deck fantastisch perlen. Arnis, Deutschlands kleinste Stadt, liegt noch im Schlaf. In Kappeln stelzt eine in Ölzeug gekleidete Seglerin mit Brötchentüte über den Steg. Und in Schleimünde, wo ich festmache, hat der Bootsnachbar gerade sein Frühstück beendet.

Der durch ein Vogelschutzgebiet isolierte Landzipfel Schleimünde bietet einen Schutzhafen mit Hafenmeister. Und Toiletten. Und Waschbecken. Nichts Spektakuläres und trotzdem anziehend. Stille, wilde Natur, seltene Steine am Ufersaum und sagenhaft viel frische Luft. Und wohl das gravierendste Argument: Man kann hier anlegen und ganz Deutschland hinter sich lassen. Keine Zeitungen, keine Post, keine Besuche stören. Schleimünde ist abgeschnitten von der Zivilisation. Gut. Abwechslung bringt auf diesem winzigen Landfleck ein Imbisslokal am Molenkopf. Genannt Giftbude. Sie präsentiert sich im »New Look«, wie ein Hinweis am Dalben vermerkt. Das heißt: Man ist von Wachstuchtischdecken auf Leinen umgestiegen.

Ich esse eine köstliche Currywurst, die fast so lang ist wie die Enge Schleimünde breit. Segler im T-Shirt führen an den Tischen ringsum lebhafte Gespräche. Es werden knallharte Manöver gefahren, übers Meer gebrettert und ein Wortkrieg mit Berufsseeleuten ausgefochten. »Müsst ihr denn mit euren Jogurtbechern immer dann unterwegs sein, wenn wir aus der Schlei raus oder rein müssen.«

Gern wäre ich länger geblieben, aber meine Aufgabe ist Segeln und Dänemark. Als der Ost normale Stärke annimmt, fliehe ich förmlich. Morgens um sechs Uhr stehe ich schon unter Groß und Fock auf der Ostsee. Mit Schrick in den Schoten nehme ich Kurs Søby, das im

Nach einer Nacht vor Anker verstaue ich Schlafsack und Persenning unterm Vorschiff und frühstücke mit Espresso.

Kløver
Yoghurt
med Pe
Melba

Norden der Insel Ærø liegt. Ich halte die Hand ins Wasser, schätze 6 Knoten und es geht mir blendend. In vier Segelstunden bin ich da.

Doch es kommt anders: Der schwarzweiß geringelte Leuchtturm Schleimünde ist kaum achteraus am Horizont verschwunden, da flaut es ab. Ein wenig Wind kommt aus Süd, dann wieder Nordost und häufig gar nichts. Dazu strahlend blauer Himmel und sengende Hitze. Nirgendwo an Bord kann ich mich schützen. »Die Sonne brennt mir alle Dynamik aus dem Körper«, notiere ich später im Hafen. Jollensegeln und zum Bleistift greifen sind nicht kompatibel.

Den Blick über Stunden auf die Windfähnchen gerichtet, erkämpfe ich mir gegen Abend den Leuchtturm von Kap Skjoldnæs. Eine mächtige Anlage, ein stolzes Feuer, das ich anderntags von Land aus besteige und den Ausblick über eine amphibische Schöpfung genießen will. Nach insgesamt elf Stunden gleite ich in das stille, schwarze Hafenwasser von Søby.

Dort erwarten mich spät abends noch tropische Temperaturen – aber keine Palmen. Nein, auch keine anderen lebenden Bäume. Dafür Pfähle. Unzählige Pfähle sind ins Hafenbecken gerammt. Noch kann man sich den Liegeplatz aussuchen. Auch in der gegenüberliegenden Cafeteria gähnende Leere. Ich stärke mich biologisch: Fransk Pølser und Kaffee. Nichts ahnend, dass Fastfood mich weiter begleiten wird.

Es ist ein Leichtes, von Søby in alle Richtungen des Südfünen-Archipels auszuschwärmen. Mit diesem Gedanken lege ich mich in mein »segelndes Zelt« gleich neben den Schwertkasten. Nur dem Diktat des Windes will ich mich auf dieser Tour fügen.

Der Wind kommt aus Nord, also segle ich Südost. Dicht unter der Küste Ærøs. Entlang einer schönen, hügeligen, einer Endmoränenlandschaft. Mit Rücken und vielen Abbruchkanten. Wiesen und Felder sind vom Buschwerk ihrer Knicks umrandet. Auf den Fluren Roggen, Weizen und Raps. Leicht abgeblühte Flächen. Vereinzelt Gehöfte, umgeben von Viehgatter, mit unregelmäßiger Geometrie. Die schwarzbunten Kühe liegen auf den höchsten Erhebungen in einem gelben Grün. Um die Mittagszeit werfe ich in einer namenlosen Bucht den Anker, stakse durch flaches, klares Wasser über einen steinigen Sandstrand an Land. Vor mir ein hektargroßes Feld mit Erbsen – wunderbar schmeckenden grünen Erbsen.

Mit ein paar trockenen Kreuzschlägen umrunde ich die Halbinsel Urehoved von West nach Ost. Die See ist so klar und sichtig, dass mir tropische Lagunengedanken kommen. Jedoch: Ein Blick in die Seekarte verschafft Klarheit. Ich steuere Drejø, eine winzige Kuhinsel, gegenüber von Æroskøbing an. Mit ihren zwei Buchten könnte sie ein Ankeridyll für die Nacht sein. Aber beim Näherkommen entdecke ich, dass dieses schon andere vor mir gedacht haben. Beide Buchten sind gut gefüllt mit Segelyachten. Musik, Wasserski, Grill. Kurzer Landgang über eine abgegraste Koppel, dann geht's weiter. Das Beste an der Jollensegelei ist die Beweglichkeit. Innerhalb von zwei Minuten habe ich den Gedanken »Weiterfahrt« in Fahrt unter Segel umgesetzt.

Nach einem Abstecher nach Kløven, 3 Meilen südlicher, Ort und Steg wirken irgendwie zerzaust, entdecke ich drei Inseln und fünf kleine Buchten an der Westseite von Langeland: Lindelse Nor. Die will ich mir anschauen. Der direkte Kurs dorthin führt über den Flintegrund. Zweimal komme ich fest. Ich steige aus, schiebe und ziehe die Jolle über knöcheltiefes Wasser und erfreue mich an dem Bild, wie ich der Jolle einen Schubs gebe und hinterher aufs Heck jumpe.

Das Noor ist recht flach. Yachten? Nil. Der Himmel bedeckt. Aber wie bereits seit Tagen heiß. 28 Grad und mehr. Der Wind weht ideal, um Bucht für Bucht auszusegeln. An den Scheiteln lote ich um einen halben Meter. Die Strände meist steinig oder mit vertrocknetem Seetang überhäuft. Nur vor der Insel Bukø finde ich Sand und leidlich Schutz.

Ich schaue mich auf der Inselkuppe um. Das Eiland ist unbewohnt. Das heißt, im Gebüsch entdecke ich zwei Hühner und einen wundervoll gefiederten Hahn. Am Strand die allgegenwärtigen weißen Schwäne und in der Luft die vor Gesundheit und Selbstbewusstsein strotzenden Möwen. Sie machen einen Mordsspektakel, fliegen kreischende Attacken gegen den Störenfried. Wie groß ist Bukø? Nun, ich umwandere sie in acht Minuten.

Oben, vom Grashügel aus, sichte ich in der Ferne weite Felder, Knicks, Wälder, Wirtschafts- und Wohngebäude. Es ist eine Landschaft, die nach Landwirtschaft riecht. Aber immer auch eine amphi-

Bukø, ein entzückendes, unbewohntes Eiland, mal gerade so groß, dass ich es in zwölf Minuten umsegle.

bische Landschaft. Sie wellt und kräuselt sich, hat Kaps und Biegungen und viele schöne Aussichten. Also, das Übliche. Neu im Bild: Windräder und Windmühlen.

Für die Nacht suche ich mir hinter den Inselchen Lindø und Kvärnen einen Ankerplatz am Kopf eines wackligen Steges. Neun Angelkähne sind schon da. An ihren geklinkerten Planken schmatzt das Wasser. Auch diese Anlage ist ein Platz zum Verweilen. Unter einer riesigen Weide gemähter Rasen, Tisch und Bänke, Müllsack. Eine Gruppe Dänen picknickt ausdauernd. Mit einer kleinen Flagge, dem Dannebro, auf dem Tischende. Ich werde zu einem Stück Erdbeerkuchen mit Schlagsahne eingeladen. Es ist zum Hineinbeißen. Die gemischte Gruppe Dänen sind Freizeitangler, die ihre Ruten jedoch nicht auspacken. »Die Fische wollen nicht beißen. – Das Wetter ist zu warm.«

Die Wege hier sind befestigte Wirtschaftswege. Die Spurbahnen sind mit Kieselsteinen geschottert. Am Feldrand Kälberkraut, Disteln, Kornblumen und andere Blüten, die ich nicht benennen kann. Über solche Feldwege gelange ich ins Dorf Lindelse. Ein Ort mit Kirche und Kro. Im Kro-Garten bestelle ich ein »store Fadøl« und gönne mir ein halbes »Kylling«. Das Huhn kommt knusprig heiß. Das große Bier köstlich kühl. Ein Korb Weißbrot wird mit salziger Butter serviert. Perfekt der grüne Salat mit Balsamico und Olivenöl. Ohne mich unterhalten zu müssen, genieße ich. Und wenn mein Blick den Teller verlässt, sehe ich, gleich links über die Mauer hinweg, die glitzernde Ostsee.

Als Kind habe ich acht Jahre im Wald verbracht. Das war während der Nachkriegszeit in Mecklenburg. In einem verwilderten Schlosswald mit Kiefern, Birken, Teichen, Alleen und eben solchen Feldwegen, wie ich sie heute unter meinen Sohlen hatte. Meine Familie hatte genug Arbeit, freilich wenig zum Leben. Aber ich besaß viel: einen Bach zum Aufstauen und Schiffchen fahren lassen; versteckte, selbst gebuddelte Höhlen; hohe Kiefern mit Vogelnestern in der Krone; gezähmte Gänse (die immer zu Weihnachten geschlachtet wurden). Eine naturverbundene, beschwingte Kinderzeit. Hier, in der Kombination Jolle/Inseln streift mich diese lebendige Zeit kurz.

Der Sommer hat es in sich. Am nächsten Tag gut 30 Grad und leider kaum Wind. So nehme ich von einem größeren Segelstück Abstand. Verhole mich mit labbernden Segeln in die nahe liegende Møllebugt. Immer noch Langeland. Am Scheitel, umgeben von Schilf und auf 30 Zentimeter Wasser, will ich mir klar werden, was für einen Kurs ich in den kommenden Tagen nehmen will. Denn bei Schönwetter und zugleich raumem Wind ist es irgendwie nicht fordernd genug. Die Stille der Bucht, die Einsamkeit, die Langeweile sind das Beste gegen meine Unzufriedenheit. Also bleibe ich.

Anderntags erreiche ich Marina Rudkøbing. Eine junge Hamburgerin nimmt meine Festmacher entgegen und gibt gleich ein Statement ab: »Es muss toll sein, so ein kleines Boot für sich allein zu haben. Niemand sagt dir, was du zu tun hast. Segelst einfach, wann und wohin du willst. Echt stark.« Svenja ist 16 und segelt im vierten Sommer mit den Eltern Dänische Südsee.

Rudkøbing ist durch seine Brücke bekannt. Den Ausblick von dort oben über Inseln, See und Stadt lasse ich mir nicht entgehen. Die Stadt ist alt und malerisch, bietet gutes Shopping, Biergärten und die älteste Apotheke (1705) Dänemarks. Den Besuch des angeschlossenen Museums sollten sich engagierte Apotheker und Apothekerinnen nicht entgehen lassen. Es bietet unter anderem makabre, in Formalin eingelegte Körperteile. Seglern bietet die Stadt eine großzügige, saubere Marina, die von hübschen, bunten Ferienhäusern umgeben ist.

Frisch geduscht sticht man in See. Nein, geduscht habe ich vor der Abfahrt nicht. Morgens will ich an die frische Luft und nicht in stickigen Sanitärräumen tätig sein. Seltsam, dass sich so viele Segler und Seglerinnen dies vor dem Ablegen antun: Seifen, Föhnen, Cremen, mit Deo und Haarfestiger umgehen, mit Brennschere ihr Haar locken.

Vor einem mäßigen Nord geht es via Rallen, Strynø, Strynø Kalv, Sandbank Langholm nach Marstal. Hier nimmt mich ein bayerisches Ehepaar in Empfang. Bei einer Flasche Wein an Bord ihrer KATINA erfahre ich, dass es sie wegen der Jugoslawienkrise nach Norden verschlagen hat. Kurz entschlossen haben sie ihren kleinen Hubkieler nach Gelting getrailert und standen einen Tag später in der dänischen Inselwelt. Fisch in allen Variationen, der hohe Himmel über einer anmutigen Landschaft und der permanente Wind sind für sie das Faszinierende am Norden. Gern hätten sie mehr Kontakt zu anderen Seglern: »Schön ist es hier, nur dass die Segler untereinander wenig reden wollen, gefällt uns nicht.« Wiederkommen wollen sie trotzdem. »Nächstes Jahr machen wir rund Seeland.«

Vom Hafenmeister bekomme ich statt Quittung ein Werbeheft. Ich zitiere: »Marstal – Ærøs betriebsame Schiffer- und Seefahrtsstadt. Überall für gute Seemannschaft und maritime Expertise bekannt. Die Stadt ist gegen das Meer orientiert. Das Meer ist sozusagen Marstals Hinterland. Der Ruhm der Stelle als Dänemarks Seglerschiffzentrum ist nicht übertrieben. In den Jahren um die Jahrhundertwende war hier eine Flotte von über 350 Hochseesegelschiffen beheimatet. Der Hafen ist immer noch ein Ort mit regem Betrieb: Holzschiffwerften, Motorenfabriken, Fährhafen und Heimat für 50 Frachtschiffe. Der meist gebrauchte Yachthafen des Landes ist durch eine über ein Kilometer lange Mole aus Findlingen geschützt. Von den Menschen der Stadt vor etwa 100 Jahren mit den Händen gebaut.« So schlicht kann Touristikinformation sein. Noch ein Auszug: »Die Häuser der Seeleute sind gebaut, wo Platz war. Dazwischen winden sich enge Gassen in reizender Unordnung. Am Hafen liegt das bekannte Schifffahrtsmuseum, das u. a. mehr als 200 Schiffsmodelle

Vor Anker, wie hier im Lindelse Nor oder an Privatstegen ist es umsonst, in den – meist übervollen – Marinas muss ich bezahlen.

fasst und eine Flut anderer Sachen von den sieben Meeren, dem Arbeitsplatz der Marstaler.« Ach, liebe Marstaler ... deswegen komme ich zurück, auch meine bayerischen Bootsfahrer und andere.

Als ich aus Marstal absegle, tun es zig andere auch. Schnell schüttle ich sie ab, indem ich den Kurs über die Flachs zwischen den Inseln lege. Kielboote müssen sich in der Dänischen Südsee fast immer an die betonnten Fahrwasser halten. Das sind die köstlichen Momente mit einer Jolle. Dann das An- und Ablegen unter Segel – als Motorloser bleibt mir nichts anderes übrig. Außerdem noch: Den Bug mal eben auf einen Strand setzen, wo andere nicht hinkommen. Dies geschieht am Ufer von Halmø und den beiden Egholm-Inseln, um auf meinem Petroleumkocher einen frischen Kaffee zu brühen. Da ich auf einem wenig ordentlichen Eiland bin, laufe ich den Strand ab – auf der Suche nach Muscheln, Steinen mit Löchern, Netzbojen und anderem. Je unwirtlicher der Strand, je ergiebiger die Funde und – umso lauter die Vögel, die aus Leibeskräften schreien, dass man befürchten muss, ihnen platze der Hals.

Vor der äußerst niedrigen Insel Birkholm ist das Wasser so klar, dass ich den wellenförmig geriffelten Sandboden erkennen kann, über den Schwärme blinkender Fische ziehen. Selbst mitten in der Einfahrt – eine Bootslänge breit – von Birkholm Havn ist der zwei Meter tiefe Grund scharf zu erkennen, wie in den Lagunen der Atolle. Am frühen Nachmittag bin ich noch für mich allein. Vom Hafenmeister erfahre ich, dass das Becken im letzten Jahr vergrößert wurde – von fünf auf 20 Liegeplätze. Wohnhaft sind auf der Sandinsel nur eine Hand voll Menschen, dazu kommen einige Svendborger, die ihre Ferienhäuser hier haben. Ein Købmand (Kaufmann) ist nicht vorhanden. Aber es werden drei Sorten selbst produzierter Käse angeboten, »mit dem Erlös wollen wir die Deiche erneuern«.

Helga und Herbert mit ihrer Rassy sind die Nächsten, die Birkholm anlaufen. Ihr Kühlschrank ist gut gefüllt, sodass ich mir keine Gedanken wegen des fehlenden Ladens zu machen brauche. Sie kommen fast jedes Wochenende von der Schlei heraufgesegelt. Abends beim Grillen auf der Mole sagt Herbert: »Das ist es, was mir gefällt in Dänemark«, und zeigt auf die hinter uns liegenden Stellnetzstangen und alten Fischernetze, auf die ausgemusterten Fahrräder, Stühle,

Fender und verrotteten Kähne, »es ist nicht Chaos, aber es ist auch nicht piekordentlich. Und es gibt kaum Schilder. Nicht wie in Schleimünde, wo man im Umkreis von 100 Metern 22 Hinweis- und Verbotsschilder vorfindet.« Am besten gefällt uns beiden, dass man sein Boot im Hafen festmachen kann, wo man Lust hat.

Birkholm erwandere ich mir. Durch zwei Deiche ringsum geschützt, stehen mitten auf dem Inselchen die Häuser und Wirtschaftsgebäude umgeben von Ländereien. Dem armen Boden werden Roggen und Gerste abgerungen. Die Kartoffeln stehen mickrig und gedeihen nur heckengeschützt in der Nähe der Gebäude. Birkholm ist eine Kinder-Crew-Insel: übersichtlich, autofrei, mit bestem Strand gleich am Hafen und einer abwechslungsreichen Küste.

Immer wieder werde ich erkannt. Ein Erdmann mit der Jolle ist doch ein unwiderstehlicher Anziehungspunkt für jeden, der sich unterhalten möchte. Gerne gebe ich einen satten Satz von mir: »30 Meilen über die Ostsee? Die segle ich auf einer Pobacke ab.« Eine Äußerung der Bootsnachbarn: »Navigiert der doch an Bord einer Jolle mit den riesigen Berufsseekarten.« Ernst ist es mir mit: »Trotz des Winzlings an Boot wächst das Gefühl der Freiheit.«

Beobachtungen: Auf See winkt man sich von Boot zu Boot ganz locker zu. Vor der Hafeneinfahrt geht es schon verkniffener zu, die Jagd um den Liegeplatz beginnt. Es wird noch schnell überholt und im Becken der eine oder andere abgedrängelt. Nach dem Festmachen und besonders wenn's nicht recht geklappt hat – gefrorene Gesichter. Weiter stelle ich fest, wie sich Crews ihren Schiffen anpassen: sportliche, moderne Yachten gleich modische, farbige Kleidung. Auf Oldtimern, also Traditionsseglern mit rotbraunen Segeln und dunklen Rümpfen, trägt die Crew gedeckte Farben – dunkelblau, grau und braun.

Ich komme nach Hjortø, Drejø, Skatø. Spröde Schönheiten, die Birkholm ähneln. Winzige Häfen. Plattes Grasland. Weite Felder. Sumpfige Küsten. Dünn besiedelt. Vereinzelt grasen Rinder und Schafe. Also, keine Reizüberflutung. Die Inseln eignen sich für einsame, stille Wanderungen. Es gibt kein Muss an Sehenswürdigkeiten.

Auf meiner systematischen Suche nach idealen Ankerbuchten werde ich via Odden, Fornäs, Monnet in Avernakø Revkrog fündig.

»Krog« wird nicht etwa abgeleitet von Kro (Wirtshaus), sondern von Krägen, das sind Krümmungen. Und wie eine Sichel liegt diese Bucht im Gegenlicht vor mir: flaches Ufer, heller, breiter Sandstrand, nach Norden hin ein leichtes Hochufer. Einfach traumhaft. Dazu nur einige wenige Ankerlieger. Ich springe ins Wasser. Keine Quallen, kein Tang, keine Mitschwimmer. Diese Bucht wäre was für Familiensegler. Doch die sind hier nicht zu entdecken. Entweder fehlt ihnen ein Dingi, oder sie kommen nicht, weil die Eltern ungern ankern und meinen, Kinder wären in Marinas leichter zu unterhalten.

Avernakø Ost ist ein stilles, grünes und gelbes Stück Land, lyrisch hingehügelt zwischen kleinen Wäldern und Knicks. Es ist, wie ich später feststelle, das schönste Stück Dänische Südsee. Ich mag Strände sehr, nicht zum Sonnen, wie man vermuten könnte, mehr zum Wandern auf der Suche nach Muscheln, Steinen mit Einschlüssen, Treibholz. Okay, wen die Landzunge nicht zufrieden stellt, der kann zwei Kabellängen weiter nördlich unter einer genialen (je nach Sonnenstand) Steilküste auf Strandbeute gehen. Dort findet man mit Sicherheit Steine mit Löchern, so genannte Hühnergötter. Solche Glücks-

Thurø, ein sprödes Dorf mit vielen Kapitänshäusern und einem Museum, in dem Bootskonstrukteur Henry Rasmussen Raum gewidmet wurde.

bringer findet man nicht mal eben im Entlangschlendern. Mit Eifer, den Kopf gesenkt und intensivem Schauen sind Strandabsucher in der Regel unterwegs. Und es sind meist Frauen, die leidenschaftlich sammeln.

In Avernakø ist eine junge Frau besonders ausdauernd am Wassersaum unterwegs. Stundenlang in gebückter Haltung am Ufer längs. Als sie KATHENA näher kommt, sehe ich, dass auch sie Steine und Muscheln einpackt. Tote, also vom Meer geschliffene blinde Muschelgehäuse. Ich erfahre, dass es für sie mehr als ein bloßer Zeitvertreib ist. Die Steine sind für ihre Schulkinder. Daheim in Gütersloh kann man mit Steinen und Muscheln Unterrichtsstunden beleben. Ihr Mann sorgt sich nur, ob das kleine Kajütboot bei der Steinelast nicht vor dem Zielhafen absäuft. Die schlanke Frau im marineblauen Kleid liebt diese Wanderungen. Allein – um Muße zu finden, »um Gedanken und Gefühle für die liebliche Landschaft besser zusammenzuhalten«. Eines der seltenen Paare, die sich trennen, um wandernd zu erleben. Der Aufwand, um dies umzusetzen, ist groß. Wochenende für Wochenende kurven sie mit dem Auto von Gütersloh an die Schlei, um möglichst rasch mit ihrem Boot abzulegen »zu den Inseln«. Bereits auf der Autobahn wird der Wetterbericht abgehört, Kurs und Ziel bestimmt. Und manchmal stellen sie sich im Fond schon vor, sie seien auf See in Bewegung. Für die beiden ist ein Segelboot kein Guckkasten im Hafen. Die Sammlerin setzt ihren Weg fort, mit Steinen und für Steine, die sie wahrscheinlich eines Tages zurück ans Meer bringt.

Dass eine Bucht, gegen vorherrschende Winde geschützt, nicht immer Bequemlichkeit garantiert, diese Erfahrung muss ich vor Store Svelmø machen. Nachts kommt Nordweststurm auf. Böen stürzen sich ums Kap mit solcher Wucht auf KATHENA, dass ich fürchte, zum segelnden Zelt zu werden. Neben dem Buganker zurre ich eine Leine um einen Findling. Nun zerrt es, je nachdem wie die Böen einfallen, mal an diesem, mal an jenem Tau. Jedes Mal gibt es einen Ruck, der mich wachrüttelt und wundern lässt, dass die Belegklampe den Druck aushält. Die Nacht wird grausam finster. Kein Stern, kein Mondlicht. Der Sturm reißt erbärmlich an der Persenning. Aus dem Schlafsack holt er mich nicht.

Nach so einer Nacht will man nicht mehr. Öljacke über, Gummistiefel an, ein Reff ins Großsegel und los geht es bei eigentlich zu viel Wind, um auf Raumschotskurs Æroskøbing anzusteuern, das 12 Meilen entfernt liegt. Als »Weltumsegler« musst du was riskieren. Mit Preschfahrt schießen wir an Avernakø vorbei. Schon nach wenigen Meilen habe ich Magenschmerzen, Kopfweh, Kotzgefühl. Aber nach all den Buchten und Minihäfen will ich unbedingt in eine Stadt. Süchtig nach Waschen, Essen, Sitzen im Café. Also, weiter.

Eine Hand umklammert die Pinne, mit der anderen halte ich mich an einer Klampe fest, so geht es aufmerksam durch eine unruhige See. Am Kap Näbbeodde gar Kreuzseen. Verdammt, sogar Brecher. Jedenfalls für eine Jolle, die nur einen Fuß Freibord hat. Kantige Wellen treffen uns hart, bringen mich aber nicht vom Kurs. Mit Rauschefahrt begegne ich diesen nassen Meilen. Bald schwappt Wasser im Boot. Später gibt es noch zwei Riesenroller, richtige Kracher, die sich am Heck überschlagen. Mist. Die See ringsum schaumig weiß. Die Gischt am Bug spritzt im hohen Bogen auseinander wie nie zuvor. Eine Bootslänge weit. Sicher. Und mindestens 12 Knoten Gleitfahrt im Surf. Das Boot liegt gerade dabei, wie mit einer Wasserwaage ausgerichtet. Ich denke: Wenn du bei diesem Kurs vergeigst, liegst du im Teich. Als ich mich umschaue, entdecke ich einen Segler, der Richtung Æroskøbing motort.

Die dänischen Städte erwecken in mir die Lust, zu Fuß zu gehen. In Sportschuhen, des Kopfsteinpflasters wegen. In Æroskøbing bin ich wenig standhaft. Beim Landgang schwankt der Boden unter meinen Füßen. Eine Woche vor Anker und überhaupt an Bord haben ausgereicht, um mein Gleichgewichtsgefühl durcheinander zu bringen. In den dänischen Inselstädtchen kann man sich nicht verlaufen. Das einfache Straßennetz, das meist aus dem Mittelalter stammt, verhindert das. Æroskøbing ist so eine Stadt und zugleich eine Märchenstadt. Fahrräder dominieren; der Hafen, zu dem bezaubernde malerische Straßen führen; rot und braun und gelb gestrichene Fachwerkhäuser, windschief zumeist; ein Inselchen seewärts; Cafés mit Tischen unter Bäumen im Hinterhof, zum Entspannen und Beobachten. Es passt alles zueinander. Einfach »hyggelig«, wie die Dänen sagen. Gemütlich schön, übersetzt. Auch die Details stimmen:

Überall liegen in Dänemark Boote. Blick in den Sonnenuntergang über den Badehäuschen am Strand von Æroskøbing.

blumengeschmückte Fenster mit Läden und Haustüren, reich verziert und aufwändig bemalt, mit geschmiedeten Türgriffen. Man möchte gleich eintreten.

Freitag, der 26. Juni, ist ein besonderer Tag. Dänemark spielt gegen Deutschland um die Europameisterschaft im Fußball. Das Spiel will ich mir in Fåborg im Fernsehen anschauen. Es ist ein Tag mit leichtem Wind, Quellbewölkung und großer Wärme. Ideal zum Jollensegeln. Ich drehe hier einen Kringel um eine Sandbank, schaue dort in einen Schilfarm, ankere für einen Kaffee am Kopf einer Mole. Und je später der Tag, desto weniger Schiffe sind unterwegs. Die letzten Stunden vor Fåborg habe ich das Meer für mich allein. Die fußballverrückten Dänen und Deutschen haben sich zeitig in die Häfen verholt. Wohl auch deshalb zeitig, um einen Liegeplatz zu ergattern. Für meine Fünf-Meter-Nussschale finde ich immer eine Lücke.

Das Spiel schaue ich mir im Restaurant »Tre Kroner« an. Fenster, Tische, Theke, Fernseher sind mit »Hurraflagger« geschmückt, und die Kellnerin hat sich das Nationaltrikot übergestreift. Das Lokal ist brechend voll. Die Küche hat dicht gemacht. Eine Stimmung zum Mitmachen. Nachdem das erste Tor für Dänemark gefallen ist, bin ich Gast des Hauses. Zu sehen ist nicht mehr viel. Irgendeiner tanzt und springt stets vor dem Bildschirm herum, und wer dort keinen Platz findet, der springt auf den Tisch. Das Ende des Spiels, das die Dänen mit 2 : 0 gewinnen, geht in Gebrüll unter: VI ER RÖDE. VI ER HVIDE – VI STAR SAMMEN SIDE OM SIDE. Oder in English etwas variiert: We are red, we are white, we are danish dynamite.

Ein neuer Tag. Eine neue Woche. Immer noch Hochdruckwetter. Ich segle, segle, segle. Große Strecken, kleine Strecken. Svendborg, Lohals, Lundeborg, Troense – das mir wegen des kleinen, aber feinen Seefahrtsmuseums gefällt. Das Haus Nr. 2 ist Henry Rasmussen gewidmet, dem bekannten Konstrukteur und Gründer der Werft Abeking & Rasmussen an der Weser.

Es wird Juli und die Häfen proppenvoll. Gesegelt wird immer weniger. Die Maschine muss ran. Charterer haben Termine. Urlaubssegler nur wenige Wochen.

Natürlich lasse ich Lyø nicht aus, die Insel der deutschen Segler. Dicht gepackt parken sie im schlauchartigen Hafen. Die Enge ist mir unheimlich. Ich löse die Leinen. Helnäss Bugt ist nicht weit. In Faldsled gibt es das beste Restaurant Süddänemarks. Ich begnüge mich mit einem Hamburger am Hafenkiosk.

Es geht weiter zur Insel Als. Der Norddeutsche Rundfunk verkündet erhöhte Ozonwerte. Leistungssport und größere Anstrengungen sollte man meiden. Folge, der hitzegeplagte Mann im offenen Boot hängt mehr auf den Bodenbrettern, als dass er aufmerksam segelt.

Der Als Fjord hat beidseitig herrliche Liegeplätze. Im Norden bietet er mit Dyvig und Mjels Vig ein sicheres Ankerparadies. Nur sind im Hochsommer viele, zu viele Schiffe unterwegs. Der Landschaft tut das keinen Abbruch. Als ist hügelig. Der Boden fruchtbar. Wälder umrahmen schattige Einstiche. Auf den Wiesen und Feldern glühen kräftige Farben. Und die See? Auf ihr schwimmen silberne Lichtflecken. Als ist die Insel Emil Noldes. Hier hat er vor 80 Jahren seine Meeresbilder gemalt.

Irgendwann ist auch meine Zeit vorbei. Leider. Von Fåborg auf Fünen aus breche ich meine Rückfahrt zur Schlei an. Ich erwische einen superheißen Tag. Zeitweilig fühle ich mich während der vierzehnstündigen Überfahrt in die äquatorialen Mallungen versetzt. Himmel, Horizont und See fließen ineinander. Ein leichter Windstrich und Flaute lösen einander ab. Mal hängen die Segel nutzlos am Mast. Mal ziehen sie uns flott für einige Minuten. Vor Durst setze ich immer wieder den Wasserkanister direkt an den Mund. Es ist vermutlich der heißeste Tag des Sommers.

Nach 40 Tagen Sonne, zwei Regentagen, einem Sturmtag, zwei bewölkten Tagen, überaus freundlichen Dänen und viel Natur bin ich glücklich zurück. Ich war ja nur ein wenig segeln. Vor unserer Haustür, eine Tagesreise entfernt.

Zugegeben: ein bescheidenes Abenteuer. Jetzt weiß ich aber, warum tausende deutsche Crews das dänische Inselreich lieben. Es bietet schlichtweg alles. Marinas mit Wasser, Strom, Duschen und Clubhaus. Häfen ohne Komfort. Buchten geschützt und heimelig und entgegengesetzt schroff und weniger sicher. Einsame Eilande mit seltenen Pflanzen, wo man sich weit weg und unerreichbar fühlt. Und dann die Distanzen: Wem es irgendwo nicht gefällt, wenige Meilen weiter findet er Gegensätzliches. Und: Der Wind stimmt, fast immer kann er kursgerecht sein. Die Dänen sind es sowieso. Sie lassen uns Gastsegler gewähren. In der Regel kann man in den Häfen tun und lassen, was man will. Vor Anker oder an einem Privatsteg war es umsonst, in den Marinas habe ich bezahlt – 40 bis 70 Kronen. Eine Uhr hatte ich nicht an Bord. Mal haben mich die Möwen geweckt, mal die Hammerschläge in einer Werft, manchmal auch Charterer, die immer zeitig »en Route« sind, um ihren Mietpreis abzusegeln.

Unter diesen Umständen kann ich gar nicht verstehen, warum mir eine segelnde Schwäbin, die meinen Kurs auf der Schlei kreuzt, zuruft: »Der Norden ist schön, wenn's den Süden nicht gäb.«

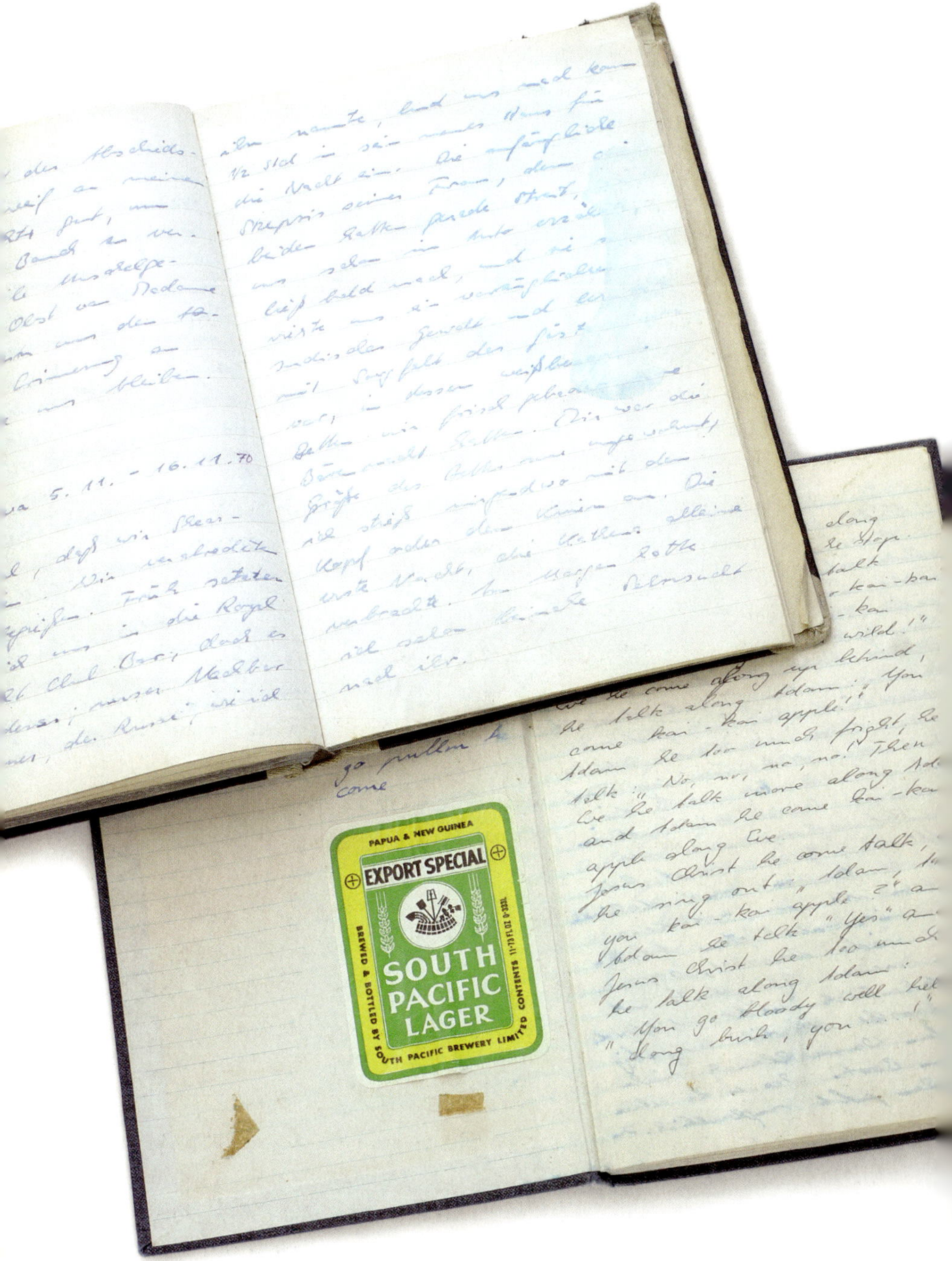

Astrids seglerische Bilanz in Tagebüchern: zwei Weltreisen, davon einmal 121 Tage ununterbrochen auf See, Ostsee- und Nordseetörns.

8

Frau in Meereslandschaft

Text von Astrid Erdmann. Freiwillige Mitseglerin bei einem Einhandsegler, 2870 Kojennächte, ein Segelschein. Bevorzugt und propagiert die einfache Variante des Segelns: Boot, Ausrüstung, Lebensweise.

Ich weiß nicht, warum ich mit dem Thema Geld beginne, vielleicht weil ich Heizöl nachgebunkert habe. In den Nachrichten dominieren Steuerthemen, Benzinpreise, Aktienkurse, Rentenfragen. Geld und Geld verdienen bekommt im Landleben Priorität. Ein Fakt, den ich an Bord nie erlebte. Niemals. Auch nicht am Anfang, als wir mit geringem Budget um die Welt segelten. Irgendwie schafften wir es, ohne uns groß um Kosten Gedanken zu machen. Schon wegen dieser Naivität lohnt es sich, jung auf Fahrt zu gehen.

Gleich nach dem Traum kommt der Gedanke: Wie viel Geld brauche ich, um ihn zu verwirklichen? Hat man die Yacht einmal bezahlt und solide ausgerüstet, gibt es keinen anderen Lebensstil, der so kostengünstig ist. Noch 1996 reichten 2000 Mark im Monat für Schiff und Crew, um die Nordsee zu umrunden. Wesentlich günstiger ist es, auf dem Südatlantik oder Pazifik zu kreuzen. Dies an die jungen Segler, die ich auf dem Meer vermisse. Noch immer hat die Formel für mich Bestand: kleineres Boot gleich intensiveres Erleben.

Hat man das Finanzielle einmal im Griff, sind die größten Vergnügen beim Langfahrtsegeln: unabhängig sein und das übersichtliche, unerreichbare, einfache Leben.

Obschon das Wort »einfach« es nicht ganz trifft. Denn wie schön es auch ist, das Leben an Bord ist umständlich: Wasser mit dem Dingi an Bord schaffen, das Heranschleppen von Proviant und Ausrüstung unterwegs, Umgang mit Behörden, die Bürde mit dem Wetter und die ständige Sorge ums Schiff. Ich meine hier einfach den Umstand, dass ich mich zeitweise wie eine Pionierin erlebe: barfuß laufen, ein Tuch um den Körper schlingen und sich angezogen fühlen, eine Petroleumfunzel als Leselicht akzeptieren, zur Nacht in einen Schlafsack kriechen und mit Meerwasser die Zähne putzen. Auch Wäsche im sprudelnden Wasser eines Baches waschen bedeutet für mich immer noch unmittelbares Erleben. Was aber wirklich zählt: Ich fühlte mich etliche Male so, als wäre ich allein auf der Welt. Es gibt Nachtwachen auf See, da könnte man glatt vergessen, dass die Fahrt ein Ziel hat, so einmalig sind sie. Ganz zu schweigen von den schönsten Revieren der Erde, den weißen Stränden und einsamen Inseln, die man nur mit einem eigenen Boot erreichen und erleben kann. Und letztlich das euphorische Hochgefühl beim Landfall, nach einer strapaziösen Seestrecke, etwas geleistet zu haben – physisch und psychisch.

Entzücktsein kommt aus dem Entrücktsein. Das ist für mich der wesentliche Teil beim Fahrtensegeln. Natürlich kann man nicht immer nur staunen. Wer sich schwer begeistern lässt, gar zum Nörgeln tendiert, sich zum Beispiel über verklebte Haare mokiert, ist beim Segeln schlecht aufgehoben. Wer ist überhaupt geeignet? Eine Frau, die sich nicht gleich langweilt und zudem sportlich und geschickt ist. Ich sage immer, wer einen Ball richtig werfen und fangen kann, der ist auch an Bord bei den immer währenden Rollbewegungen gut befähigt. Vermutlich ist das ein wenig banal. Also, präziser: diejenigen, die ein Leben in Einsamkeit, Exotik und Wildnis lockt und die das Wagnis brauchen, um zu leben und sich bestätigt sehen möchten. Wichtiger: die den Hang zu Natur und Meer, Segeln und Entbehrung spüren. Ich mag auch Komfort, gutes Essen, Sicherheit und neue Kleidung, aber ich schätze ebenso das Gegenteil – Leben aus erster Hand.

Ich habe das Meer, die freie Sicht bis zum Horizont, das Leben auf einem Segelboot nicht gesucht. Alles hat sich so ergeben. Als Jugendliche war ich mitgeschleppt worden. Meine Mutter hatte ein schönes, seegängiges Kielboot in Holland. Gemeinsam segelten wir auf dem IJsselmeer und der Nordsee. Viele Jahre. Jeden Sommer in den Ferien.

Als 17-Jährige im IJsselmeer: Ich habe das Leben mit einem Boot nicht gesucht. Alles hat sich so ergeben.

Ich liebte die leichten, freundlichen Winde, die stetigen, lauen, sommerlichen, die in Flauten übergingen. Mit der einen Hand führte ich die Segel, mit der anderen umgriff ich die Pinne. Rundum war das Glitzern der See. Aus der »Roth Händle«-Schachtel ließ ich mir von meiner Mutter die Zigaretten anzünden. Sie erklärte mir das Nachlassen des Windes, was heiter bedeutet, wie ein Regenbogen entsteht und andere maritime Feinheiten. Ich sah meinem Zigarettenrauch nach und grübelte. Jedoch bestimmt nicht über weiterführende Segelreisen. Ich wollte nichts entdecken, nichts wagen, nichts beweisen. Alles, was mich faszinierte, war der perfekte Kurs, die optimale Segelstellung und damit schnelles Vorankommen. Andere auszusegeln, das begeisterte mich am meisten.

Und so kamen wir eines Tages als Mutter-Tochter-Crew nach Gibraltar. Das war 1966 eine stolze Entfernung. Wilfried Erdmann war schon da. Er befand sich auf seiner ersten Einhandweltumseglung. Damals allgemein ein Begriff von geheimnisvoller Traumwelt. Aber er war auch ein Mann der Tat, er reparierte unsere verstopfte Toilette. Als Dank lud ich ihn zum Essen und Trinken ein mit anschließendem nächtlichen Freischwimmen im Hafen. Das Ergebnis ist bekannt.

24 meiner 25 Jahre lebte ich großartig in Düsseldorf, als ich bei Wilfried, der inzwischen mein Mann war, für eine Weltumrundung anmusterte. Schon falsch, wir gingen gemeinsam auf die für diesen Zweck erworbene KATHENA 2. Ich wurde also nicht eingewiesen, ich konnte mit einem Boot umgehen, Kurse in der Seekarte abstecken, die gebräuchlichen Knoten und war so automatisch mehr als ein »Läuferdeck«. Trotzdem, die erste Nacht an Bord war schlimm. Warum hatte ich bloß mein 42-Quadratmeter-Apartment gegen dieses nur 8,90 Meter lange Schiff getauscht? Warum meinen schönen Beruf als Sportlehrerin aufgegeben? In der 60 Zentimeter breiten Koje heulte ich mich mit diesen Fragen in den Schlaf.

Meine Beobachtungen in den ersten Wochen Unterwegssein: Hochseesegler Wilfried hatte zwar eine Weltumseglung im Kielwasser, aber was das technische Segeln angeht, ich meine damit Kurs halten, Segel trimmen, überhaupt mit den Segeln und Schoten arbeiten, um ein paar zehntel Knoten mehr herauszuholen, daran haperte es bei ihm. Einmal die Segel einstellen und dann vergessen, während ich stets mit Schot, Niederholer, Bullentalje nachjustierte. Mir gefiel das, konnte ich so meinen Teil zum Weiterkommen beitragen. Wir ersegelten oft ausgezeichnete Zeiten.

Gelernt habe ich das Segeln ganz traditionsbewusst »weiße Bluse, marineblauer Rock« als 14-jährige Schülerin der Segelschule Prien am Chiemsee. Damals wurden dort ausschließlich Mädchen ausgebildet.

»Wie alles, was man beherrschen will, lernt man auch das Segeln am besten von der Pike auf.« Geboten wurde Praxis auf verschiedenen Jollentypen und am Nachmittag Theorie. Der Umgangston der Ausbilder war sehr seemännisch. »Alle Mann aufstehen«, denn alle Mädchen schliefen in der Schule. »Alle Mann zum Frühstück.« – »Alle Mann an die Boote und auftakeln.« Ein gewisser Drill war wohl vonnöten, denn sonst hätten nur wenige verwöhnte Windbräute den Kursus erfolgreich absolviert. Nach vierzehn Tagen reiste ich mit meinem Segelschein in der Tasche heim. Wie wichtig diese gründliche Ausbildung im Segelsport war, verdeutlicht, dass ich eine begehrte Mitseglerin meiner Mutter wurde.

Weltumsegler Wilfried hatte keinen Schein gemacht. Er wollte von einer Segelschule nichts wissen. Deshalb kam er gelegentlich ins Stolpern, wenn's um die richtigen, die Fachausdrücke, ging. Verständlich, als Alleinsegler hatte er damit nichts am Hut. Wer gibt sich schon seine eigenen Kommandos: »Klar bei Vorleine«, oder »Klar zur Wende«. Teamwork und Disziplin an Bord wurde bisher von ihm nicht erwartet.

Ein paar Monate nach unserem Aufbruch zur Weltumseglung 1969 steuerten wir die erste Pazifikinsel an. Die Kokosinsel in der Nähe Panamas. Klein, aber oberherrlich. In der Mitte ein steiler Berg, ein Plateau rundherum, das zur See steil abfiel. Alles mit dichtem Tropendschungel verwuchert. Außer in den beiden engen Haupttälern war es unmöglich, ein Stück ins Innere vorzudringen, nur unmittelbar entlang der Bäche konnte man sich mit der Machete einen Weg freischlagen. An einigen überhängenden Felswänden sprühten Wasserfälle, als käme ein Schwall aus einer großen Tonne. Meiner Leidenschaft für Frischwasser konnte ich dort im Übermaß nachkommen. Ich ließ es mindestens einmal täglich auf meinen Kopf prasseln. An Bord, mit unserem 100-Liter-Tank, hatte ich nämlich zum ersten Mal gemerkt, dass Wasser eine Kostbarkeit ist.

Es ist eine Mär, dass Meerwasser Haut und Haar schadet. Man kann sich durchaus monatelang damit pflegen, indem man sich nach der Wäsche (oder nach dem Schwimmen) von der Sonne trocknen lässt und anschließend die Kristalle mit dem Handtuch ausfrottiert. Übrigens: Ein Qualitätsshampoo eignet sich zum Waschen mit See-

Von allen Booten, die ich an den Küsten und auf dem Meer segelte, verhielt sich KATHENA NUI am angenehmsten.

wasser hervorragend. Es säubert Haare, Haut und Kleidung, und es schäumt sogar im Meerwasser.

Ersten intensiven Kontakt mit Insulanern bekam ich einige Monate später auf der Marquesas-Insel Fatu Hiva. Bucht der Abenteuer, so wirkte der Ankerplatz auf mich. Ich sah einen schmalen Einschnitt an der schroffen Felsenküste mit einer Lichtung am Scheitel. Einige Auslegerboote lagen im Schatten der Kokospalmen am Strand. Dahinter Hütten mit Dächern und Wänden aus geflochtenen Palmwedeln und vereinzelt angerostetem Wellblech.

Blumenketten und sehnsüchtige Lieder gab es am Ankunftstag in Fatu Hiva nicht. Trotzdem verlebte ich den ersten Tag im Dorf mit seinen rund 80 Bewohnern in Euphorie. Die Fremdartigkeit der Polynesier verwirrte und beglückte mich. Wir begegneten einander lächelnd. Meine Scheu verdrängte ich durch Neugier. Wo gibt es Früchte? Wie knotet ihr euren Pareo? Überhaupt, ich im europäischen Kleid! Ich wollte mir auch so ein praktisches Stück Tuch um den Körper schlingen. Es ist das bequemste Stück Kleidung des Pazifiks und der Tropen. Immer luftig und locker. Und man ist angezogen. Ich kann nicht verstehen, warum andere Seglerinnen sich in den tropischen Regionen mit mitteleuropäischer Kleidung herumschlagen.

Die meiste Zeit hockte ich damals am Strand, palaverte mit den Mädchen und Frauen. Nicht nur in Fatu Hiva, auch auf anderen Südseeinseln setzte ich meine Dorfbesuche so ähnlich fort. Ich sah den Männern und Frauen bei der Arbeit zu, spielte mit ihren Kindern, lernte Vokabeln und ließ den Sand durch meine Finger gleiten – ein Gefühl nie erlebter Freiheit. Mich hat es nie getrieben, ausgiebige Landausflüge zu machen; glücklich war ich, wenn es uns gelang, am Leben der Einheimischen in unserer Bucht teilnehmen zu dürfen, Wilfried mit den Männern zum Fischen fuhr und ich mich meist bei den Frauen zwischen Strand und Blätterhütten aufhielt.

Das Interessanteste an einem Südseetörn sind die Menschen: Herzlich, fröhlich, gastfreundlich ließen sie uns an ihrem Leben teilhaben. Ein in Blättern gegarter Fisch aus der Hand, die obligatorische Trinknuss, die unbekümmerte und ursprüngliche Lebensweise der Insulaner beeindruckte mich. Kleine Geschenke erleichterten den Umgang. Mückenmittel den Aufenthalt.

Unsere sportliche Bilanz kann sich sehen lassen: zwei Weltreisen, davon einmal 121 Tage ununterbrochen auf See. Vier Monate auf dem Wasser, nur wir beide. Dann monatelang Ostsee, Nordsee und andere Reviere. Doch wie sieht es mit der psychologischen Situation aus? Ist die Enge nicht belastend? Ist es nicht frustrierend, auf ein paar Quadratmetern Tage und Nächte zusammen verbringen zu müssen? Egal ob im Hafen oder auf See?

Zunächst: Unsere Boote waren relativ klein. Schmal und weiß wirkten sie auf dem Wasser auch noch leicht. Aber in Wahrheit waren sie größer als für den Außenstehenden erkennbar ist. Der Lebensraum ist freilich nicht nur die Kajüte. Das Cockpit, das Deck wird mitbewohnt. Außerdem mangelte es an Reibungspunkten, da wir nicht belastet waren. Keine Nachrichten, kein Telefon, keine Termine, keine Rechnungen störten.

Zudem: Ich hatte immer meine Koje. In Reichweite Fächer und Ablagen für meine persönlichen Sachen – Spangen, Tücher, Kämme, Bänder, Bücher ... Auch immens wichtig, dass die Koje gut platziert im Schiff, möglichst im Mittschiffsbereich, liegt, wo die Bewegungen beim Segeln am angenehmsten sind. Einen eigenen Platz in der Kajüte zu haben, erscheint mir ungemein wichtig. Dann hatte ich selbstverständlich meine Aufgaben: Organisieren, Steuern, von Anbeginn Wache gehen, das Schiff in Ordnung halten, bei Reparaturen mithelfen und vor allem Kontakte mit den Einheimischen knüpfen und pflegen.

Fahrtensegeln zu zweit ist eine feine Sache. Gewiss. Nur, wenn es den Frauen nicht gefällt, haben meist die Männer Schuld. Auslöser sind oft die zu hohen Erwartungen. Fehler bei der Einweisung beim ersten An-Bord-Kommen. Ungeduld oder schlichtweg penetrante Besserwisserei.

Schon beim ersten Segeltörn kann so viel Begeisterung verloren gehen. Wenn nicht gar jede. Vor allem sollte man nicht auf Anhieb Segeltechnik, Steuermechanik, Nautik und Motorenkunde auf einmal eintrichtern wollen. Anstatt seine Partnerin totzuquatschen, sie lieber schrittweise an das Segeln und Bordleben heranführen. Bloß nicht nur Aufgaben unter Deck zuteilen. Männer fahren das Schiff, Frauen segeln mit. Punkt. Mit solch einem Mann würde ich kein Wochenende aushalten. Der ärgerlichste Fall hört sich so an: »Liebling, du brauchst beim Segeln überhaupt nichts an Deck zu machen.«

Ich segle gern. Ich liebe das Bordleben, den Wind, das Meer, nur seine Bewegungen nicht. Meine Unbilden sind bekannt, und einige finden es großartig, dass ich mich trotz Seekrankheit nicht unterkriegen lasse. Beginnt nämlich das Schiff zu rollen oder zu stampfen, ist es mit meiner Contenance vorbei. Mir wird übel. Ich muss mich hinlegen und bin ohne jeglichen Willen, ohne Appetit. Dabei erreiche ich nie das »aktive« Stadium der Seekrankheit, mir ist nur andauernd hundeelend. In diesem abgestumpften Zustand denke ich ans Ende des Törns und ans Kotzen und beneide all diejenigen, die es können und die Seekrankheit nach einem Tag abstreifen.

Meersalz, Petersilie, Fencheltee, spezielle Nahrungsmittel, Hypnose. Ich habe alles versucht. Mehrfach. Nichts hat mir geholfen. Das einzige Mittel, das kurzzeitig wirkt, ist immer noch: Aufgaben erledigen. Medikamentöse Mittel über Monate hinweg sind keine Lösung. Ich habe auch damit experimentiert, Tabletten geschluckt, Pflaster geklebt. Danach war mir klar, wie sie funktionieren: Ich fiel in eine Art Koma und konnte nicht mal meine Wache gehen. Nach 40 Jahren komme ich zu dem Ergebnis: Gegen passive Seekrankheit ist kein Kraut gewachsen. Jetzt könnte man der Auffassung sein, dass ich aufgrund der fehlenden Seefestigkeit die See hasse. Weit gefehlt. Bei aller Plage mit den Wellen ist das Leben mit einem Boot noch immer aufregender als mit der Nachbarin im Garten sitzen: »Noch ein Käffchen?«

Zur Frau in Meereslandschaft gehört – unvermeidbar – Sturm. Ein Sturmerlebnis. Da muss ich gar nicht lange nachdenken. Am 6. April 1972 geriet ich in eine lebensgefährliche Situation in der äußeren Biskaya. Nachts, während meiner Freiwache, lag ich plötzlich platt auf der Bordwand. Als sich das Boot wieder aufrichtete, rauschte Wasser über den Kajütboden. Die kleine Petroleumlampe war erloschen. Entsetzen packte mich. Ich fühlte, dass ich bis zu den Knien im Wasser stand. Alles Mögliche schwappte hin und her. Und ganz schlimm: Die beiden Steuerbordfenster fehlten. Ich wusste mit den zwei finsteren Löchern nichts anzufangen. Das Erste, was ich dann tat: Ich schrie furchtbar. Noch anderntags schmerzten meine Stimmbänder. Eine schwere Sturmsee hatte die beiden Fenster eingedrückt und das Schiff unter Wasser gesetzt. Für das kleine, schwer gebaute Stahlschiff entsetzlich. Für mich doppelt entsetzlich. Ich war im dritten Monat schwanger. Erst zum Ende meiner Weltumseglung wurde mir bewusst: Segeln übers Meer hat auch was mit Risiko zu tun, mit Wagnis und Mut.

Basierend auf dieses schreckliche Biskaya-Erlebnis begleitet mich bei Schwerwetter die Angst, es könnte etwas mit dem Mast, dem Ruder passieren oder jemand könnte über Bord gehen. Zumindest habe ich immer Angst und großen Respekt vor und während der Sturmphasen. Ich bekämpfe diese Unruhe, indem ich dazu neige, verbal einzugreifen: »Segel kürzen, Kurs ändern«, und versuche, dass wir, sofern möglich, dem Unwetter aktiv begegnen. Habe ich Zeit, mich darauf vorzubereiten, verstaue ich allen Krempel an Bord sorgfältig. Wasche und kleide mich und harre, die Zähne zusammengebissen, des Sturms. Seemännisches Vertrauen zum Partner darf jetzt nicht fehlen. Ich habe es diesbezüglich beneidenswert gut getroffen.

Schweren Sturm gibt es glücklicherweise selten. Und: Lieber mit etwas Angst im Bauch reisen als überhaupt nicht. Zerbrechlichkeit birgt nämlich auch eine große Stärke.

Fahrtensegeln bringt mich zu Landschaften, die man häufig nur per Boot sehen und erleben kann. Über die Meere zu segeln ist ein Geschenk. Gerade für Frauen. Warum? Wir fühlen und erleben intensiver. Natürlich nur, wenn man es auch tatsächlich will. Sich ganz integriert in das teils entbehrungsreiche Dasein des Fahrtensegelns und sich vom Materialismus gelöst hat. Es gibt erstaunlich viele Seglerinnen, die von ihren Männern mitgeschleppt werden. Ich würde nie, wenn mir die Lebensart partout nicht gefällt, die Strapazen einer Segelreise auf mich nehmen. Auch nicht, wenn mein Partner mir ein komfortables Schiff, ein Mietauto für Ausflüge in den jeweiligen Häfen bietet und was heutzutage bei Langfahrten Standard ist: Die Tour zu unterbrechen, um mir den so genannten jährlichen Heimaturlaub zu genehmigen.

Wir wissen inzwischen alle: Weltumsegeln ist auch nicht mehr das, was es einmal war. Es gibt kaum einen Flecken auf der Erde, der nicht dutzendfach von Reisenden besucht worden ist. Wohin wir auch unseren Kurs absetzen, andere sind schon da. Dagegen kann man ansegeln, indem man sich teils unwirtliche Regionen erschließt oder für Kurztörns die Reviere vor unserer Haustür, Ostsee und Nordsee, erkundet. Was mich am meisten verblüfft, ist inzwischen die Wahl und Ausrüstung der Schiffe: groß, luxuriös, überausgerüstet. Die Crews haben alles an Bord. Sie vermissen nichts. Der Reiz des Fahrtensegelns bleibt für mich jedoch genau das Konträre. Ich kann gut verstehen, wenn jemand, der im reiferen Alter in die Szene einsteigt, nicht so gerne auf dem Kajütboden eines kleinen Bootes herumkriechen will, sondern daher zu einer größeren Yacht tendiert, oder anstatt bei Schräglage die Segel Hand über Hand zu bergen, sich eine Rollreffanlage installiert. Nur, viel Ausrüstung wird unter dem Sicherheitsaspekt angeschafft, doch man ist auch mit weniger auf der sicheren Seite. Ein junges Pärchen ist mit einem neun Meter langen Boot auf dem sicheren und – immer – erlebnisreichen Abenteuerkurs.

Segeln über die Ozeane ist eine feine Sache, nur die Männer, die zu viel von Booten verstehen, können es uns Frauen vermiesen. Zum Beispiel wenn sie immer auf Schnelligkeit aus sind und bei Flaute mit der Maschine Unruhe stiften. Für mich zählt eine Windstille auf dem offenen Meer zu den stärksten Eindrücken einer Meereslandschaft. Die Stille fließt. Besonders spürbar beim Schwimmen auf 3000 Meter Tiefe und hoch stehender Sonne. Ein Sprung über Bord in den blauen Ozean, Luft anhalten, Kopf tiefer und tiefer unter Wasser stecken und den Blick in die gebündelten Lichtstrahlen richten, die im Nirgendwo zu enden scheinen. Fantastisch.

Was ich noch machen möchte seglerisch? Mit KATHENA NUI übers Meer segeln. Wochenlang. Irgendwohin. Das Schiff liegt so herrlich ausbalanciert in der See, dass es eine Freude ist, mit ihr auf den langen Wellen des Ozeans zu segeln. Zudem wirft es weniger Gischt auf als alle Boote, die ich je gesegelt habe. Das Aluminiumboot ist gleichermaßen schön und stark, ohne dass man die Stärke optisch erkennen kann. Es wirkt eher leicht. Es gibt mir den Eindruck der Unverletzlichkeit. Dieses Gefühl im Bauch macht den Kopf frei für Meer und Landschaft, Menschen und Tiere.

Vor Anker mit Kym im Likiep-Atoll – einer Lagune zum Verlieben. –
Die Kinder von Kiribati verschönern den Aufenthalt.

Erst ein Mal, lange her, hatte ich das göttliche Segelerlebnis mit KATHENA NUI. Eine nahe liegende Fahrt durch die dänischen Inseln, nach Norwegen und Schweden. Sieben Wochen. Sommerwochen im Skagerrak nenne ich sie. Der Himmel blau, der Wind meist frisch, die Schoten demzufolge auf Spannung. Spannend war es auch immer, hatten wir doch den Wind in den Segeln bis zum Festmachen. KATHENA NUI ist motorlos. Alle Manöver waren demzufolge unter Segel erforderlich: Ablegen, Ankommen in Häfen, Ankern in Buchten, Aufkreuzen in engen Passagen. Man sagt ja, Segeln kommt nach dem Ablegen. Ich war schon beim Frühstück »unterwegs«: Welche zu setzende Segelfläche? Wo welche Leinen? Wie viele Kreuzschläge im Hafenbecken? Ich musste es im Kopf durcharbeiten, denn anhalten kann man fünf Tonnen Boot nicht mal eben.

Es war ein ausgesprochener Windsommer. Schon der Start auf unserer Schlei in Schleswig-Holstein war leicht unruhig. Zahlreiche Boote auf dem Wasser und wir motorlos. Dazu zwei Brücken. Wenn wir angesegelt kamen, waren sie geschlossen. Das Festmachen an der gelben Tonne, die vorgesehen ist, um die Öffnung abzuwarten, klappte nicht besonders. Wir verließen die Schlei mit einem unbeabsichtigten gelben Strich an der Bordwand. Nicht unbedingt das, was uns beide näher brachte. Keiner hatte Schuld. Vor Lyø, 24 Meilen weiter, wurde es nichts mit einem gemeinsamen Bierabend im Cockpit. Jeder schlief in seiner Koje.

Die hoch geschätzte dänische Insel der deutschen Segelszene verließen wir anderntags. Unser Ziel war die Südküste Norwegens. Über den Svendborgsund, Großen Belt und Læsø Rende standen wir nach zwei Tag- und Nachtfahrten vor Skagen. Die Nächte waren kurz, der Wind leicht am Anfang, stürmisch zum Ende. Die Einfahrt in den Fischereihafen Skagen bei steifem Ostwind lag mir im Magen. Aber es ging durch die schaumig rollende See besser als erwartet. Festmacher beidseitig klar, Fender beidseitig abgehängt, ein Leine zum Werfen an Deck aufgekeult, kleine Segelflächen, so rauschten wir in den langen, schmalen Hafenschlauch. Im Hafenbecken für Yachten, berstend voll, man konnte es praktisch zu Fuß überqueren, fanden wir den allerletzten Platz. Wilfried an Pinne und Heckleine, ich am Großfall und an der Spring. Mit einer Hand fierte ich das Fall, mit der anderen zerrte ich das Segel herunter. Die Spring wurde geworfen, belegt und einmal um die Klampe gelegt, keilten wir uns zwischen zwei Boote in eine Lücke. An Deck ein flatterndes Stück Groß, lose Fallen, eine Tauwuhling und erwartungsgemäß die Geschafft-Gelöst-Stimmung, die durch den ganzen Körper geht. Zum Umarmen.

In einem Lokal der berühmten blutrotfarbenen Fischerhäuser am Kai stärkte ich mich mit leckeren Fischbrötchen und spürte meine Muskeln. Segeln hat mit Geschick zu tun, aber Segelmanöver speziell im Hafen mit Kraft und Augenmaß. Mein Skipper legte sich auf die Cockpitbank. Er war kaputt. Zwei Nächte innerhalb der Inseln machen müde.

Am nächsten Morgen schauten wir uns in Skagen um. Solche Rundgänge sind mir von allen Hafenstädten bekannt. Bäcker, Zeitung, Café, Kunstläden. Das Übliche. In Skagen fesselten uns lichtstarke, kunstvoll gemalte Bilder zum einen und kreativ konstruierte Gartenbänke zum anderen. Leider konnten wir keine einpacken.

Nachmittags war unser Wetter: blassblau der Himmel und wolkenlos, der Schwell nahe der Einfahrt hatte sich beruhigt. Eine lebhafte Brise aus Süd hielt die Wellen zumutbar. Ideal, um nach Larvik/Norwegen im Norden des Skagerraks zu segeln.

Mein Wilfried hisste das Groß, und nachdem die Festmacher los waren, riss er die Arbeitsfock hoch. Der Wind fuhr in die Segel, und KATHENA NUI schoss davon. Leider in die falsche Richtung. Ihr plötzlicher Abgang brachte mich nicht aus der Fassung. Pinne und Großschot hatte ich im Griff. Einmal rasch das Ruder übergelegt, und ich war Sekunden später frei vom hoch aufragenden Fischerkai. KATHENA neigte sich zur Seite und nahm Fahrt auf. Es war nicht einfach, aus der engen Hafeneinfahrt herauszukreuzen. Unkoordinierte Bewegungen, ein Sog, der einen spüren ließ, dass draußen mehr Wellen und Wind vorherrschten, verhinderten ein optimales Amwindsegeln. Die ganze Zeit rief auch noch mein Mann dazwischen: Aufpassen, abfallen, da kommt ein Boot, Wende, schneller. Als ob ich das nicht sehen würde und wüsste.

Nachdem wir frei von Skagen Rev waren, wurde unsere Selbststeuerung eingekuppelt, die Segelstellung justiert, und urplötzlich hatten wir nichts weiter zu tun. Die mechanische Windsteueranlage würde Kurs Larvik halten, sofern die Windrichtung blieb. Es machte Spaß dabei zuzuschauen, wie sie die Pinne bewegte: kurz nach Backbord, mitschiffs, etwas länger nach Steuerbord und wieder zurück, während man selbst sich eincremt, Brote schmiert oder ganz befreit über die Reling in die Ferne schaut. Diese Reihenfolge der Selbststeuermechanik ist mir ein Rätsel. Der Wind kam inzwischen raum, und die Segel zogen prächtig. Ich war high vor Bootsglück. Steckte Wilfried damit an. Er setzte die Genua, sein Lieblingssegel. Das Log zeigte 6, manchmal 7 Knoten. Wilfried erzählte, dass er mit diesem Schiff schon 16 Knoten erreicht hat. Die Geschichte kannte ich, wollte sie nicht wieder hören. Surfsegeln ist aufregend. Unnötige Aufregung will ich aber auf See und im Urlaub gar nicht haben.

Nachts kamen kaum Schiffe. Die Fähre Larvik - Frederikshavn zeigte uns, dass wir genau auf Kurs waren. Das Leuchtfeuer von Svenner war wegen der Sommerhelligkeit nicht auszumachen. Schon gegen vier Uhr ging die Sonne auf. Solche kurzen Nächte sind auch was für Nachtsegelanfänger.

Larvik und Norwegen – Ziele vor unserer Haustür mit allem, was ein Seglerherz wünscht: Skagerrak, Schären und liebliche Orte.

Dicht unter der Küste kam der Wind von vorn, und ein Kreuzgang bis zum Scheitel der Bucht begann. Dort legten wir uns sanft an einen Kai gegenüber der Fähre. Klarten an Bord auf und tratschten im Cockpit bei einem Øl. »Skål. Haben wir gut gemacht!«

Larvik ist eine Berg- und Talstadt. Es geht nur steil auf und nieder. Bei uns auch, später auf See. Der Bug zeigte Richtung Stavern, dann Helgeroa, Sandefjord: Berge, Granit, Felsen, Steine. Nicht schroff, aber hoch aufragend sind die Küsten.

Die Norweger? Sie sind schlank und groß. Männer wie Frauen weniger blond als ich dachte. Luft 20 Grad sind für Wikinger schon tropische Temperaturen. Sommerkleider und T-Shirts dominierten die Stadtbilder.

Den Sprung nach Strömstad machten wir auf einem Bug. Fast ein Dutzend Kreuzschläge waren am Ende nötig. Schläge haarscharf an riesigen Steinen vorbei. Ich gewöhnte mich an die Schräglage und das Dichtholen von zwei Vorsegeln. Erst den Klüver loswerfen und dicht setzen, dann das Stagsegel. KATHENA ist als Kutter getakelt, das heißt, sie trägt normalerweise zwei Vorsegel.

Strömstad ist Schweden und begrenzt die Westschären nach Norden hin. Es liegt paradiesisch. Eingerahmt von vielen kleinen abgerundeten Eilanden und Felsen, die wie hingekullerte große Steine wirken. Von weitem schon sichtbar, dass der Stadthafen übervoll war. Wir trotzdem mit vollen Tüchern hinein. Die Boote lagen aufgereiht vierkant zur Mole. Also peilten wir das Heck eines Schweden an. Segel runter, Anker übers Heck, Bugleinen, Spring. Ein Hüpfen und Springen und Ziehen bis wir festgemacht waren. Der Eigner war ziemlich mürrisch, er bangte um sein schönes Schiff. Nachdem wir ihn aufklärten, »no engine«, gingen die Mundwinkel nach oben. Schweden mögen keine »Blender« sagt Wilfried, der ehemalige schwedische Seemann.

Strömstad bot Mittelmeeratmosphäre. Die Menschen flanierten in todschicker Kleidung am Hafen. Sehr farbig. Sehr locker. Musik bis Mitternacht. Auf den Stufen, die an der Mole ins Wasser führten, saßen Jungen und Mädchen, Zigarette, Wein aus der Flasche. Bilder, die Rom nicht besser hätte bieten können. Die Lokale waren zwar lange geöffnet, führten damals jedoch nur alkoholfreie Getränke.

Es gibt nicht nur das Mittelmeer oder die Karibik, auch die subpolaren Inseln können reizvoll sein.

Und die, die Alkohol offerierten, waren teuer und verpflichteten zum Speisen. In einer Boutique kleideten wir uns sommerlich frisch ein und setzten uns zu den Menschen auf die Mole. Diese ausgelassene schwedische Sommerstimmung basiert freilich auf den Jahreszeiten. Auch ich liebe die Jahreszeiten. Im Winter kuschelig warm angezogen durch Schnee und Eis. Der Sommer mit seiner milden Wärme auf meiner Haut und kurzen Nächten stimmt mich beschwingt.

Irgendwann ging es weiter: St. Flatsk Inseln, Killingen, Havstenssund, Fläskön, Stocken, Gullholmen. 80 Meilen gen Süden. Immer innerhalb der kargen, kahlen Schären. Ankerplätze, die Kräfte freilegen, so schön und sicher sind sie gleichermaßen. Muskelkraft war auch notwendig. Der Anker saß häufig fest im Grund wie Gift im Körper. Ich schwamm, ich kletterte, wanderte über Eilande mit abgeschliffenen Hügeln, die wie Walbuckel aus dem Wasser ragten. Begeisterte mich an fabelhaften Aussichten, an Heidekraut, Moosflechten, hier und da wilden Himbeeren, die einmalig gut schmeckten. Schären ohne Mastspitzen in Sichtweite gaben mir ein prickelndes Gefühl.

Weiter und wieder Schoten reißen. Es kamen noch etliche Kreuzpassagen, die nicht breiter als 50 Meter waren. Dort wurden Kommandos wichtig: »Klar zur Wende?« – »Ree!« Im Havstenssund kollidierte KATHENA NUI beinahe mit der Granitwand, so beengt war das Aufkreuzen. Sorge, wir könnten in dem schmalen und 500 Meter langen Wasserweg »stecken« bleiben, hatte ich nie. Es machte sogar Spaß. Das Schiff hatte eine Nonstopumseglung gemacht und schien mir unverletzbar.

Abseits des betonnten Fahrwassers ist die Navigation im Schären-Labyrinth anspruchsvoll – zumal ohne Maschine. Das heißt eine Hand an den Schoten, die andere auf der Seekarte, die immer an Deck lag. (Es war noch die GPS-lose Zeit!)

Östlich der Fahrrinne Gullholmen, hinter Måvh, wurden wir vor Anker liegend eingeweht. Die Bucht war klein, sodass wir bei aufkommendem Starkwind nicht herauskamen. Ohne Maschine war nichts zu machen. Gefangen, gleich für zwei Tage. Der Druck fiel, Wellen wurden kantiger, Wind nahm schnell zu. Eine Felskante im Rücken. Eine blöde Situation. Als Zugabe: Der Anker rutschte leicht übers Gras. Also zog mein Alleinsegler Flossen an, schwamm eine 110 Meter lange Leine zum gegenüberliegenden Inselchen und befestigte sie um einem Findling. Das gab mir Sicherheit.

Mehr Wind. Der Deutschlandfunk sprach von 10 Beaufort im Skagerrak. Ich holte unser Handanemometer aus dem Holzkistchen und hielt das Schalenkreuz in den Wind. Unzweifelhaft: 22 bis 25 m/s. Puh. Damit war alle Sicherheit futsch. Das Überliegen des Schiffes durch den Winddruck, das Heulen in der Takelage war eine Anstrengung, die über meine Kräfte ging. Obendrein immer im Blick die Felswand achteraus, vielleicht zwei Bootslängen entfernt. Sie fiel steil ab. Eventuell könnte man im Notfall dort längsseits gehen und zusammengelaschte Matratzen als Fender benutzen. Das planten wir schon. Ich schmökerte im Buch »Hawaii« von James Michener. Dabei wurde mir bewusst, was für eine schöne bequeme Koje, zwei Meter lang und 72 Zentimeter breit (und Gardinen über mir) ich hatte. Die Schiffspassagiere aus »Hawaii« hatten zur Einwandererzeit nur eineinhalb Meter zur Verfügung und einen knappen halben Meter an Breite. Und zeugten darin Kinder. Das heiterte mich auf.

Auf dem Felsplateau, in Wind und Regen, standen ab und zu Camper und winkten. Wie schön, werden sie gedacht haben, so eine Yacht möchte ich auch haben und damit reisen. Kathena zerrte eine weitere Nacht vor Anker und langer Leine, schlimmer als wenn wir auf See gewesen wären.

Nach zwei Tagen hatte der Sturmwind sich ausgeweht. Im nahen Lysekil gab es in der Marina allerlei Schäden. Glücklicherweise waren wir nicht dort vertäut.

Der Luftdruck stieg, nur weg, doch der Anker war nicht aus dem Grund zu kriegen. Eine halbstündige Anstrengung war erforderlich – Hand über Hand zu zweit – bis der Anker schließlich ausbrach. Wilfried schmerzte die Leiste, mir der Rücken. Gut, dass wir körperlich fit waren – sicher dank der täglichen Segelmanöver. Warum kam der Wind auf dieser Tour bloß immer aus Südwest und Süd? Mit drei Wenden waren wir im freien Wasser. Im relativ freien Schärenraum. Alles ist hier nämlich eng und voller Rocks.

Ein perfekter Anker gehört zum Glück. Unserer war und ist auf ewig ein Bügelanker.

Kolby, das ist schon Dänemark. Ein Winzling von Hafen an der Westküste von Samsø. Die 157 Meilen dorthin wurden wie im Rausch abgesegelt. Dieses Stück bei im Schnitt 6 Beaufort gab mir die endgültige Gewissheit: Segeln mit Kathena ist eine Wucht. Kabbelseen, Querseen, harte kurze Wellen, Dünung oder Schwachwind, nichts schien das Schiff zu beeindrucken. Es hielt seinen Kurs. Bewegte sich gleichmäßig mit Kraft und Eleganz. Mein Herz jubilierte. Vor Freude darüber, mit solch einem Schiff segeln zu können. Ich fühlte mich eins mit meinem Boot und der See. Ich zog meine Öljacke aus. Legte sie quer über meine Knie und staunte: Warum fühlte ich diesmal nur leichtes Unwohlsein?

In diesem Teil meines kurzen Reiseberichtes ging es mir auch um das Seeverhalten, neudeutsch Performance, der Kathena. Und mein Vertrauen in sie. Vertrauen zum Schiff ist essenziell.

Einen Absatz zu meiner/unserer Kraft: Ich war fit am Ende der Fahrt. Oberarme, Unterarme, Beinmuskulatur spannten sich. Kurzum: Ich strotzte vor Kraft. Das Manövrieren ohne Motor macht stark. Muskelaufbau an der frischen Seeluft. Gibt es Schöneres als mit einer guten Figur aus dem Sommertörn zu kommen? Das Beste an dieser Sommerreise waren die überaus markanten Schären und Inseln. Sodass der Rest der Reise durch den Kleinen Belt nach Lyø und auf die Schlei nicht weiter ins Gewicht fiel. »27 Kreuze von Schleimünde und bis Maasholm machten wir mit links.«

Natürlich gibt es Bücher und Berichte in Fachzeitschriften mit Tipps und Ratschlägen, wie man sein Bordleben optimal in den Griff bekommen kann. Und es gibt unzählige Segler, die sinnvolle Anregungen parat haben, aber meist kranken sie daran, dass sie sich zu wichtig nehmen. Meine Natur sagt mir, dass ich auch versuchen sollte, etwas anders zwar, meine Erfahrungen von kurzen und langen Törns in Form einer freundschaftlichen Auflistung kundzutun. Nun sind bekanntermaßen solche Tipps wie eingetragene Schuhe, sie passen einer anderen nur im glücklichsten Falle. Ich hoffe, es ist ein glücklicher Fall für Sie dabei. Nur Mut.

Wer ist geeignet? – Wer sich in der Natur wohl fühlt, sich mit ihr verbindet. Neugierig auf das Fremde ist. Sportlich und selbstbewusst, das heißt keine Scheu vor Aufgaben hat, die völlig neu sind. Keine Angst vorm Nasswerden hat. Möglichst nicht allzu sehr seekrank wird und – das hebt manches Handicap auf – mit ganzem Herzen dabei ist. Ohne »Arbeit« ist die Idylle allerdings nicht zu haben.

Wer ist nicht geeignet? – Es ist unklug, gegen die Natur zu leben. Die innere wie die äußere. Damit meine ich, wer mehr oder weniger gegen seinen Willen zu einem längeren Segeltörn überredet wird, sollte es lieber lassen. Weil es sonst unendlich viel Energie kostet, krank und letzten Endes unglücklich macht. Es ist, als würde man verzweifelt gegen den Strom schwimmen, statt sich gemächlich mit ihm treiben zu lassen.

Aufgaben – Mit der Entdeckung Seesegeln, egal ob Ostsee oder Ozean, hat das Ehepaarsegeln enorme Akzeptanz erlangt. Die Frage hierzu häufig: Geht man sich nicht gegenseitig auf den Geist? Die Antwort lautet: doch. Eine klare Aufgabenteilung, Festhalten am

Wachsystem und an den unterschiedlichen Interessen fördern eine positive Seelenlage auf engem Raum. Wenn ich von einer Weltumseglung lese, »vier Jahre Spaß«, denke ich, das muss eigentlich schrecklich gewesen sein.

Törnplanung – Ich setze voraus, dass das Reiseziel feststeht. Eine lange Reise vorzubereiten braucht Zeit. Auch wenn alles beieinander ist, gibt es viele Detaillösungen, die unterschiedlich zwischen Mann und Frau ausfallen. Beim Streifzug durch die Schiffsausrüster lassen sich Anregungen finden. Hilfreich kann sein, Seglerinnen im Verein und am Steg nach ihren Erfahrungen zu befragen. Die beste Vorbereitung für Segelanfängerinnen ist: ein Tagebuch. Da Beobachtungsgabe und Sensibilität bei Frauen normalerweise ausgeprägt sind, sollte man es, wenn schon, täglich führen – gelassen führen. Vermeiden Sie, darin übertrieben perfekt zu sein.

Ausbildungskurse – Segelscheine machen, Abendkurse belegen, sich qualifizieren ist sehr populär. Das umzusetzen mag individuell sehr unterschiedlich sein. Hauptsache: nicht alles auf einmal eintrichtern lassen. Ich habe mir Sprachen, medizinische Kenntnisse und Wetterkunde selbst beigebracht. Ein Zuviel kann eine relativ neue Seglerin verwirren.

Ankommen – Unser ganzes Segeln richtet sich darauf aus, das Ziel zu erreichen. Sind wir angekommen, ist der Moment der glücklichen Ankunft im Nu vorbei. Behörden, Mietwagen, Kommunikation, Ersatzteile, Informationen stehen im Vordergrund. Wo gibt es dies und jenes – günstig und überhaupt. Ich habe diese Handlungs-Reihenfolge nie gemocht und versucht, bewusst die Ankunft auszuleben. Es musste allerdings ein ordentliches Stück See zurückgelegt worden sein. Bei dem einen sind es 50 Seemeilen, beim anderen 500. Das hieß: Die erste Hafenkneipe vom Boot aus war meine – und basta. In der Karibik war es ein Punsch in einer Blätterhütte. In Norwegen kann es eine Pommes-frites-Bude sein. Genuss ist Momentsache. Moment! Ist es eine Bucht, muss man in jedem Fall, nachdem der Anker gefallen ist, nackt baden.

Qualitativ genießen – In einer kritischen Situation sich etwas gönnen. Ein Glas Wein einschenken, wenn es mit dem Partner nicht so funktioniert. Ein aufwändiges Gericht kochen, wenn's an Deck stürmt. Wer aufgibt, das Schöne und Gute zu erkennen, den packt die Verzweiflung.

Kleidung – Die ideale Kleidung, die man mitnimmt an Qualität und Menge, findet man am besten durch eigene Prüfung heraus. Es ist eine ganz und gar individuelle Angelegenheit. Nur so viel: In der Regel braucht man weniger als bei der Abfahrt eingepackt. Ich habe mich unterwegs umgesehen, folglich hinzugekauft. In Schottland einen Harris Pullover, in den Tropen luftige Kleider. Überhaupt ist das Tragen von Pareostoffen in der Wärme sehr praktisch. Man ist immer angezogen, sie nehmen wenig Platz ein und lassen sich wassersparend waschen.

Pflegemittel – Ich meine die für den eigenen Körper. Minderwertige Cremes und Öle würde ich vermeiden. Sowieso auf aggressive sowie parfümierte Kosmetik verzichten. Mit einbezogen parfümierte Seife, Weichspüler, Deos ... Diesen Schwall permanenter Gerüche lässt man besser zu Hause. Ich will die frische Luft genießen. Meiner Haut und meinem Haar hat Sonne und Meerwasser nicht geschadet. Auch wenn die Sonne nicht scheint, Gesicht, Hals und Hände eincremen.

Hightech langweilt – Mit dem neuen Jahrtausend hat sich die Technologieblase an Bord enorm breit gemacht. Diese Technikgläubigkeit macht das Segeln leicht langweilig. Verlangt sie doch nach Aufmerksamkeit, Strom und Wartung. Verschiedene elektronische Geräte überwachen ist Einzeltätigkeit. Somit ist für viele Frauen, die mit dem Boot unterwegs sind, Segeln eine zeitweise verordnete Untätigkeit. Also Lesestoff mitnehmen.

Nachtsegeln – Bei regem Segelbootverkehr auch auf dem Ozean außerhalb der Schifffahrtsrouten sind Nachtwachen notwendig. Gerade in langen Nächten gehört viel Überwindung dazu. Niemals habe ich mich einfach auf die Cockpitbank gelegt und gedacht, jetzt schlafe ich mal ein Stündchen. Wir haben unsere Nachtwachen bei zwei Mann Crew auf drei Stunden verkürzt. Ich fand das deutlich weniger anstrengend. Vor allem nachts gut vorbereitet zu sein, ist auch nicht schlecht – Ölzeug, Gummistiefel, Obst/Dörrobst, Getränke sollten immer griffbereit sein.

Wichtige Lappalie – Saubere Wäschestücke – eventuell aus einer Plastikverpackung – verschaffen ein Gefühl der Leichtigkeit. Speziell wenn es Wetterprobleme gibt oder der Törn einem zu lang wird.

Eine lockere Regel – Den Partner nicht drängeln. Überlassen Sie ihm die Initiative beim Reffen, Segel setzen, Schoten einstellen, Kaps umrunden. Er ist der Skipper. Die meisten Männer sind gutmütig und machen eh alles, was Frauen sich ausdenken.

Anhängen von Zeit – Egal wie ernsthaft die Weiterfahrt geplant war, wenn man sich nicht wohl fühlt, besser nicht in See stechen. Einfach einen Tag oder mehr anhängen. Für mich waren diese »geschobenen« Abfahrtstage, und es gab unzählige, die schönsten – oftmals die entspannendsten des gesamten Törns. An einige dieser vermeintlichen Abfahrtstage werde ich mich ewig zurückerinnern.

Frauentörns – Einer Frau, die Fahrtensegeln lernen möchte, rate ich mit Kojencharter in einer Frauencrew zu starten. Halte ich am Anfang für ausgezeichnet.

Orientierung 1 – Erfahrungsgemäß liegt die Kunst in der Einfachheit. Motto: Weniger ist mehr. Ich weiß, ich wiederhole mich. Klar sein sollte: Will ich den Komfort und Krempel wie zu Hause, oder 100 Prozent entgegengesetzt reisen und leben? Also nur in der einen, jetzt vorhandenen Welt leben? Das macht süchtiger auf die Fremde. Ich denke, das Simple eröffnet Erlebnisdimensionen jenseits des modernen Massentourismus. Ein Beispiel: Täglich eine E-Mail, ein Telefongespräch nach Hause? Bitte nicht. Damit holt man sich Probleme und Heimat an Bord. Dann kommt man nach Hause, und? Und hat nichts zu erzählen.

Orientierung 2 – Meine häufigsten »Kunden« sagen: Später, wenn die Kinder aus dem Haus sind, wenn genug Geld beisammen ist, wenn die Rente kommt, segeln wir einen ganzen Sommer oder gehen ein Jahr auf Fahrt. Nun, sparen Sie sich nichts für »zu spät« auf. Ich habe im Laufe der Jahre gelernt: Was man in jungen Jahren nicht umsetzt, kann man im Alter nicht nachholen. Es fehlt die Sorglosigkeit, die körperliche Fitness, die Erlebnisbereitschaft, die Muße. Keine Angst, Ausnahmen bestätigen die Regel.

Geld – Am Anfang und am Ende meines Kapitels steht das Geld. Eigenes Geld macht Sinn. Es reduziert Sorgen und fördert Gelassenheit. Jedenfalls habe ich mindestens so viel dabei, dass ich im Notfall von jeder Ecke der Welt nach Hause fliegen kann. Nichts ist schöner als neben der Seglerfreiheit die Unabhängigkeit.

Vergebliche Suchaktion vor Fatu Hiva. Zwei Tage bemüht sich die Crew Vermisste zu finden, die mit ihrem Auslegerkanu gekentert waren.

9

4278 Seemeilen ohne Mast

Mit „Starship“ auf Entdeckungsreise ins nächste Jahrtausend. Sie ist anlässlich des 50-jährigen „Stern“-Jubiläums auf einer Reise um die Erde. Auf der längsten Seepassage des Motorschiffes um die Welt – von den Galapagos in das Herz der Südsee – war ich an Bord. „Stern“-Lesern erzählte ich 1999 meine Eindrücke.

Sie wirkt kleiner als ich dachte. Die STARSHIP in der Bucht von Ayora. Mit meinem Seesack unterm Arm und dem Glücksgefühl, das ich immer habe, wenn ich Boote betrete, entere ich übers Heck. Die Crew hat sich dort zur hastigen Begrüßung versammelt. Stolze Blicke. Schlank. Sportlich. Sie erscheint mir sympathisch. Vor zwei Stunden bin ich aus Hamburg kommend auf Santa Cruz gelandet. Es ist schweißheiß. Der Himmel wolkenlos blau. In der Hand halte ich bald ein getöntes Glas mit Eiswasser, das vom Volumen mehr einer Blumenvase ähnelt als einem Trinkglas. STARSHIP ist eine amerikanische Konstruktion, ich weiß, da ist vieles größer, manches riesig. Beim Einchecken kommt mir die geschickte Innenaufteilung großzügiger vor als die 23 Meter Schiff von außen vermuten ließen. Und schön, ohne luxuriös zu wirken. Zudem unglaubliche Extras: in der Pantry eine Eiswürfelmaschine groß wie ein Kühlschrank. Kojen, die Doppelbetten gleichkommen. Standard sind zwei Kopfkissen. Der Toaster hat Einschnitte für extra dicke Scheiben, und das Beiboot hat mehr Elektronik als alle meine Boote zusammen je hatten.

1. Juli: Puerto Ayora, Galapagos

Diese Art von Yacht habe ich noch nie gesegelt, besser gefahren. Wer wie der Technophile Michael Poliza, Eigner der 23 Meter langen

Starship, sich ein Schiff bauen lässt, der will nicht mit Schlepplog, Paddel und Klopf-Klopf-Barometer hantieren. Der will surfen, telefonieren, mailen, chatten, plotten ... Entsprechend die Ausrüstung: jede Menge Computer, insgesamt vierzehn, Notebooks, zentrale Server für Seekarten. Videokameras überwachen das Schiff. Ein digitaler Schnittplatz für Filme steht an Bord, eine Satellitentelefon- und Faxanlage mit zig Nebenstellen, ein Router für Internetverbindungen, über den Surfer von Land aus per Datenleitung an Bord gehen kön-

Die steinerne Albatrosfigur in der Bucht von Puerto Ayora, Galapagos, »wacht« über Ankerlieger aus aller Welt.

nen. Zwei Sonargeräte ... Ich gebe es zu: Ich habe den Überblick verloren. Der 41-jährige Poliza spricht dann auch von Bits und Bytes, von Megahertz und Website wie andere Seefahrer von Azimut und Abdrift. Ein papierenes Logbuch wird nicht geführt. Wozu auch? Alle Daten und Fakten sind per Mausklick abrufbar. Man muss nur damit umgehen können.

1. Seetag: Herzklopfen

Hier klicken nicht nur Laptops. Klick, klick macht auch die Ankerkette. Das heißt: Los geht's. Ein ganz entscheidender Schlag steht bevor: 3000 Seemeilen quer über den östlichen Pazifik. Von den Galapagos zu den Marquesas-Inseln. Rund 17 Seetage ohne ein Stück Land auf dem Kurs.

Niemand hat Sorge vor dieser langen Strecke. Niemand ist niedergeschlagen. Und niemand hat Herzklopfen. Das überrascht mich. Das Vertrauen in STARSHIP ist offensichtlich grenzenlos.

Im Salon läuft auf dem Bildschirm ein Videofilm. Auf dem Achterdeck wäscht ein Crewmitglied schon sein Landgangshemd für die Südseeinsel. Und ich. Ich bin unsicher und neugierig. Dabei sollte ich mich freuen, bin ich doch beim Eigentlichen – dem Meer. Schließlich habe ich als Segler schon zigtausend Meilen allein und nonstop im Kielwasser. Da sollte ich diese 3000 doch lässig bewältigen. Abends in meiner Kajüte muss ich mich erst mal schnell übergeben. Sind es die seltsamen Bewegungen eines Motorschiffes, dieses verdrehte Rollen über zwei Achsen?

2. Seetag: Übelkeit

Dieselsparend sind wir unterwegs. Der 420-PS-MAN-Motor bringt bei 1100 Umdrehungen/Minute 7,5 Knoten Fahrt. 14 800 Liter sind gebunkert. Davon 4000 in Zusatztanks an Deck. In einer Minute legt sich das Schiff in der Regel vierzehn Mal über. Ich führe noch immer einen Kampf mit latenter Übelkeit. Ursache ist auch die drei Meter hohe seitlich einfallende Dünungssee. Paradoxerweise stehe ich ziemlich allein da. Oder andere geben sich nicht zu erkennen.

Wir, die Crew, das sind drei Mädels und drei Männer. Trevor (35) ist Kapitän und hat auch die Maschine im Griff, ein Australier. Monika (30), seine Frau, ist Österreicherin. Sie ist zuständig für Ordnung, Sauberkeit und Verproviantierung. Janet (34) ist promovierte Vulkanologin aus England. Sie betreut das STARSHIP-Unternehmen wissenschaftlich. Ihr Mann Rudolf (35) ist Kameramann und Kommunikationstechniker aus Kiel. Als Deckhand und Mädchen für alles arbeitet Angel (25) aus den USA. Und ich – als Reporter des Magazins »Stern«. Hauptaufgabe für alle: Wache schieben. Tag

STARSHIP ist eine speziell für diese Medien- und Entdeckungsreise um die Erde gebaute Yacht. Länge 22,80 m, Breite 5,60 m, Tiefgang 2 m.

und Nacht. Auf zwei Stunden Brückenwache folgen acht Stunden Freiwache. Reihum werden die Mädels Kochdienst haben. Ich habe mich verpflichtet, das Logtagebuch fürs Internet zu führen. Der Flachbildmonitor steht gleich neben meiner Superkoje.

Wir werden Eigner und Projektleiter Poliza vermissen. Er und seine Freundin Dörte haben sich für dieses Stück freigenommen – sie fliegen nach Europa, um die Reise weiter zu organisieren.

3. Seetag: Wäsche waschen

Motoren machen Lärm. Und: Motoren macht träge. Einige der Crew liegen faul vor dem Fernseher. Mit Filmen sind wir bestens versorgt. Janet sonnt ihre 54 Kilo an Deck und wundert sich: »Kein Vogel, kein Fisch, der STARSHIP begleitet.« Ich ergänze: »Auch kein Schiff am Horizont. Kein Stück Treibgut. Nichts.« In der Tat, das Meer ist absolut leer. Die gute Sicht und der damit verbundene weite Horizont verstärken diesen Eindruck. Der Wind kommt von achtern und schiebt mächtig. Wir befinden uns im Südostpassat. Passate sind Regionen mit stetigen und mäßigen bis frischen Winden.

Unser schönes Schiff wird mit Stick, Tastatur und Maus gefahren. Das macht mich Steinzeitsegler (meist motorlos und ohne Elektronik) mutlos und befangen. Inzwischen geht es meinem Magen besser. Freue mich auf Monikas abendliches Dinner: Spaghetti, Curry, Bananen.

4. Seetag: Kajüte
Das Meer ist blau. Damit verbunden dieser knallblaue Himmel. Ostsee- und allemal Nordseefahrer können davon nur träumen. Kissen und Frotteetücher mindern das Rollen in der Koje. Draußen gluckst und rauscht die See, mein ganz privates Stück Meer zieht am Bullauge vorbei. Meine Kajüte, die ich allein bewohne, ist äußerst komfortabel. Belüftung bietet eine Klimaanlage. Unübersehbar die digitale Anzeige für die aktuellen nautischen Informationen. Ebenso habe ich ein eigenes Bad. Die Duschtemperatur fixiere ich auf 78 Grad Fahrenheit. Herrlich, Wasser in uneingeschränkter Menge. Die Toilettenspülung rauscht, als käme der halbe Ozean durch. Ist aber Frischwasser.

5. Seetag: Vitamin See
Schrecke mit einem Albtraum aus dem Schlaf. Eine rauschende See überflutete meine Kajüte. Doch das Geräusch kommt von der geöffneten Maschinenraumtür. Erleichtert sacke ich ins Kissen zurück. Später im Salon erzählt, kann niemand darüber lachen. Mein Hinweis, »noch vierzehn Tage Vitamin See«, versickert im Tellergeklapper.

Meine Wache bietet eine spiegelnde See voraus. Durch die Polaroidbrille erscheint das Meer im Gegenlicht unglaublich mystisch. Die Stimmung ist erstmals gelöst. Jeder hat was zu berichten: Cayman Island, Sansibar, Tauchen ... Die Gesichter werden heller. Zuversichtlicher. Falten um die Augen sind verschwunden. Abends wird mit leuchtenden Augen eine Bestellliste für neue Videos aufgestellt.

6. Seetag: Es kracht
Es rollt, das glaubt mir keiner, einem die Galle hoch. In der Kombüse fliegt Geschirr, und von der Köchin höre ich lautes Fluchen. Es kracht

auch unter Deck: Motor und Generator hört man unentwegt. In der Koje kommt das saugende Geräusch der Stabilisatoren hinzu. An Deck gibt's die ersten Gehässigkeiten: Mittags zicken sich dunkel und blond. Eine fühlt sich auf dem Foto im Internet nicht gut getroffen. Die andere ist neidisch. Ärger bereitet mir Angel. Spaßeshalber nannte ich sie »Slave«, als sie mit einem Staubsauger durchs Schiff hangelte, dessen Rüssel so lang war wie das Boot.

7. Seetag: Zeitgefühl

»Heute ist doch Samstag? Ach, erst Freitag. Na, spielt auch keine Rolle.« Der Wochentag hat keine Bedeutung. Fakt ist: Zeit ist nur innerhalb des Wachsystems wichtig. Niemand wird mit Nachrichten, Rechnungen und dergleichen konfrontiert. Geld ist auch kein Thema. Politik interessiert erst recht nicht. Kurzum: All die Dinge, die Landratten den Kopf verdrehen und Probleme bereiten, sind auf dem Meer fremd. Hier geht's ums Schiff: Öldruck (30 bar), Drehzahl (1100 U/min), Dieselverbrauch/Generator (7 l/Std.), Etmal (200 Seemeilen), Deckwaschen. Die Meerwasser-Entsalzungsanlage produziert täglich viertausend Liter Frischwasser. Navigation? Kurslineal und Zirkel sehen unbenutzt aus. Position und Kurse errechnet der GPS-Computer und zeichnet sie auf elektronische Karten.

Wir sahen bisher: einen Sturmvogel, zwei undefinierbare Vögelchen, zwei Wale in der Ferne und soeben überholten wir eine metergroße Schildkröte. Dr. Janet, unsere Wissenschaftlerin, ist darüber sehr enttäuscht. Nichts. Auch keine Segelyacht mit Kurs Polynesien.

8. Seetag: Figuren

Die Sonne strahlt und brennt. Wenige Wolken. Ein typischer Passathimmel. Mit einer Tasse Tee setze ich mich in den Bugkorb. Vorn übergelehnt, die Beine über Bord baumelnd beobachte ich, wie STARSHIP die See auseinander schiebt. Das Schauspiel der Gischt, der Kampf der Schaummassen, die Reflexe des Lichts begeistern mich täglich aufs Neue. Wellen holen einander ein, schlucken sich, verlieren an Kraft, fallen endgültig in Höhe der Schiffsmitte zusammen und enden im Nichts des Kielwassers. Dabei entstehen seltsame Figuren, die die Fantasie und zum Träumen anregen. Auffällig, wie leicht und mühelos, ohne mächtige Bugwelle, sich 100 Tonnen Schiff durchs Meer schieben. Dabei kommt es alle paar Minuten aus dem Rhythmus. Der Gleichschritt der Wellen legt nämlich regelmäßig eine Pause ein, sodass das Schiff förmlich ins Stolpern gerät und sich ein breiter Schaumstreifen weit vor den Bug legt.

Stelle mir vor, dass STARSHIP selbst in stürmischem Wetter eine gute Figur machen wird – sofern die Technik standhält. Der von mir gebrauchte Ausdruck Motoryacht ist eigentlich fehl. Die lichtgraue Farbe des Rumpfes, die schlanken Linien, der Antennenturm und das üppig ausgerüstete Beiboot geben dem Betrachter den Eindruck, es handele sich hier um ein Forschungsschiff oder ein Küstenwachschiff. Unter Deck setzt sich dieses Bild fort. Keine polierten Edelhölzer suggerieren Luxus. Salon, Brücke, die fünf Kabinen sind angenehm mit geöltem Teakholz und hellen Flächen abgestimmt.

Zum Thema Figuren/Linien gehört auch die Crew: Alle machen eine körperlich außerordentlich gute Figur. Alle, mich eingeschlossen, haben einen flachen Bauch. Die Mehrzahl ist erstaunlich muskulös. Janet hat Armmuskeln, hart wie die frisch gefrorenen Würfel aus unserer Eismaschine. Die sehnige Figur beruht auch darauf, dass das Leben auf einem reisenden Schiff immer Bewegung bedeutet.

Endlose Tage, grenzenloser Horizont. In der monotonen Bordroutine von Wachen und Freiwachen verliert sich das Gefühl für Raum und Zeit.

Beim Gehen, Teeaufbrühen, in der Koje, vor dem Computer. Immer muss der Körper das Rollen des Schiffes kompensieren. Selbst im Schlaf ist der Körper oft angespannt.

9. Seetag: Bergfest

Position 05° 06' Süd – 115° 02' West. Wie in Zeitlupe fliegt die Meereslandschaft an meinem Kajütfenster vorbei. Seit neun Tagen nun das gleiche Bild: meist blauer Himmel, vereinzelt helle Wolken, tiefblaue Wellen immer aus der gleichen Richtung und mit mehr oder weniger weißen Schaumköpfen. Derzeit kommt hinzu, dass das Schiff mächtig zur Kehr geht, 20 bis 30 Grad, und die Plexiglasscheibe regelmäßig unter Wasser verschwindet. Der Ablauf des Tages: Wache, Kochen, Bootspflege, Videofilme, Schlafen ... Selbstredend müssen Schiff, Motor und Computertechnik versorgt werden. Man rechnet das, was sich zwangsläufig wiederholt, nicht zum Getanen.

Bergfest. Die Hälfte Meilen zwischen Galapagos und Marquesas im Kielwasser. Das gilt es, mit einem Festessen zu feiern. Und ausnahmsweise zwei Flaschen Rotwein. Rudolf hat eine anspruchsvolle Menükarte konzipiert. Monika und Janet sind den Tag über in der Kombüse zugange, um das Anspruchsvolle auch umzusetzen. Mithilfe eines 220-Volt-Backofens und Herdes, mehrerer Kühl- und Tiefkühlschränke gelingt es ihnen – sehr. Frage: Wie wollen sie das toppen, wenn wir die Passage definitiv gemacht haben?

10. Seetag: Weiter

Die Zeit geht dahin: schäumende Bugwelle, blaues Meer, weiter Horizont. Manchen geht das auf den Geist. Mir nicht. Zwar wölbt sich kein weißes Segel über mir, sondern der gewaltige Antennendom, aber ich fühle mich irgendwie zugehörig. Ja, ich habe das Motor-Entdeckerschiff angenommen?

Um die Stimmung an Bord aufzulockern, erzähle ich Persönliches von meinen Reisen. Doch kein Nachhaken.

11. Seetag: Titanic

Wie konnte ich mir das nur antun? Drei Stunden »Titanic«-Videofilm auf 4173 Meter Wassertiefe. Und das auch noch bei einer

Selten ist die See so rau. Die Starship bahnt sich ihren Weg durch die Wellen des pazifischen Ozeans.

Dünungssee, die STARSHIP tanzen und schlingern ließ wie ein Spielzeugschiff. Während die Decks der TITANIC auf dem Bildschirm kopfüber wegsackten, bohrte sich unser Bug in die See. Rauschte dort eine Wasserfront durch die Gänge, knallte hier eine See hart gegen die Bordwand und überspülte Gangbord und Fenster. Schon paradox, dass die nassen Filmszenen immer konträr zu den Bewegungen der STARSHIP standen. Traf uns eine Welle von Backbord, rollte die TITANIC im Film nach Steuerbord weg. Schier unglaublich. Die Bewegungen intensivierten sich beim Betrachten. Sie vervielfachten sich und berauschten. Man nimmt die Realität als Film wahr, und weiß bald nicht mehr, was ist Wirklichkeit, was Film. Als in einer Filmsequenz die Teller der »White Star Line« stapelweise aus den Regalen stürzten, legte sich unser Schiff plötzlich so hart auf die Seite, dass das Geschirr über die Anrichte schoss. Ein wahrhaft dreidimensionales Erlebnis.

12. Seetag: Nachtwache

Meist wird fünf Minuten vor Beginn geweckt. »Wilfried, it's your watch!« Bordsprache ist englisch. Oft komme ich aus einem Tiefschlaf. Zerknautscht erscheine ich auf der Brücke: Alles klar? Sekunden später bin ich allein. Die Pupillen öffnen sich langsam. Um nicht vorrangig mich überwachen zu müssen, sondern das Schiff, kille ich erst mal etliche Tassen Tee. Selig wandere ich auf der Brücke von Steuerbord nach Backbord. Das sind fünf Schritte. Am liebsten stehe ich jedoch zwischen Deck und Brückentür. Zum einen habe ich von dort die wichtigsten Anzeigen im Auge: Kurs, Log, Kartenplotter, Instrumente der Motorüberwachung. Andererseits spüre ich den milden Wind in meinem Gesicht. In mich versunken nehme ich Meer, Sternenhimmel, Horizont und Schiff nur schemenhaft wahr.

Aufgewühlt von den dramatischen Bildern des Videofilms gab's letzte Nacht in der Realität Nachschlag. Es war die Nacht der langen, großen Wellen. Schlimmer noch als im Film am Nachmittag wurde die See zunehmend wild und hoch. Brechende Wellen erreichten fünf Meter Höhe und schoben das Schiff voran. Ab Schiffsmitte zogen die Schaumstreifen in der Dunkelheit wie die Flügel einer Concorde schräg weg. Das Log schnellte dabei von knapp 8 Knoten auf 12,8.

Wahnsinn: Das Geräusch der schäumenden See übertönte Motor und Generator. Das war Surfen. 100 Tonnen im Surf. Das muss man sich vorstellen – 100 Tonnen für fünf Sekunden auf einem Wellenkamm. Das Schiff blieb auch bei diesem Tempo auf Kurs. Gesteuert wird es von Mr. Robertson, unserem Autopiloten. Ich hatte noch keine Hand am Steuerrad.

13. Seetag: Noch 700 Meilen

Aus dem Lautsprecher Van Morrison »Why must I always explain ...« – im Konzert der Motoren. Das Lied bringt mich auf die Idee, eine Umfrage zu starten. »Noch 700 Meilen bis zum Landfall, was denkst und empfindest du dabei?«

Janet: »Erscheint mir noch viel. Ich verliere die Geduld. Es frustet: Immer das gleiche Wetter. Kein Vogel, kein Schiff, keine Insel.«

Rudolf: »Dass der Stress bald von mir abfällt. 17 Tage auf See, mit Mitfahrern, die man sich nicht ausgesucht hat. Ich akzeptiere es – liebe es aber nicht.«

Angel: »Okay. Gute Aussichten. Nothing is bothering me. Ist halt mein Job. Ein Tag die Kombüse, morgen Wache, übermorgen Deckwaschen – bald sehen wir bestimmt Land.«

Trevor: »Es ist gut, wenn die Fahrt bald zu Ende geht – wegen der Stimmung.«

Monika: »Gott sei Dank. Morgen sind es nur noch 500. Will endlich Land sehen, riechen, fühlen. Grünes Land. Besonders, nachdem schon die Galapagos so trocken, steinig und vegetationslos waren.«

Und ich? Es geht mir wie dem Mann in einem Film von Alain Tanner, der sagt: »Das einzige Land, das ich wirklich liebe, ist das Meer.«

14. Seetag: Angeln

Mit dem ersten Lichtstrahl der Morgendämmerung lasse ich Leine ab. Auf dem brodelnden Heckwasser springen Haken und Köder, ein handflächengroßer Plastikfisch, zunächst auf und ab. Erst bei 100 Meter Leine habe ich das Gefühl, dass die 80-Kilo-Leine den Haken unter Wasser hält. Beim Prüfen der Spannung habe ich zuweilen den Eindruck, es habe was angebissen, aber ein Fisch bestimmt nicht, denn dann bleibt die Spannung nicht gleichmäßig. Als Nichtfischesser berührt es mich überhaupt nicht, dass wir erfolglos sind. Es ist einfach schön, achtern zu sitzen und abwechselnd aufs weite Meer und in die aufgehende Sonne zu blinzeln. Das Licht changiert, hell und dunkel, die wenigen Wolken werfen Schattengebilde aufs Wasser. Die anlaufenden Wellen treffen im schrägen Winkel auf das schäumende Kielwasser, das wie eine Barriere alles bricht.

15. Seetag: Das Meer

Schaue ich aus dem Kombüsenfenster, es bietet die beste Aussicht von innen, habe ich die Bugwellen vor Augen. In einiger Entfernung die weißen Kämme der Wellen und dann einen geraden Horizont. Hinter dem Horizont, genau Steuerbord querab, gibt es nur Wasser – bis zur kanadischen Küste. Kein Land, keine Inseln liegen dazwischen. Auf der Backbordseite ist die Entfernung noch krasser: Bis zur Antarktis befindet sich auf diesem Längengrad kein Stück Land. Nur unendlicher Pazifik. Wir sind hier schon sehr allein.

16. Seetag: Polynesien

Morgen ist Landfall. STARSHIP wird noch mal richtig durchgewaschen. Das Abendessen ist mit Spannung scharf gewürzt. Ist der höchste Berg der Marquesas nun 1224 oder 1229 Meter hoch? Rätselhafte Dialoge ohne erkennbare Lösungen.

Die Seekarte von unserer Landfallinsel Nuku Hiva liegt auf dem Tisch. Ein gewaltig zerklüfteter Vulkanschroffen mit zahlreichen Buchten. Es gibt kaum plane Flächen. Überall Abstürze ins Meer und wenige Sandstrände.

Die Marquesas, ein Archipel von neun Inseln, werden von Tahiti aus verwaltet. Und das wiederum von Paris. Das ganze, Tuamotus inbegriffen, heißt Französisch-Polynesien.

17. Seetag: Baie de Taiohae

Ankunft mit Sonnenaufgang. Steil aus dem Wasser ragende Berge. Mystische Dunkelheit. Landgeruch lullt uns ein. Um zu genießen, tuckern wir langsam in den Scheitel der tiefen Bucht. Das Ankermanöver fährt Trevor. Monika löst die Ankersicherung. Steckt in einem Rutsch 90 Meter Kette und sichert sie sorgfältig an der Winde. Trevor unterbricht die Stille auf dem Vordeck: »Okay«, und nach einer Pause, »let's have breakfast.« Das war's. Ich denke, das kann nicht alles sein. Und springe in voller Montur und laut schreiend »Taiohae« über Bord. Rudolf in Sekundenschnelle mir nach. Schön, wunderschön das Schiff nun aus entgegengesetzter Perspektive zu sehen. Es ist herrlich, beim Schwimmen die Kräfte des Wassers zu spüren – lebendiges Seewasser. Gemeinsam runden wir das Boot. »Gut gemacht, STARSHIP«, sagt Rudolf.

Auf der Brücke werden mit dem Rechner Zahlenreihen bewegt: 3036 Seemeilen in 15 Tagen und 16 Stunden; Durchschnittsgeschwindigkeit 8,1 Knoten; Dieselverbrauch 19,5 Liter/Stunde.

20. Juli: Kajüte 40 Grad Celsius

Die Klimaanlage arbeitet nicht. Trevor, unser Kapitän und Ingenieur, ist deswegen mächtig in Wallung. STARSHIP ist ohne Aircondition nicht bewohnbar. Kaum ein Bullauge oder Fenster lässt sich öffnen. Folge: elendige 40 Grad Celsius.

In der allerersten Kneipe vom Steg aus, einer Blätterhütte, feiert die Crew abends die gelungene Überfahrt – bis zum Aufstuhlen. »Nuku Hiva mit dem Motorboot, ich könnte weinen.« – »Warum arbeiten die Stabilisatoren nicht effektiver?« – »Freiheit weiß man erst zu schätzen, wenn man sich ständig beobachtet fühlt.« Auch wenn eine Flasche Hinano Bier sieben Mark kostet, wird der Abend nicht teuer. Die Einheimischen sind großzügig.

Als James Cook vor mehr als 200 Jahren auf seiner zweiten Weltreise Station auf den Marquesas machte, schätzte er deren Bevölkerung auf 70 000 bis 100 000 Menschen. Cook hielt sie für die robustesten unter allen Polynesiern. Er täuschte sich. Als die Europäer kamen mit Missionaren und Keuchhusten, mit Typhus und Syphilis, mit Bedarf an Holz für ihre Walfänger und an Frauen für ihre Mannschaften, da wurde die Bevölkerung der Inselgruppe fast ausgerottet. 1930 lebten hier noch ganze 2200 Insulaner. Mittlerweile ist die Zahl wieder auf 7000 gestiegen. Und trotz der unsäglichen Erfahrungen, die ihre Vorfahren mit uns Weißen gemacht hatten, werden wir begrüßt wie lang ersehnte Freunde.

21. Juli: Anse Hakatea

Seefahrer, was willst du mehr? Einen schwellfreien und geschützten Ankerplatz. Der Blick geht in Hakatea auf ein sandiges Ufer, dahinter eine kleine Plantage mit 30 Meter hohen Kokospalmen. Wild und verlockend macht diesen Platz ein schmales, weit ins Land gezogenes Tal, flankiert von steil aufragenden Felswänden, rund 600 Meter hoch. Ein über Fels und Geröll rauschender kleiner Fluss gibt dem Ganzen Lebendigkeit. Versteckt unter einem Brotfruchtbaum eine einzelne Wellblechhütte. Ein Erlebnis soll der Wasserfall sein. Vier Kilometer taleinwärts.

Gackernde Hühner begrüßen uns, als wir mit dem Beiboot am Strand anlanden. Ein fetter, brauner Hund ist auch nicht fern. Er tut nichts. Offenbar bellen und beißen die Hunde auf diesen Inseln nicht. Sein Besitzer, ein Marqueser, groß und stark, mit nur einem Zahn, hat uns gleich aufgespürt. Er leitet uns zu seinem Häuschen, wo einige riesengroße Trinknüsse bereitliegen. Der Saft dieser grünen Kokosnüsse sprudelt wie Champagner und ist sehr vitaminreich. Wir haben Mühe, die zwei Liter Inhalt einer Nuss zu leeren. Es ist bereits Mittag, und wir müssen uns eilen, um zu dem Wasserfall zu gelangen.

Meine Hauptaufgabe: Ich führe das Log-Tagebuch fürs Internet. Der Flachbildmonitor steht dafür gleich neben meiner Koje.

Tapfer stapfen wir durch Morast und heftig fließendes Flusswasser, das uns bis zum Bauch geht. Die Durchquerungen von Stromschnellen haben Tücken, denn glitschige Wurzeln und Steine unter Wasser sind selten sichtbar. Ich bin der Erste, der rücklings hinschlägt. Glücklicherweise steht Janet neben mir und fängt mich auf. Angel erwischt es schlimmer. Ihre 1,66 Meter verschwinden fast gänzlich unter sprudelndem Wasser. Die Folge: arge Prellungen an Arm und Schulter.

Zeitweise absolvieren wir einen Dschungellauf über und unter umgestürztes Gehölz. Da ist nichts mehr von Himmel und Wolken zu sehen. Nur Blätter, Wurzeln, markante Felswände, die den Nachmittag bereits zum Abend machen. Sie steigen senkrecht auf und seltsam ist, wie sich an fast lotrechten Felswänden noch Büsche und Bäume halten können. Die Schlucht wird zunehmend enger. Lang anhaltende Regenschauer stellen sich ein. Am Ende der Kletterroute haben wir vielleicht 60 Meter von Wand zu Wand und sehen ganz im Scheitel den verdeckten, nicht grandiosen Wasserfall. Aber die Schlucht endet in eine Art Kessel mit rundum senkrecht aufragenden glatten Felswänden. Das ist das Imposante. Janet ist der Ansicht, dies sei der Rest eines Vulkans. Wir schwimmen eine Runde im sehr kalten See unter dem Fall. Während zwei ihre Prellungen kühlen, versuchen zwei ihr Feuerzeug für eine Zigarette in Gang zu bringen. Ausdauernd, wie Raucher sind, schaffen sie es – irgendwann.

Nach einer knappen Stunde Schluchten- und Höhlengefühl geht es auf den vermeintlich einfacheren Rückweg. Man schaut nicht so viel in der Gegend herum, sondern konzentriert sich auf das Wesentliche: den Pfad.

22. Juli: Haahopu

Verholen nach Haahopu an die Westküste Nuku Hivas um die beiden berüchtigten Kaps Motumano und Matateteiko. Bei diesen Ortsbezeichnungen, ausgesprochen wie geschrieben, denken sicher einige, die haben zu viel Sonne abbekommen. Zugegeben: ich allemal. Am späten Nachmittag lag ich während der zwei Stunden Überfahrt im Bugkorb und schaute trotz brennender Sonne wie gelähmt auf die vorbeiziehende Landschaft.

Wohl 200 Delphine kreuzen auf einen Schlag unseren Kurs vor Nuku Hiva. Im Englischen werden sie »melon-headed whale« genannt.

23. Juli: Taiohae

I want to go to Anaho. Ich sah die Bucht, von Sand und Palmen gesäumt, auf der schönsten Ansichtskarte der Marquesas. Und warum soll man sich nicht Ziele nach Postkarten aussuchen? Nur, unser avisiertes Ziel, Anaho, müssen wir momentan leider wegen technischer Gründe streichen. Seitdem ich länger an Bord bin, glaube ich nicht, dass, wie man leichthin vermutet, STARSHIP mit gefüllten Dieseltanks nach Fahrplan fahren kann. Ich glaube auch nicht, dass wir uns auf die Sicherheit eines für alle Eventualitäten ausgerüsteten Schiffes verlassen dürfen. Die Reisepläne eines Motorverdrängers geraten ebenso in Unordnung wie die eines Seglers.

24. Juli: Anaho

Eigner Michael Poliza und seine Freundin Dörte, zuständig für Koordination, fliegen ein. Schick und frisch, ohne Anzeichen eines Langstreckenfluges im Rücken. Beide bekommen ein Glas reinen gepressten Orangensaft in die Hand, Blumenketten um den Hals und ein »Herzlich willkommen in Polynesien«. Der schwere Duft der

Tiareblüten durchzieht bald den Salon. Ein weiteres Willkommen ist dann Anaho. Eine Stunde später fällt der Anker in der schönsten Bucht der Insel, mit sandigen, einsamen Palmenstränden und einem atemberaubenden Bergmassiv. Mensch, da muss man doch bleiben. Und schwimmen, tauchen und wandern.

27. Juli: Routenplanung

Frühstück. Fein drapiert der gedeckte Tisch: gekochte Eier, Baguette, eine Dose Neuseelandbutter, der 26. Del Monte-Fruchtsalat, gefaltete Servietten. Dazu eine Atmosphäre wie in Uschis Frisierstube in Brodersby vor Weihnachten. Nur: Anstelle Radio-Schleswig-Holstein und Haartrockner knattern hier Generator, Computer, Faxgerät. Konträr auch die Themen, die kreuz und quer und geradeaus über den Tisch schwirren: Höhlentauchen, Geschichte, Hubschrauberfliegen, Kursplanung. Was steht noch an bis Tahiti, wo ich abmustern

Wo Besucher noch willkommen sind. Zur Begrüßung führen junge Mädchen auf Ua Huka traditionelle Tänze auf.

werde? Sofort wird der Salontisch abgeräumt. Seekarten sind jetzt das Menü. Derzeitige Planung: Wir tuckern weiter durch die Marquesas. Ua Huka, 30 Meilen nach Osten als nächste Insel. Dann Tahuata, Fatu Hiva und danach südwärts drei oder vier Tuamotu Atolle. Traumhafte Aussichten.

28. Juli: Taiohae

An der STARSHIP-Front alles ruhig. Das Schiff wird nicht bewegt. Ein ganzer Tag zum Faulenzen.

30. Juli: Ua Huka

Es regnet. Regen im Paradies. Große Tropfen, warm und angenehm. Und der Himmel ist einmal nicht blau-weiß, sondern fleckig in verschiedenen Grautönen. Statt tiefblau zeigt sich das Meer mattgrau. Ua Huka ist unser Ziel. 33 Seemeilen gegen einen moderaten Passat – für STARSHIP ein Klacks.

Der Landgang in dieser schwelligen Bucht ist jedes Mal ein riskantes Unterfangen – für uns sowie für das Schlauchboot. Anlanden geht an der Felskante nur einzeln. Will sagen: Einer springt, zugleich wird das Boot zurückgefahren, kommt vorsichtig wieder an die Steinplattform, dann jumpt der Nächste oder auch nicht ... neuer Anlauf.

Gestern ist mir das Rutschspringen nicht so aufgefallen. Beschwingt von den Klängen einer Begrüßungscombo, betört von schwerem Blütenduft und umgeben von lächelnden Mädchen, die uns Blütenketten um den Hals legten, war es ein Traumempfang. Der Seemann darf sich hier noch als willkommener Gast wähnen. Sogleich tanzten acht Südseemädchen blättergeschmückt mit Blüten im Haar barfuß auf dem Lavagestein ihre einheimischen Tänze, bei denen Hüften und Beine besonders in Aktion treten. Diese Ankunft werden sicher alle, ohne schwer romantisch zu sein, lange mit sich im Kopf tragen: tanzende, singende Mädchen, die Ukulele, eine Trommel, die auf einem Steilhang mitklatschenden Dorfbewohner. Und das Grandiose: Alles fand statt auf nackten, schwarzen Felsplatten vor einer Kulisse von zwei hoch aufragenden Bergrücken und blau-weißen Wolkenbildern.

31. Juli: Auf See

Seefahrt tut allen gut. Auf See sein heißt, jeder kennt seine Aufgaben. Wache zum Beispiel. Oder Decksarbeit. Die frei haben, dösen im Salon, andere in ihren Kojen. Wieder welche waschen Wäsche oder klarieren ihre persönlichen Dinge. Die momentane Ruhe an Bord resultiert aus der letzten Nacht. Nicht das für uns inszenierte Dorffest wirkt nach, es war der Ankerplatz. Plötzlich baute sich in der Ankerbucht der STARSHIP eine gemeine, stoßende Dünungssee auf, schüttelte das Schiff und zwang es zu Bocksprüngen wie ein Rodeopferd. Bei rollenden 30 Grad Schräglage schafft es keiner, in der Koje zu bleiben. Ich kam auf der Flybridge mit meiner diagonal gelegten Matratze ins Rutschen.

1. August: Hanavave, Fatu Hiva

Trevor, unser Kapitän, reicht als »Ankommer« eine Runde Bier. Die Dosen sind noch nicht alle aufgerissen, da ereilt uns eine schreckliche Nachricht. Von einem längsseits gehenden Kanufahrer hören wir, dass ein Fischer samt Familie seit gestern vermisst wird. Vater, Sohn und Tochter. Nur die 18-jährige Nichte konnte sich schwimmend ans steile, felsige Ufer retten. Das Kanu kippte seine Insassen über Bord und schoss anschließend mit laufendem Außenbordmotor in die offene See. Die Dorfbewohner fragen, ob wir nach den Verschollenen suchen könnten? Tauchen? Es ist die Luvküste mit all den Tücken einer Windseite. Die Leute sind aufgeregt, besorgt, drängen uns, doch die Sonne steht schon tief.

2. August: Drei Tauchgänge

Um sieben Uhr morgens geht es los. Eine Flottille von vierzehn motorisierten Kanus und kleinen Motorbooten macht sich mit der STARSHIP auf, an der Ostküste nach der verunglückten Familie zu suchen. Während die Kanumannschaften und STARSHIP die Küste abkurven, gehen unsere beiden Taucher, Trevor und Angel, vom Zodiac-Beiboot aus auf Tiefe.

Wir finden nach sieben Stunden Suche einen blauen Kanister am Ufer. Sonst nichts, kein weiteres Treibgut, kein Kanu. Nichts. Im Windschutz der Insel nehmen wir gegen Abend Angel und Trevor an

Bord. Sie sehen schlapp aus. Wie nach einer Schicht »unter Tage«. Drei Tauchgänge haben sie absolviert. In Angels blauen Augen ist auch ein Glänzen, wie man es hat, wenn eine besondere Leistung dahintersteht.

Frisch geduscht sitzt die Amerikanerin in der Messe. Beide Hände um eine Muck Kaffee: »Drei Tauchgänge an einem Tag. Wow. Und dann bis 154 Fuß.« 150 Fuß bedeuten 45 Meter. Weiter erzählt sie von dem Tag, der sie sehr bewegt: »Mindestens 60 Minuten waren wir jeweils unten. Sicht 20 Meter, zeitweise mehr. Große Steine, Sand, Geröll und Korallenblöcke auf dem Meeresboden. Trevor und ich schwammen im Abstand von drei Metern nebeneinander. Der erste Tauchgang ging nach Norden. Die Strömung setzte leicht mit uns. Beim zweiten Tauchgang dann ergriff uns eine starke Strömung und trieb uns südwärts. Hier hatte der Inselsockel zahlreiche tiefe Steinspalten. Mühsam arbeiteten wir uns zwischen den Bouldern hindurch. Das Suchen war in diesem Stück kolossal anstrengend. Vor Erschöpfung fiel mir der Regulator beinahe aus dem Mund.« Am Ende hatte die Strömung die Taucher weit abgetrieben, sodass sie beim Auftauchen kein Boot sichteten. Mithilfe ihrer Trillerpfeife machten sie Tenderfahrer Rudolf aufmerksam. Der dritte Tauchgang war weniger gut. »Wir hatten mit zwei bis drei Meter hohen Brandungswellen zu kämpfen.« Zwischen jedem Tauchgang legten die beiden eine Stunde Pause ein. »Dabei hatten wir das Gefühl, die Insulaner verstanden nicht, dass man nach solchen Tiefen eine Pause einlegen muss.« Angel scheint bei Brandung und Strömung keinerlei Angstgefühle zu kennen. Sie antwortet auf meine Frage danach: »Tauchen ist mein Job. Ich hatte nur Sorge und habe sie noch, nicht die Erwartungen der Menschen erfüllen zu können.«

Für morgen ist nochmals eine ganztägige Suche angesetzt. Mit zwei Tauchern der Gendarmerie aus Tahiti, die inzwischen eingeflogen worden sind. Und mit STARSHIP, da es sonst keinen Tauchkompressor gibt.

Nachdem unser Schiff seinen Ankerplatz vor der Bilderbuchkulisse gefunden hat, sagt Michael betrübt: »Wie grausam das Meer sein kann. Gut hundert Meter vom Ufer entfernt fallen die ins Wasser – in richtig warmes Wasser – und ertrinken. Sind einfach weg.«

Die untergehende Sonne rötet die Felsen von Fatu Hiva. Hier findet unser Schiff den schönsten Liegeplatz meiner Zeit an Bord.

3. August: Hanavave
Das ist alles traurig. Schrecklich traurig. Niemand hat Lust, an Land zu gehen, sich Dorf und Insel anzusehen. Dabei ist Fatu Hiva die spektakulärste Insel der Marquesas.

Fortsetzung der Suche nach Vater (46), Sohn (3) und Tochter (18). Es findet eine Art Reihentauchen statt. In zirka 30 Metern Tiefe mit drei Männern und einer Frau. Das gestrige Gebiet wurde dabei parallel zur Küste erweitert. Zur offenen See hin zu forschen ist eh zwecklos. Genauer schier unmöglich. Das Meer fällt vom 50-Meter-Sockel steil ab ins Unendliche. Der Tag verrinnt ohne eine Spur von den Schiffbrüchigen.

4. August: Omoa, Fatu Hiva
Erst am Nachmittag wird ein Gendarmerie-Taucher fündig. Sein geschultes Auge entdeckt eine Shorts mit Fischmotiven. Die Polizeitaucher deuten sofort die Reihe von eingerissenen Dreiecken im Stoff als Haibisse. Auf der STARSHIP dann die Gewissheit: Ja, das sei die Hose des Vaters, bestätigt der Dorfälteste, der die Suchaktion an Bord verfolgt. Grässlicher Gedanke. Vom Hai attackiert und nichts weiter als ein Fetzen Hose bleibt übrig. Jede weitere Suche ist sinnlos.

Nach Beendigung der Tauchsuche gibt es eine Andacht in der kleinen Kirche von Omoa, dem Nachbardorf. Alle 240 Bewohner erscheinen. Es herrscht tiefe Trauer in dem überfüllten Kirchlein. Und wir werden uns aufgrund der anstrengenden Suchtage ebenfalls dieses Verlustes eines Familienvaters und zwei seiner Kinder bewusst. Polynesisch ist eine melodische Sprache. Anschließend werden wir vom Bürgermeister und Gouverneur der Marquesas zu einem Essen ins Gästehaus gebeten. Man bedankt sich in ausgiebigen Reden – wegen der Übersetzung vom Marquesischen ins Französische und weiter ins Englische dauert es länger – für den selbstlosen Einsatz. Beeindruckt hat mich die Bemerkung der Polizeitaucher aus Tahiti, dass unser Tauchequipment und der Umgang damit allen professionellen Ansprüchen genüge. Zuvor hat die STARSHIP-Crew der Frau des Pirogenfischers Mareva Mote ihr Beileid ausgesprochen. Die junge Witwe nimmt uns in die Arme. Sie wohnt in einem recht kleinen, aber typischen Inselbungalow. Holzbau mit Wellblechdach. Vor dem Haus parkt ein Moped. Der Boden weiß gefliest. Ein Sofa, fünf Stühle und ein Tisch sind alles im Wohnraum, der direkt an die Eingangstür anschließt. Fischspeere, ein Gewehr und Fotos dekorieren das Innere. Die Fotos der Schiffbrüchigen an der Wand sind nach polynesischer Sitte schon mit Blumen geschmückt. Der Tod ist persönlich geworden. Mareva Mote nimmt unser siebenköpfiges Erscheinen sehr gefasst auf. In ihrem geblümten Kleid, langen und zusammengebundenen Haaren macht die schlanke Frau einen erstaunlich gefassten Eindruck.

5. August: Auf See

Wehmut beim Verlassen von Fatu Hiva. Zum einen: Die Tragödie um die Familie Mote. Zum anderen: Verlassen einer Bucht und Insel, an deren Strukturen man sich nicht sattsehen konnte. STARSHIP pflügt durch eine ruhige, tiefblaue See. Keine Welle stört den Kurs. Kein Gedanke, dass die gleiche See gerade noch drei Menschen das Leben geraubt hat. »Ich sah die See jetzt, wie sie in Wirklichkeit ist«, hat Joseph Conrad geschrieben, »die See, die mit Männern ihr Spiel treibt, bis ihnen das Herz bricht, und die starke Schiffe zu Tode hetzt. Nichts vermag die unheilbrütende Grausamkeit ihrer Seele zu rühren. Sie steht allen offen und ist keinem treu. So übt sie ihren Zauber aus, um die Besten zugrunde zu richten. Es ist nicht gut, sie zu lieben.« Es fällt schwer, sie momentan nicht zu lieben, glatt und glänzend, das Bugwasser beidseitig ebenmäßig und der Horizont weit und klar.

Achtern flattern anstelle von gewaschenen T-Shirts inzwischen Pareos »zum Gebrauch am Strand«. Die Tuamotus, unser Ziel, sind mit Sandstränden endlos versorgt. Ich habe den Tuamotu Archipel von 78 Inseln noch nie betreten, obwohl ich schon zweimal durchgesegelt bin. Das berühmteste Tuamotu Atoll ist zweifellos Mururoa. Es diente den französischen Militärs als Austragungsort von insgesamt 190 Atomtests. Man hat es fast vergessen, nachdem Paris aufgrund der weltweiten Proteste ab 1996 auf jegliche Nuklearversuche im Pazifik verzichtet hat. Die Militärs verlassen jetzt nach und nach das verseuchte Atoll. Lediglich Forscher zur Überwachung sollen bleiben. Irgendwann wird aber Mururoa wieder menschenleer sein, wieder

Der Mahi Mahi ist ein besonders delikater Seefisch. – Frangipani blühen das ganze Jahr über. – Zuchtperlen aus der Lagune von Raroia.

der »Ort des großen Geheimnisses«, wie der Name auf Polynesisch verheißt.

6. August: Der blaue Traum

Ein blauer Tag in der Lagune von Raroia. Der Himmel wolkenlos. Die Meeresfarbe blau. Logisch. Sehr farbgetränkt die Lagune in verschiedenen Blautönen. Ein Dunkelblau bei Tiefen über 20 Meter, darunter ein entsättigtes Blau, und wenn's flach wird türkisblau. Die Farbe Blau ist auch an Bord allgegenwärtig: Ich trinke mein Wasser aus blaugetönten Gläsern. Unser Tischtuch ist blau, die Tidenkurve wird blau ausgedruckt, hellblau die Bordhandtücher und die Deckel der Tupperwarebehälter. Und ich habe ein blaues Hemd an. Warum trage ich überhaupt ein Hemd? Die Digitalanzeige in der Kajüte signalisiert 31 Grad. Also schmeiße ich mein Hemd in die Ecke, stürze zum Beiboot und paddle an Land. Eine blaue Lagune ist erst dann ein blauer Traum, wenn man unter einer Palme liegt – voraus die Farbschattierungen des stillen Wassers, über einem durch die gefächerten Blätter kobaltblauer Himmel.

8. August: Raroia

Haie üben auf Taucher eine wahnsinnige Faszination aus. Gestern gab es ein Spiel mit 50 grauen Riffhaien in der Riffpassage. Michael und seine Taucher, lieber unter Wasser als an Land, wiederholten das Abenteuer und ließen sich ebenso wie die vielen Haie mit der Strömung über Grund treiben. »Machten heute einen aggressiven Eindruck«, höre ich. Aber ergänzend: »Was können meterlange Haie schon tun.«

9. August: Logbuch

Vor dem Frühstück eine tricky Riffpassage ins Tahanea Atoll und eine positive Resonanz auf mein Internet-Logbuch. Bin ziemlich verblüfft. Passierte es doch nach 37 Folgen zum ersten Mal. In der Regel laufe ich in der Morgenstunde Ausweichkurven, um Kritik an meinen Darstellungen aus dem Wege zu gehen. Komme mir vor wie ein Schüler, der sein Aufsatzheft abgegeben hat und nun wartet, was der Lehrer alles angemerkt hat.

10. August: Chili con Carne

Dörte hat Kochdienst. Grundsätzlich wundere ich mich, dass alle knapp 30-jährigen Mädels so gut und experimentierfreudig kochen. Die dunkelhaarige Dörte hat ein »Chili con Carne« mit trockenem Reis und Banane hingelegt, das mir »auf meinem nächsten Törn nehme ich dich mit – zum Kochen« entlockte, worüber sie nun gar nicht lachen konnte.

11. August: Rangiroa

Von See aus ein Atoll wie hundert andere. Große und kleine Palmeninseln unterbrochen von Riffbrandung. Rangiroa aber ist das zweitgrößte Atoll der Erde und von der Bräuneindustrie voll erschlossen. Hotels säumen die Lagune wie Angler einen Forellenteich. Nichts ist »all-inclusive«, aber alles ausgebucht. Die Gäste wohnen in »fares«, kleinen Häuschen im traditionellen Stil mit Blätterdächern, auf Stelzen in die Lagune gebaut. Von der Terrasse kann man ins Wasser springen. Eine Übernachtung in solch einem Overwater-Bungalow kostet etwa 500 US-Dollar. Jeder Raum ist mit frischen Blüten geschmückt. Das Hotel Kia Ora, vor dem wir ankern, beherbergt auch seine Rezeption, seine Boutique und seine Bar in »fares«. Ich entführe die Crew zu einem Drink-Gebilde aus light rum, banana cream, fresh fruit juice, cream of cocoa and vanilla. Umgerechnet 19 Mark. Happig der Preis. Nun, in dieser paradiesischen Umgebung wiederum nicht.

12. August: Rangiroa

Noch ein Tag Overwater-Bar. An einem Tisch, unter dem die Lagune türkisfarben, klarsichtig flimmert. Er steht nämlich auf einem Glasfußboden. Schluchz, schluchz ... Hebe ich den Blick, schaue ich durch hochgeklappte Mattenfenster auf eine gleißende Lagune im Gegenlicht und Palmen, die sich über den Strand beugen. Mein ovales Glas ist gefüllt. Im Hintergrund polynesische Lieder – aus dem Lautsprecher. Rangiroa ist die echte – erschlossene – Südsee.

13. August: Kurs Papeete, Tahiti

Da wir Samstag in Tahiti sein müssen, wird die Abfahrt um einen Tag vorgezogen. Ich hätte mich noch gerne umgesehen. »Wilfried will immer einen Tag länger bleiben.« So ist es, ich wäre zum Verrecken nicht am Freitag, den 13. ausgelaufen. Doch der Aberglaube hat an Bord keine Chance.

Am Nachmittag verlassen wir die blaue Atollwelt. Im quirligen Schraubenwasser verlieren sich die niedrigen Inseln schnell am Horizont. Die Mannschaft macht das Schiff seeklar. Ich stehe am Heck, die Kamera in der Hand. Ein Foto mache ich nicht. Wieder versinkt ein Atoll, die kleine Großartigkeit, im Meer. Der Motor arbeitet mit 1600 Umdrehungen. Die Abluft zischt aufs Achterdeck. Die Stabilisatoren saugen und ächzen. Aus der Kombüse riecht's nach Hühnerfleisch. Im Recorder surrt ein Videofilm. Wann sind wir in Tahiti? Schon in 22 Stunden? STARSHIP rollt und stampft wie lange nicht. Es geht rauf und runter. Wind und See kommen vorderlich. Dreimeterwellen. Ein Brechkurs. Diesmal ohne mich. Selbst tief im Bauch des Schiffes ist für mich die Motortrawlerwelt in Ordnung. Jedoch: Nach 48 Tagen Motoryacht werde ich das Flussbett nicht wechseln. So komfortabel es auch war, Segeln ist Segeln. Auf meinen Booten bin ich den Elementen näher. Und auf sie angewiesen. Dabei will ich bleiben. Beim Segeln.

Bernard Moitessier war mehr als ein abenteuerlicher Weltumsegler. Mir hat er die ersten Schritte in der Astronavigation beigebracht.

10

Eine Legende und ihr Schiff

Ein Segeltag mit der berühmten „Joshua" von Bernard Moitessier. Ich habe mir den Wunsch 2006 in der Bucht von La Rochelle an der französischen Atlantikküste erfüllt – und war gerührt. Es war wie ein Abgesang auf das Fahrtensegeln des vergangenen Jahrhunderts.

Es gibt beinahe nur noch Segelyachten, die nichts entfachen. Keinen Zauber, keinen zweiten Blick, keine Erinnerung, keine Verführung, kein Staunen. Nichts. Irgendetwas fehlt ihnen, Sehnsucht und Vertrauen wecken, um damit übers Meer segeln zu wollen. Es sind Serienyachten, von denen man Typenbezeichnung, vielleicht noch Testberichte und Werbeanzeigen kennt. Sonst nichts. Solche Boote haben kein Geheimnis. Es sind keine eigenen Ideen umgesetzt. Da ist nichts Selbstgefertigtes dran. Der Sündenfall sind elektrische Winschen. Sie sind so schlimm wie das Handy. Wie ein Handy den privaten Moment zerstört, zertrümmert die elektrische Kraftübertragung die Kultur des Segelns. Warum tut man sich das an? Eigentlich haben wir Menschen doch Zeit und Kraft.

Ganz das Gegenteil ist die berühmte JOSHUA aus den 60er-Jahren. Sie ist sozusagen ein Abgesang auf das vergangene Jahrhundert. Wer heute Serienboote segelt, wird nicht mehr vermissen, wie Vorlieks per Talje dichtgeholt werden. JOSHUAS Magie war und ist die einmalige Leistung und Ausrüstung gleichermaßen. Und das Geheime, das Sehnsuchtsvolle ist geblieben. Man hat dieses seltsame Stahlschiff im Museumshafen von La Rochelle ins neue Jahrtausend hinübergerettet. Der zwölf Meter lange Spitzgatter, als Ketsch getakelt, zeugt von einzigartiger Kraft und Besonderheit. Aufgeschweißte Augbolzen als Holepunkte an Deck statt Schotschienen mit Schlitten. Ein angehängtes Ruderblatt mit Pinne. Backstagen, die per Talje dichtgeholt werden. Dort, wo bei Serienyachten überm Kartentisch der ganze elektronische Krempel installiert ist, hängen auf JOSHUA Blöcke, Schäkel und Bändsel. Rätsel, warum diese sperrige Konstruktion einen dermaßen packt, bleiben auch, nachdem ich ein paar Schläge auf ihr gesegelt bin.

Mit JOSHUA segelte einer, der machte süchtig. Sein Trotz der Segelwelt gegenüber und seine nachdrücklich gepflegte Einzigartigkeit im Umgang mit Taten, Ansichten und Texten verführte. Bernard Moitessier war einer, der viel riskierte, um des Segelns Willen, der anscheinend auf See mehr an Deck stand als jeder andere, um Meer und Horizont zu beobachten. Der seinen Büchern Texte verpasste, die teils sanft wie eine Hochzeitskutsche daherkamen, aber auch direkt wie ein getunter Porsche. Er war sozusagen der Popstar der damaligen Segelszene – mit all seinen Vor- und Nachteilen. Er segelte seine Ängste aus – die er an Land nicht immer im Griff hatte. Und: Er war zugleich ein Bereicherer. Jedes Mal, wenn wir uns trafen, beutete ich ihn aus.

Auch diesmal. Nicht unmittelbar, denn Bernard ist bereits tot. 1994 ist er in Paris gestorben. Aber sein Schiff und seine Geschichte will ich für dieses Buch nutzen. Als Beispiel, dass Segeln in seiner ursprünglichen Art, mit wenig Aufwand einen extremen Törn zu machen, auszusterben droht.

Nur wenige Minuten, nachdem ich im Hotel in La Rochelle eingecheckt habe, stehe ich am Museumshafen vor der roten Ketsch mit der Flagge des Musée Maritime de la Rochelle im Mast. JOSHUA sieht stark aus mit ihren harmonischen, verlockenden Linien und komplett aufgetakelt gar nicht nach Museumsstück. Egal, wie man seglerisch eingestellt ist: Dieses Schiff macht Eindruck. Der pralle rote Bug, der schwarz gemalte Klüverbaum mit schwarz gemalten Ketten und Relingstützen schreien förmlich nach der offenen See, nach anspruchsvollem Wetter.

Ich habe Glück. Man scheint mich zu mögen. Ich darf JOSHUA segeln. Ich darf ihren Bug in die Dünung des Atlantiks setzen. Die »Freunde der JOSHUA« schenken mir einen Tag an Bord. Nicht allein. Sie sind dabei. Logisch, ist sie doch das bemerkenswerteste Ausstel-

Für ein paar Stunden segle ich JOSHUA vor La Rochelle. Die Konstruktion fasziniert auch nach über 40 Jahren.

lungsstück des Museums. Und nun? Groß, Besan, Fock und Gennaker werden Stück für Stück gesetzt. Das dauert. Über 120 Quadratmeter Segeltuch ziehen uns bald mit 6 Knoten durchs blaugrüne Wasser. Leichte Schräglage. Die Bewegungen der Atlantikdünung sind kaum zu spüren. Dreizehn Tonnen Stahl bewegen sich nicht bei jeder Welle. Wir sitzen im schmalen Cockpit auf blankem Eisenstahl. Komfortstufe null. Das kleine Ruderrad ist recht schwergängig, aber dafür ist die Anlage denkbar einfach, wie alles auf Joshua. Das Rad sitzt auf einer Trommel, auf der ein Drahtseil gewickelt ist und über Blöcke an Deck zur Pinne umgelenkt wird. Bei so etwas denkt man unweigerlich an die edlen, mit Leder überzogenen Steuerräder von Dehler und Baltic und Rassy. Hier purer Stahl, so weit das Deck reicht. Der Steuerkompass (ein Peilkompass) befindet sich kurioserweise in der Jackentasche eines Mitseglers. Auf dem breiten Gangbord wird eine Flasche Rouge entkorkt. Ein Glas geht über Bord – »pour Bernard«.

A votre santé. Stille. Die Blicke wandern auf den Horizont. Bei Bernard Moitessier denkt man seltsamerweise stets an Weite und Wasser. Das liegt an seinen Büchern, in denen das Land gegenüber dem Meer stark in den Hintergrund tritt.

Am 29. März 1966 begegnete ich Moitessier zum ersten Mal. Im frühen Gegenlicht des Tages segelte er mit seiner Ketsch unter voller Beseglung in den Innenhafen von Alicante und suchte einen Liegeplatz. Nach und nach wurden die Segel gekürzt und der Anker bedächtig fallen gelassen. Eine Leine schwirrte durch die Luft, und gemeinsam mit ein paar Seglern zogen wir das Heck der roten Ketsch an die Pier. Bernard Moitessier und seine Frau Françoise kamen direkt aus der Südsee. Von Tahiti ums Kap Hoorn, waren 126 Tage auf See und sahen überhaupt nicht verwildert aus. Sie hatten soeben eine sportliche Höchstleistung aufgestellt und mit etwas über 14 000 Seemeilen die längste Nonstopfahrt mit einem Sportboot bewältigt. Die Moitessiers waren »la sensation« an diesem Kai, wo keiner je einen Ozean überquert hatte.

Applaus? Nein. Kein Blitzlicht. Kein Mikrofon. Die beiden echten Hochseesegler sprangen an Land. Barfuß und mit hochgekrempelten Hosen. »Ça va bien?«, machten »la bise« mit ihren französischen Segelkollegen, uns anderen wurden die Hände geschüttelt.

Das war der Beginn der Langstreckensegelorgie – die bis heute anhält. Auch ich war ihr bald verfallen.

So ein Segelschiff hatte ich noch nicht gesehen. Die galvanisierten Stagen und Wanten, nicht wie üblich gespleißt, sondern mit Drahtklemmen auf Länge gebracht. Die Masten wirkten wie geteerte Telefonmasten, was sie wohl auch mal waren. Und die Vielzahl an Drähten und Tauen verwirrte mich und andere an der Muelle de Yates. Fallen und Schoten wurden per Talje dichtgeholt. Haltegriffe und Belegklampen waren en masse aufgeschweißt. Und warum waren Kanten und Beschläge an Deck pechschwarz abgesetzt? Später erfuhr ich von Bernard, dass er sich nicht die Füße aufschlagen wollte, denn er liebte es, mit nackten Füßen sein Schiff zu spüren. Frei nach André Gide: »Eine Erkenntnis, der keine Empfindung vorausgeht, ist ohne Nutzen.« – »You know Gide?« Nein, den kannte ich damals nicht.

Aber mir war Moitessier als Schiffbrüchiger ein Begriff. Einmal, als junger Spund, hatte er seine kleine Dschunke auf dem Atollriff Diego Garcia verloren, sein zweites Boot vor der Karibikinsel St. Vincent. Das machte ihn mir sympathisch. Sehr sogar. Hat er doch Contenance bewahrt, sich wieder und wieder mit eigener Kraft aus diesen Tiefpunkten, Irrtümern seiner Jugendzeit, herausgeholt.

Moitessier ist 1925 in Saigon/Indochina geboren und aufgewachsen. Er diente im Indochina-Krieg der französischen Armee. Nach der Entlassung wollte er fort. Sein sehnlichster Wunsch – auf einem eigenen Segelfahrzeug. Mit seinem Freund Pierre kaufte er eine morsche Fischerdschunke, mit der sie bis Singapur und Indonesien segelten, wo sie jedoch feststellten, dass eine Ozeanüberquerung mit diesem Boot nicht möglich war. Zurück in Saigon besorgte Moitessier sich eine kleinere Dschunke, takelte sie zur Gaffelketsch um, rüstete sie aus und wollte sich damit in Madagaskar niederlassen. Er war jung und das Geld knapp. Außer Reis und Gewürzen hatte er kaum etwas an Proviant gebunkert. Aber genauso lebten die Fischer Indochinas, sagte er sich. Da er keine Uhr an Bord hatte, hatte er auch keine Zeit, konnte daher den Längengrad nicht bestimmen. (Das Zeitalter des GPS war noch lange nicht angebrochen.) Den Breitengrad dagegen kann man ohne genaue Uhrzeit feststellen, indem man den Winkel zwischen Polarstern oder Sonne und Horizont berechnet. Der junge Moitessier segelte also auf einem ihm bekannten Breitengrad nach Westen. Inmitten des Indischen Ozeans aber liegt das Atoll Diego Garcia. Flache Inseln, die man am Tage gerade wenige Meilen weit sehen kann. Keine Wolken, keine Vögel, nichts deutete auf das nahe Land hin, als er mit seinem neun Meter langen Boot in der Nacht dort auf dem Korallenriff strandete. Nur wenige Stunden später war von der schönen MARIE-THÉRÈSE nichts übrig. Kein Spant, kein Kielholz. Die Brandung zertrümmerte sie und holte sich jedes Stück. Alles, was Bernard rettete, waren sein Sextant und ein Köfferchen mit Papieren und persönlichen Sachen.

Drei Jahre später stand er wieder unter Segel. Auf der Insel Mauritius hatte er sich eigenhändig MARIE-THÉRÈSE II gebaut. Dafür schuftete er wie ein *»eingespannter Wasserbüffel«* (Moitessier). Mit diesem Boot kam er via Kap der Guten Hoffnung bis in die karibische Inselwelt. Dort lief er erneut auf ein Riff und verlor sein zweites Boot. Er heuerte als Decksmann auf einem Tanker an, arbeitete sich sozusagen zurück nach Frankreich, das er bis dahin nicht kannte. Paris war eine vollständig fremde Welt für ihn. Erstmals in seinem Leben ging er als Vertreter für pharmazeutische Produkte einer geregelten Arbeit nach. Nebenher begann er über seine lange Seereise von Vietnam bis in die Karibik ein Buch zu schreiben. »Vagabund der Meere« verkaufte sich gut, und bald fand er Förderer, die ihm sein Traumboot zeichneten und als Rundspanter in Stahl bauten. Die JOSHUA. Er vertäute sie in Bandol an der Côte d'Azur und organisierte eine See-Segelschule. In seinem letzten Buch »Tamata et l'Alliance« schreibt er dazu: *Leuten etwas über das Meer beizubringen, nachdem man zwei Boote aufgrund von stümperhaften Fehlern verloren hat, die nicht mal ein Anfänger gemacht hätte, mag ein wenig arrogant scheinen. Aber ich genoss enormes Ansehen in den Augen meiner Crews. Sie sahen in mir eine Art Phänomen.*

Törns von Bandol nach Korsika, verbunden mit praktischer Ausbildung rund ums Boot, Wind, Wetter und Navigation standen im Vordergrund. Genauer: Kurs halten ohne Kompass, also nur nach dem Wind steuern. Segel und Anker ohne Winschen handhaben. Segelmanöver im Hafen fahren. Das Schiff auf Grund setzen und sich

Ungewöhnlich wie der Mann war auch seine als Kutter getakelte Ketsch: eine denkbar einfache Ruderanlage, stark unterteilte Segelflächen.

dann freisegeln. Im Wesentlichen mussten ungewöhnliche Situationen bewältigt werden, die man in keiner Segelschule beigebracht bekam. Seine Kojen waren immer ausgebucht. Nach zwei Schulsommern und mit ein wenig Geld in der Tasche heiratete er Françoise, eine zierliche Frau mit drei Kindern, und ging nur mit ihr auf Weltumseglung. Sie kamen bis Tahiti. Dort jedoch zog es beide rasch wieder zurück nach Frankreich. Die Sehnsucht nach den Kindern war riesengroß. Um nicht den langen Weg westwärts mit den Passatwinden nehmen zu müssen, wählten sie den schnelleren, den direkten übers Südpolarmeer und um Kap Hoorn. Übermüdet landeten die beiden Hochseevögel in Alicante, wo ich, wie schon erwähnt, zufällig beim Vertäuen behilflich war.

Mit einem Augenzwinkern: Damit ich mein Boot nicht mangels Navigation verlieren würde, nahm Moitessier sich meiner in Alicante

Museumsdirektor Patrick Schnepp machte den Segelausflug möglich. Er hat das Schiff für das Museum aufgespürt.

an. An Deck von Joshua zeigte er mir den Umgang mit einem Sextanten und erklärte ausführlich das Berechnen der genommenen Höhen für Länge und Breite. Ebenso die Übertragung der errechneten Position in die Seekarte mit Kursdreieck, Zirkel, Bleistift. Stolz trug ich meine Handvoll Zettel und Skizzen an Bord und klebte sie sorgfältig ins Logbuch. Bernard hatte mich zu einem »navigateur« gemacht. Das Wissen, wie man mit Sextant, Tafeln und Zahlen umgeht, wirkte wie ein Bewusstseinsverstärker. Meine Weltumseglung mit KATHENA hätte eigentlich sofort beginnen können. Indes: Es folgten noch zahlreiche Moitessier-Tipps. Eine kleinere Plicht auf der KATHENA sei erforderlich. Er gab mir detaillierte Anleitungen zur Konstruktion einer Windfahnensteuerung. Nachts bei einem Landfall sollte ich unbedingt Wache, Wache, Wache gehen. Nach und nach wanderte auch Ausrüstung von JOSHUA auf KATHENA: Segeltuch, Doradelüfter, Drähte, ein Amboss – ja ein wunderschöner mittelgroßer Amboss, den ich aber bald aus Gewichtsgründen weiterverschenkte. Nach jeder Aktion steckten wir uns eine selbst gedrehte Zigarette an.

All das erzähle ich den Museumsfreunden. Ich erinnere an Momente, die ich mein Leben lang hüten werde. Die Segel umschließen uns. An den Schoten ist nichts zu tun. Der Wind stetig und mittelschwach. Die Sonne scheint. Das Bugwasser plätschert. Und JOSHUA steuert sich selbst – mit der richtigen Segelstellung und natürlich aufgrund der ausgetrimmten Konstruktion. Ich werfe noch mal einen Blick auf den Horizont und lasse das Schiff allein durchs Atlantikwasser ziehen. Ich schnappe mein Glas, verhole in den Klüverbaum. Es brodelt und spritzt …, und ich genieße die Stimmung.

Weltberühmt wurde Moitessier, als er zu einer Art Fata Morgana mutierte. Fata Morgana deshalb, weil er weder Funk noch irgendwelche technische Kommunikation an Bord installiert hatte und sich einzig mit Signalflaggen und Steinschleuder mitteilen konnte. Bei der ersten Nonstop-Regatta um die Welt drehte er, in Führung liegend, mit Kurs Südseeinselwelt ab. Er wollte Segeln nicht länger ausschließlich als Fortbewegung verstanden wissen. Für ihn war es Lebensphilosophie. *Trunken vor Freude und voller Leben befand ich mich nun im siebten Himmel,* schreibt er in seinem Buch »Der verschenkte Sieg«.

Die englische Zeitung »Sunday Times« hatte diese Regatta 1968 ausgeschrieben und auf die schnellste Umseglung 5000 Pfund ausgesetzt. Bernard, der an Land mal wieder unzufrieden war, meldete sich mit JOSHUA an und segelte im August desselben Jahres von Plymouth aus los. Sechs Monate später hatte er alle großen Kaps der südlichen Hemisphäre umrundet und war zurück auf dem Atlantik. Er nahm nördlichen Kurs Richtung England, als ihm in einer Windstille klar wurde, dass er jeglichen Ehrgeiz verloren hatte, die Regatta gewinnen zu wollen oder überhaupt zu beenden.

Nun habe ich doch wieder Kurs auf den Pazifik genommen, die letzte Nacht war einfach zu qualvoll. Ich fühlte mich buchstäblich krank werden bei der Vorstellung, nach Europa zurückkehren zu müssen. Körperlich fühlte ich mich durch Kap Hoorn erschöpft, meine Stimmung entsprach diesem Zustand und brach vollends zusammen, als ich den Entschluss gefasst hatte, aufzugeben.

Gewiss, es gab genug triftige und ernsthafte Gründe dafür. Aber ist es klug, zu einem Land in dem Wissen zurückzusegeln, dass man seinen Frieden dort nicht wiederfinden wird? Tahiti, ja ... aber ohne vorher einen Hafen anzulaufen, ist ein Risiko.

Er änderte seinen Kurs zum Kap der Guten Hoffnung. Bei Kapstadt näherte sich der Solosegler einem vor Anker liegenden Tanker und schleuderte per Katapult eine Filmdose hinüber. In der Dose

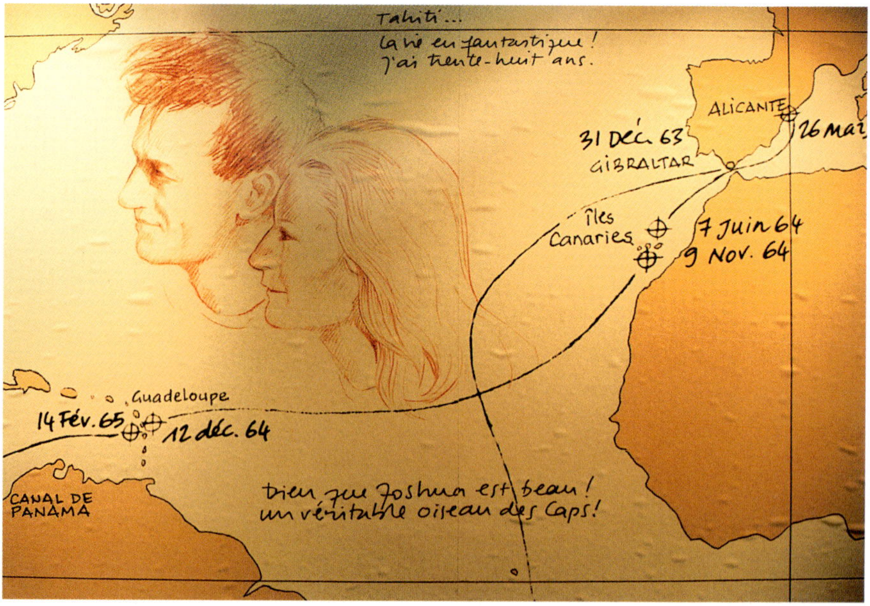

Skizzierte Darstellungen seiner Reisen im Museum. Die Abbildung zeigt den jungen Bernard mit Françoise auf Karibikkurs.

Zur Ausrüstung einer Yacht gehört heutzutage Funk, Handy oder Satellitentelefon. Bernard erledigte die Kommunikation per Katapult.

befand sich die Nachricht für die Organisatoren der Regatta: *Ich setze meine Nonstopfahrt in Richtung Pazifik fort, weil ich auf See glücklich bin und vielleicht auch, um meine Seele zu retten.*

Er fragte sich auch: *Werden sie mich verstehen?*

Am Ende hatte der Nonstopsegler, als er in Tahiti vor Anker ging, die Erde ohne Unterbrechung eineinhalb Mal umrundet. Und das mit seiner zwölf Meter langen Joshua durch die stürmischsten Seegebiete. 303 Tage verbrachte er allein an Bord und segelte 37 455 Meilen ab. Nachdem Moitessier die Regatta aufgegeben hatte, ging der Preis an Robin Knox-Johnston, der in das Rennen eingestiegen war, weil er den Gedanken nicht ertragen konnte, das jemand anderes als ein Engländer als Erster die Welt nonstop umsegeln würde. Moitessiers Leistung und seine Argumente zum Thema Aufgabe und Ablehnung haben mich und Millionen andere Menschen damals tief beeindruckt.

Durch seinen »verrückten Abbruch« ist er der Segelwelt weit besser in Erinnerung geblieben, als wenn er zweiter Nonstopumsegler geworden wäre. Wie sich später herausstellte, war sein Sieg so sicher nämlich nicht. Er tat für sich subjektiv das Richtige. Seine Bilder und Berichte von der Regatta gingen damals um die Welt. Noch heute findet seine Geschichte in unzähligen Büchern und Magazinen Niederschlag. Siegpreis und Berühmtsein genügten ihm nicht. Er wollte womöglich mehr, er wollte Legende sein. Dafür hatte er das beste Timing gewählt: kurz bevor der Erste, Knox-Johnston, in England im Ziel war.

Wenige Monate nach seiner Ankunft auf Tahiti lagen JOSHUA und unsere KATHENA nebeneinander im Hafen von Papeete. Bernard war dabei, sein Nonstop-Buch zu schreiben und träumte von einsamen Inseln, wo er leben, pflanzen und segeln wollte. Ein Wunsch, den er schon während der Regatta hegte. Der große Moitessier. Er schrieb, klopfte Rost und malte. Seine JOSHUA sollte bald wieder seeklar sein.

Er blieb zwölf Jahre in der pazifischen Südsee. Moorea, Suvarow, Neuseeland, Tuamotus und immer wieder Tahiti. Auf dem Atoll Ahe im Tuamotu Archipel lebte er mit neuer Ehefrau und gemeinsamem Kleinkind drei Jahre auf einem unbewohnten Inselchen. Eine Art Robinsonleben mit selbstgebauter Palmblätterhütte, einer kleinen Pflanzung, also völlig autark von dem was Garten, Palmen und Fischfang hergaben. JOSHUA derweil – in Sichtweite – vor Anker.

Aber egal wie günstig und schlicht man lebt, auch während einer Robinsonade in der Südsee braucht man Geld. So segelte er irgendwann in die Vereinigten Staaten, um Geld mit Vorträgen und Segelausbildung zu verdienen. Das klappte nicht sonderlich, die amerikanischen Behörden machten Probleme. Auf dem Rückweg nach Polynesien passierte dann ein weiteres seemännisches Missgeschick in seinem Leben.

Während wir bei schönstem Segelwetter vor La Rochelle dahingleiten, Segler moderner Yachten uns überholen und freundlich winken, wird es Mittagszeit. Ein Baguette wird gebrochen, dazu Camembert und eine Kilodose Paté an Deck gestellt. Es schmeckt vorzüglich. Auch die vierköpfige Museumscrew genießt – eine Crew, die entschlossen ist, die offenbar seltenen Segelbesucher zu verwöhnen und ihnen zudem alles zu erklären. Wenn Patrick Schnepp erzählt, wie er JOSHUA fürs Museum »besorgt« hat, strahlen seine Augen, und man kann kaum folgen, so schnell und euphorisch spricht er. Stolz ist der Museumsdirektor auf die Ausstellung auf der FRANCE I, einem ehemaligen Wetterschiff, hier im Hafen. Die dürften wir partout nicht verpassen. »Zwei Salons sind Bernard gewidmet. Seekarten mit Kursen und Skizzen, Faksimile, Werkzeug, Equipment, sein Trommelsextant, Zeitungsausschnitte aus aller Welt, Fotos und Filme sind dort zu besichtigen.«

Ich hangele mich die steile Treppe in die Kajüte der JOSHUA hinunter. Drinnen scheint die Zeit stehen geblieben zu sein. Der Holzboden knarrt mit jedem Schritt. Fotos aus Moitessiers Leben am Schott fallen ins Auge – der große Fisch, seine Holzboote, Vietnambilder. Petroleumlampen sorgen für Licht. Mit Petroleum wird auch gekocht. Ein großer Kartentisch und eine wirklich breite Doppelkoje dominieren den Raum. Mir fallen besonders die Schlingerleisten auf: Handbreit hoch. Lediglich einige Wände im Salon sind mit Sperrholz isoliert.

1982 erlebte Moitessier seinen dritten Schiffbruch vor Capo San Lucas, an der Südspitze der Baja California, Mexiko. Er ankerte nur wenige Meter, vielleicht zwei Schiffslängen, vom Sandstrand entfernt. Wunderschön und von zahlreichen anderen Segelyachten umgeben. Einem auflandigen schweren Sturm hielt JOSHUAS 25 Kilo Pflugscharanker nur kurz stand. Dann war es vorbei. Innerhalb weniger Minuten lag die stolze Ketsch auf der Seite in der Brandung. Drei Meter hohe Brecher schlugen auf ihren roten Rumpf ein. Am Ende des Unwetters war von JOSHUA, die ihm einundzwanzig Jahre gedient hatte, nur noch Rumpf und Deck übrig – unter Tonnen von Sand. Die Masten in Stücke, der Bugspriet verbogen, das Ruder gebrochen, die Maschine unter Sand und Wasser begraben, die zerrissenen Segel lagen in Bündeln am Strand. *Ich war blöd. Ich war einfach blöd.* Soll der vor Kummer und Schmerz zerrissene Bernard Moitessier immer wieder gesagt haben. *Alles meine Schuld. Ich habe nicht nachgedacht. Ich war es so leid, dauernd nachdenken zu müssen, um in den verrückten Staaten zu überleben. Als ich hier ankam, vergaß ich einfach zu denken. Ich hatte nicht mal die Segelanweisungen gelesen.*

Er war verzweifelt. Was nun? Sich an die Bergung und Instandsetzung zu begeben, dafür hatte der 58-Jährige nicht den Willen und die Mittel. Also verkaufte er das Wrack an zwei Mexikaner für zwanzig US-Dollar und ein Pfund Tabak. Die wiederum haben JOSHUA an eine Amerikanerin weiterverkauft, von der sie letztendlich das Musée Maritime de La Rochelle 1992 mithilfe eines Freundeskreises »Les Amis du Musée« für 50 000 Euro erworben hat. Und wichtiger: Sie kümmern sich. Mit unglaublich viel Aufwand erhalten sie die rote Ketsch. Das Boot ist täglich zu besichtigen. Informationen im Internet: www.museemaritimelarochelle.fr

Manche Ausrüstung ist wie das Rigg dem Schiffbruch zum Opfer gefallen. Der Innensteuerstand, das Niedergangsluk mit einer Kuppel aus Blech und Plexiglas, Selbststeueranlage. Dafür sind Winschen hinzugekommen. Neue Masten und Segel sowieso. Was geblieben ist? Der Mythos. *Der Mensch wird nur frei durch den Verzicht.*

Allmählich kommt JOSHUA wieder in Hafennähe. Die Museumscrew holt die Segel ein und lässt die Maschine an. Es klappert und quietscht, als wir durch die Schleuse ins Hafenbecken einbiegen. Überall liegen Boote. La Rochelle ist das Segelzentrum der Atlantikküste. Am Place Bernard Moitessier gehen wir Steuerbords an einem Schwimmsteg längsseits. Steuerbords? Da ist doch was. Eine große Beule erinnert am Bug an die Strandung in Mexiko.

Bernard Moitessier war der Berg, der zu mir herüberkam. Er hat mir 1966 indirekt Mut gemacht. Den berühmten Schubs gegeben, indem er komplizierte Dinge einfach dargelegt hat – auf das Wesentliche reduziert. Mir vor allem beispielhaft klargemacht hat, dass man auch mit geringen Mitteln großartige Schiffe bauen kann, die dann eben schlicht, aber seetüchtig und zuverlässig daherkommen. So ist zu erklären, dass meine KATHENA NUI ebenfalls mehr einem Arbeitsboot gleicht als einer Yacht. Ohne diese frühe Bekanntschaft wäre ich sicher auch im Milieu Mikrowelle und Notebook stecken geblieben. Darüber hinaus liebe ich ihn auch für seine subtile Art, Tiere, Wetter und Empfindungen in seinen Büchern festzuhalten. Diese vitale Intensität, die ausdrückt: Anzünden kann nur, wer selber brennt. Und Bernard Moitessier zeigte, dass trotz aller technischer Hilfsmittel, *das Meer bleibt, was es immer war – das Meer.*

Ein kleines Stück Niederlande. Eine Wasserlandschaft mit derart viel Wasser hatten wir uns nicht vorgestellt, als wir diese Woche planten.

11

En krachtige wind

Segeln in Holland war 1994 ein Auftragstörn für die „Yacht“. Mit einer Charteryacht hatte man uns dafür sieben Tage Zeit gegeben. Regenzeit. Da kann ich nur Aldous Huxley zitieren: „Was wundert sich der Fisch über das Wasser.“

Es gibt nicht viele Segler, die Lust haben, gegen einen nasskalten Wind im Tidengewässer aufzukreuzen. Bei Südwest Stärke 6 von vorn, »en krachtige wind« wie die Holländer sagen, ziehen wir bald den Schwanz ein, fallen ab in den Krabbenkreek, nach Sint Annaland, wo wir an Steg A festmachen.

Nichts ahnend festmachen, dass dieses Wetter uns an sechs von sieben Chartertagen begleiten wird. Folglich ist es auch das wichtigste Gesprächsthema an Bord wie an Land. Am Anfang und am Ende des Oosterscheldetörns und auch zwischendurch ist immer wieder von Sturm und Regen die Rede. Ununterbrochen ziehen Tiefausläufer über Holland: Regenböen, Bewölkung, Dunst, Nebel, Niesel, zu wenig Auflockerung ... Nein, Segelwetter im üblichen Sinn findet nicht statt. Astrid findet den Ausdruck »Scheißwetter« zutreffender.

Montag 12. September – Sint Annaland

Es pladdert vom Himmel, als wir uns an Bord der Charteryacht AQUAVITESSE 6 in Bruinisse einrichten. Wir sind nur zu zweit. Astrid und ich. Zwei Ozeansegler wollen die Oosterschelde umrunden. Oh Schreck, Holland und Binnen, überhaupt mein erster Hollandtörn. Die A6 ist eine neue und moderne Serienyacht vom Typ Sunfast. Ein Leichtbau von 9,50 Meter Länge, aber mit 1,95 Meter Tiefgang. Vom Temperament her mehr Rennziege als Fahrtenyacht. Halt ein schnelles Boot. Und das wollten wir. »Sie segelt wie eine Rakete«, war dann auch die erste Bemerkung von Piet van Dijk, der uns einweist. Dies ist mein achtes Boot, das ich chartere, aber nie zuvor wurde ich so sorgfältig, konsequent und praxisnah eingeführt. Es beginnt mit Ablegen, um vor dem Hafen Segelmanöver zu fahren: Reffs einbinden, Kurs steuern, Achterstag trimmen und so weiter. Selbst simple Dinge wie Tau aufschießen und Segel fachgerecht einlegen werden uns gezeigt. Natürlich folgen Hafenmanöver unter Maschine. »Im Notfall volle Fahrt zurück.« Die Anmerkung »immer viel Gas geben« ist mir neu. Piet nimmt seine Aufgabe höllisch holländisch ernst.

Gegen Mittag legen wir ab. Unter uns und erwartungsfroh. Gleich die erste Schleuse neben der Marina Bruinisse öffnet samt Klappbrücke automatisch. Wie von Geisterhand schließen sich die Tore, und das Wasser brodelt und steigt einen guten Meter. Einen Moment Stille, dann ist der Weg frei für die Oosterschelde. Doch gegen den weißen Südwest unter einem Regenböenhimmel, der bedrohlich wirkt, biegen wir nach 7 Meilen links ab in den Gezeitenhafen Sint Annaland.

Stadthafen von Middelburg. Die sternförmig von Grachten umzogene Stadt zählt zu den schönsten der Niederlande.

Eben festgemacht, heult der Wind verstärkt um die Masten. Mit jeder heftigen Bö, die über den Hafen zieht, geht ein Seufzer »ach, geht es uns gut« durch die Kajüte. Haben wir doch die richtige Entscheidung getroffen.

Astrid ist es in der Salonkoje zu eng, sie meint »gut für Japanerinnen«. Die Koje misst 48 x 172 Zentimeter. Ich brühe derweil eine Kanne Kaffee, stelle zwei Becher auf den Tisch und hole die Seekarten heraus. Gemeinsam inspizieren wir unser Segelgebiet der kommenden Woche. Dabei erkennen wir, dass die Schnelligkeit der A6 wenig Sinn macht, denn wohin man in der Oosterschelde den Kurs auch legt, nach wenigen Meilen liegt was im Wege: eine Untiefe, eine Sandbank, mächtige Bojen und hier und da eine Brücke, die nicht immer öffnet. Die Oosterschelde ist rund 20 Meilen lang und 4 breit mit den schon erwähnten Flachs, hier Plaaten genannt, in der Mitte. Der Tidenhub beträgt knapp drei Meter, Strömung nicht über 2 Knoten, und an den Ufern des beliebten Segelreviers befinden sich neun Sportboothäfen. Mit diesem technischen Revierwissen machen wir uns auf ins Dorf.

Der erste Spaziergang. Zugeknöpft und in Öljacke. Der Himmel ist zwar blau, aber es kann jeden Moment losregnen. Der Hafenmeister residiert in einem ausgemusterten Bauwagen. Der Segelclub hübsch auf dem Deich platziert – mit Blick auf den Krabbenkreek, wo der böige Wind die Fahrwassertonnen umspielt. Im Ort Häuser und Vorgärten holländisch adrett, wie ich es häufig auf Abbildungen gesehen habe. Es blühen Rosen und Sonnenblumen. Aber es reifen auch Tomaten in der freien Natur! Wir treffen kaum Menschen, keine Gäste, keine Autos. Ein einsamer Radfahrer stemmt sich auf der Hauptstraße gegen den Wind. Im »Tonhuis«, vergleichbar mit einer Palaverhütte in der Südsee, sitzen einige ältere Männer und lassen sich von uns beim Erzählen nicht stören. Die Geschäfte sind geöffnet, aber leer. Offenbar scheinen sich die Hausfrauen vom sommerlichen Tourismus auszuruhen. Beim Schiffshändler erwerben wir zwei Schäkel. Die will ich an den Achterleinen befestigen, damit sie mit der Tide an der Metallstange des Dalbens rutschen können. An Bord ist nämlich kein Reserveschäkel vorzufinden. Der Luftdruck steigt beständig. Morgen wollen wir seglerisch aktiver sein.

Dienstag, 13. September – Veere

Tief hängende Wolken. Jederzeit ist Regen möglich, aber es regnet nicht. Also segeln wir nach Zierikzee. »Kein Kurs für Selbststeueranlagen«, sagt meine Frau und gibt die Pinne nicht aus der Hand. Nach 17 Seezeichen und einer Klappbrücke laufen wir nach gut zwei Stunden zwischen Deichen hindurch in den Stadthafen. Wir sehen: zwei seltsame Türme, zwei alte Windmühlen, Wohnhäuser. Alles wirkt wohl gepflegt, obersauber. Gardinenlose Zimmerfenster, hinter denen Katzen Wärme suchen. Die Fensterläden aus Holz sind durchweg rot-weiß gestrichen. Der Begriff Idyll geht mir nicht aus dem Kopf. Wir genießen in einem Straßencafé einen Kaffee im Freien. Astrid stärkt sich mit einem Fischimbiss. Wenig später motoren wir weiter. Der Luftdruck sinkt kontinuierlich. »Da ist es besser, wir verholen ins Veerse Meer, falls es morgen weht.« Das Veerse Meer ist sozusagen ein Nebenarm der Schelde, 9 Seemeilen lang, 1 breit und ein Stillwasser.

Wir passieren erneut die lang gezogene Zeeland-Brücke, die sich quer über die Oosterschelde spannt. Sie öffnet halbstündlich und nur bei gutem Wetter. Danach, ratzfatz, setzen wir die beiden uns zur Verfügung stehenden Segel: Groß und Fock. Langsam stellt sich Bordroutine ein. Astrid steuert – wie üblich. Ich hake in der Seekarte im Viertelstundenrhythmus Tonnen ab. Am Ufer die holländischen Landschaftsmerkmale: Deiche, Büsche, Windräder, ein paar Giebel von vereinzelt liegenden Häusern, Kirchtürme in der Ferne.

Es geht uns gut. Kein Segel weit und breit. Der leere See gibt uns ein Gefühl von Isoliertsein. Doch da ist schon wieder ein Ende der Schelde. Wir stehen mit A6 vor der Zandkreeksluis. Das riesige Tor der Schifffahrtsschleuse öffnet sich sofort und hebt uns sacht auf die Höhe Veerse Meer. Auch hier völlige Segel-Leere. Nur ein Angelkahn, ein Surfer unterwegs. Fast nichts wird mehr ferienmäßig ausgenutzt. Die Schiffchen liegen zu hunderten in den Marinas beidseitig der Ufer – alle unbemannt. Die Strände öd und verlassen, Campingplätze nahezu aufgelöst. Jetzt ist das Veerse Meer alles andere als ein Meer. Es ist seicht und brackig. Mittendrin befinden sich Sandbänke und einige hübsch anzusehende »schwimmende« Inseln. Sie ragen gerade einen Fuß übers Wasser. Badebuchten mit Sand, ein paar Büsche und

Steganlagen locken, aber, aber ... Bei zwei Meter Tiefgang ist da nirgendwo was machbar. Es wird ungemütlich. Nieselregen setzt ein. Das »Meer« zeigt sich in gleichförmigem Grau und: uns zwei in Öljacken.

Für Segler ist Veere ein Muss. Entlang der sauberen mit Backstein gepflasterten Gassen schmucke Häuser. Restaurants, Souvenirläden. Es ist der Ort, wo sich Touristen von der nahen Nordseeküste den späten Nachmittag vertreiben. Vor jeder Haustür stehen riesige Blumenkübel. In jedem Fenster eine kleine Ausstellung: Bilder, geschnitzte Möwen, Schmuck. Das Stadtbild wird indes dominiert von der sehenswerten Kirche aus dem 12. Jahrhundert.

Gleich nach dem Festmachen am Stadtkai gehe ich ins Hafenbüro. Der Meister ist mürrisch, ungehalten gibt er Auskünfte. Er macht den Eindruck von »den hebbt se dod froogt« während der langen harten Saison. Der Segeltourismus in seinem Hafen ist in den Sommermonaten nämlich der Horror. Die Deutschen laut, die Niederländer große Drängler und viele sind unzufrieden. Sein Hafen ist einmalig schön und »eben begehrt«. Und schmal ist er auch. Lang und schmal, um genau zu sein. Wie eng das Becken ist, verdeutlicht, dass einige nachfolgende Segler rückwärts hineinmotoren. Offenbar aus Sorge, nicht wenden zu können. »Kann uns nicht passieren«, scherzt Astrid, »nach der präzisen Einweisung von Piet van Dijk.« Ob es wohl sein richtiger Name ist? Piet vom Deich.

Mittwoch, 14. September – Middelburg

Im Logbuch vermerkt: »Dauerregen. Null Wind. Kein Tag für Segler.« Also dreht uns der Propeller zum 5 Meilen entfernten Middelburg am Walcheren-Kanal. Die Stadt soll sehenswert sein. Welche holländische Stadt am Wasser ist das nicht? Eingehüllt in Niesel, trübem Licht und Ölzeug erwandern wir uns die Stadt. Sie ist ringförmig angelegt, mit Grachten und vielen Holzbrücken dazwischen. Entlang den engen Straßen bedeutende Kirchen, historische Gebäude, Backsteinhäuser und wie in allen Städten Westeuropas Einkaufsstraßen mit Benneton, C&A, Douglas, Kodak. Im Fenster einer Buchhandlung Bücher der gleichen Autoren wie in Schleswig: Pilcher, Hoeg, King und – ich staune: Joachim Schult auf Niederländisch.

Das Leben an Bord wie an Land findet nur im Ölzeug statt. Grässlich. An sechs von sieben Tagen regnet es.

Durchgeschwitzt nach typischem Rundgang, verlangt es uns nach einem Glas Bier. Um etwas von der Szene zu erfahren, trinken wir es im Arne-Segelclub, wo wir auch für A6 einen Liegeplatz gefunden haben. Der Club, herrlich gelegen mit Blick über Bäume und Masten des Grachten-Hafens, ist leider leer. Doch auch so sind wir willkommen. Susanne, wohl Köchin, Kellnerin und Putzfrau in einem, unterhält uns und schenkt belgisches Bier ein. Es schmeckt wie englisches Bitter. Da es ihr letzter Arbeitstag ist, die Saison ist sozusagen beendet, spendiert sie Beeren-Jenever und klärt uns auf. Der helle Jenever, der normale also, sei synthetisches Zeug.

Es war ihre beste Saison. »Acht Wochen im Stück heiß und trocken, da hatten die Leute immer Durst.« Welches Bild die deutschen Segler abgeben, hat sie uns auch verraten: »Wenn sie ankommen, freuen wir uns im Club schon darauf, dass sie wieder wegfahren.« Es klingt liebenswürdig, und die Kellnerin lächelt dazu verschmitzt – während sie uns ein weiteres Glas schaumloses Bier zapft.

Donnerstag, 15. September – Goes

Noch immer Tiefdruckwetter. Das Barometer steht inzwischen auf 978 Millibar. Wir holen die Gummistiefel raus, reißen die Segel hoch, und ab geht es. Wie schön, in holländischen Kanälen darf man segeln. Der Veerse »Teich« und wenig später die Oosterschelde sind schnell erreicht. Kein Wunder bei achterlichem West und 7 Knoten. Das Boot zu segeln macht Freude. Es gleitet übers Wasser und hat es augenscheinlich eilig. Der Gedanke, damit übers richtige Meer zu segeln, kommt auf. Oder wenigstens rüber nach England, leider haben wir nur noch wenige Tage.

Im Hafenkanal (wieder ein Kanal!), nach Goes motoren wir gegen einen frischen Wind. Schleusen und Brücken öffnen sich wie üblich von Geisterhand. Personal ist nirgendwo zu sehen. Wartezeiten gibt es keine. Ebenso in den Cafés der schläfrigen Stadt. Stühle stehen reihenweise unbenutzt. Auch im Stadthafen haben wir reichlich Auswahl für unser schnittiges Schiff. Dem Hafenmeister stehen nur zwei Kunden gegenüber. Das Becken ist eingerahmt von schmucken »Spielzeughäusern«, eng aneinander schmiegen sich Fassaden und Giebel. Ein Miniatur-Holland. Die handbetriebene Zugbrücke, die zu diesem

Liegeplatz führt, ist – klar – ebenfalls vorhanden. Dazu kein Autoverkehr. Einfach holländisch schön. Wieder einmal passt das Attribut idyllisch sehr genau. Wäre da nicht die Nässe. Um wenigstens ein bisschen mehr von der alten Stadt zu sehen, springen wir von Unterstand zu Unterstand und von Kneipe zu Kneipe. Die Niederländer haben die schönsten Bootshäfen, Häuser sowieso, aber auch Kneipen. Ein Tresennachbar, der sich als Landwirt entpuppt, fragt: »Was macht ihr hier?« Astrid schlagfertig wie immer: »Ihr ackert für Deutschland. Wir segeln für Holland.« Gegen Mitternacht wird es Zeit in den Schlafsack zu kriechen.

Freitag, 16. September – Goessche Sas

Das Wichtigste bei der Segelei ist das Wetter. Regen und Sturm aus Nordwest lassen uns nur wenige Kanalmeilen vorankommen. Genau bis in den Schutz der Deiche. Missmutig machen wir fest. Zu viel Kanal, zu wenig See das Problem. Mit dem Bug in den Wind, festgemacht an einem alten Motorboot, harren wir der Dinge. Ein Besucher ist nicht auszumachen. Den ganzen Tag über. Womöglich liegt es am Wetter? Ein Hafenmeister auch nicht. Von der Charterfirma wurde uns mitgegeben, stets die Liegegebühren zu entrichten, andernfalls würde man uns eine doppelt hohe Rechnung nachschicken.

Um uns ein wenig das Gefühl einer abenteuerlichen Fahrt zu geben, reißt meine Frau eine Tüte »Expeditionfood« auf und weicht das gefriergetrocknete Fertiggericht in Wasser ein. Es ist Chili con Carne, das ich mit schleppender Zunge gable und viel Kaffee hinunterspüle. Danach inspizieren wir die Landschaft, die diesen einsamen Hafen umgibt: Deiche, Windräder, Fischteiche, Schafe, die Goessche Schleuse. Übrigens: Ein Schild weist aus, dass sie vor acht Jahren mit den Einnahmen aus den Gewerbesteuern der Stadt gebaut wurde. Da weiß der Zahler mal konkret, wo seine Steuern geblieben sind. Zurück zur Umgebung: satte Wiesen mit Schafen und schwarzbunten Rindern, Kormorane, die nach Fisch jagen, und kreischende Möwen. Sie lassen uns in Ruhe, ganz im Gegenteil zum Wasser von oben. Umgeben von Poldern, machen wir uns Gedanken, was eigentlich ein Polder ist. Ein Polder ist ein Stück Marschland, das von einem Deich umgeben ist und innerhalb dessen es möglich ist, den Wasserstand mithilfe von Pumpen zu regulieren. Früher wurden diese Pumpen von Windmühlen betrieben. Gäbe es die Eindeichung nicht, bliebe von dieser Provinz, wo wir momentan segeln, nichts übrig als eine Reihe von Eintragungen auf der Seekarte. – Der Sturmwind stört nicht sonderlich, wenn es bloß nicht ununterbrochen regnen würde. Das trägt dazu bei, dass wir den Schutz der Deiche verlassen und vom Ufer aus auf ein seltsam verwaistes Gewässer blicken.

Samstag, 17. September – Goessche Sas

Auch heute bestimmt Wasser das Bild der holländischen Landschaft. Als Zugabe Nordwest 7 bis 8. Eigentlich wollten wir auslaufen. Eigentlich, aber auf alle Fälle eine Kurve fahren im nördlichen Teil der Schelde. In die Nähe des Sturmflutwehrs, auf einem acht Kilo-

Auch die soliden Plattbodenschiffe ziehen nach einer Meile den Klüverbaum ein und fahren in den Hafen zurück.

meter langen Damm, der die Oosterschelde von der Nordsee abschottet, allerdings mit offenen Verbindungen, die nur bei extremen Wasserständen geschlossen werden. Dadurch ist die einmalige Flora und Fauna dieses Salzwasser-Gezeitengebietes erhalten geblieben. Der Damm mit dem Sperrwerk war 1986 das größte wasserbautechnische Projekt der Welt.

Die Zeit an Bord vergeht mit Tee trinken, Zeitung lesen, in Büchern blättern, Radio hören, dösen. Vor allem lauschen wir den Tropfen, die an Deck fallen. Es ist wie vor einer einsamen Insel liegen. Niemand stört. Wollten wir das nicht auch?

Irgendwann geht jeder Wind zur Neige. Gegen 15 Uhr habe ich hier das Gefühl. Hat er auch, als ich den Kopf raussteche. Wir werfen rasch die Leinen los und düsen ab Richtung Schleusenkammer. Dass es weniger geworden ist mit dem Sturm, haben auch andere bemerkt. Die Schleuse ist rappelvoll. Die Tore öffnen sich, und wir kriegen einen Schrecken: Mit einer bewegten See und weißen, kurzen Kämmen in dieser Form haben wir nicht gerechnet. Die Crews zweier Botteryachten, die mit uns geschleust haben, sind ganz offensichtlich auch überrascht. Sie setzen den Bug nur eine Meile gegen den Wind und fahren dann zurück. Wir binden ein zweites Reff ins Groß, rollen die Fock dreiviertel aus und holen die Fläche zum Bersten dicht. Hart überliegend, festgeklammert am Nichts – das Cockpit bietet keinerlei Haltegriffe oder Ähnliches – segeln wir hoch am Wind gen Nord. Charterboot A6 knallt mächtig über die kurzen, aber steilen Scheldewellen, die zusätzlich von einer gegenlaufenden Tide ruppiger gemacht werden. Der total flache Bug des unverschämt breiten Bootes (3,50 Meter) dröhnt und springt wie ein Pferd, das nicht übers Gatter will. Und das Rigg, es zittert bei jedem Aufprall, als wäre es die offene Nordsee, die wir besegeln. Beide finden wir das plötzlich grässlich, gegen die See in einem engen Tonnenstrich aufzukreuzen. Es regnet und gischtet zugleich. Astrid erinnert sich des Chartervertrages, der anmerkt, dass ab 6 Windstärken ein Auslaufen nicht erlaubt ist. Verdammt. Folgedessen machen wir erneut einen Rückzieher. Still und kommentarlos. Begeistert sind wir keineswegs. Das heißt durch die Schleuse zurück zum angestammten Liegeplatz im Goessche Sas. Dabei war die Fahrt – nun vor dem Wind – alles andere als hässlich.

In einem Café nahebei erholen wir uns vom »Seetörn« mit »twee pilsjes«. Mit dieser Umkehr habe ich Probleme. Auf einem Wochentörn zweimal umkehren, das habe ich auf keiner Weltumseglung geschafft. Hoffe, es bleibt ein Novum. Erst ein indonesisches Reisgericht sowie Schnitzel und Pommes frites, die hierzulande aus jeder Küche auf den Tisch springen, bringen uns auf andere Gedanken.

Sonntag, 18. September – Bruinisse

Als ich morgens den Kopf durchs Luk schiebe, ich mag es schon nicht mehr notieren, regnet es. Den heulenden Wind habe ich bereits im warmen Schlafsack wahrgenommen. Nicht zu ändern, wir müssen los, um 14 Uhr ist das Schiff in Bruinisse zu übergeben. Der nächste Kunde wartet. Noch sind es 20 Meilen bis dorthin. Was ist zu tun? Astrid ist unruhiger als die Situation es erfordert. Anrufen? Zunächst: Kaffee trinken und abwarten. So gestärkt kleiden wir uns wetterfest an, starten kurz die Maschine und stellen uns dem »krachtige wind« mit gerefften Tüchern. Hart am Wind mit schäumender Bugwelle nehmen wir den abgebrochenen Kurs von gestern wieder auf. Unermüdlich klettert das Boot über die kurzen, steilen Wellen. Als wir uns fragen, wo solche Wellen wohl herkommen, gibt es einen Regenguss von tropischem Kaliber – die Lenzrohre in der Plicht schaffen das Wasser nicht. Dann folgt urplötzlich Stille. Eine ungewohnte Windstille. Das einheitliche graue Gewölk reißt auf, wird transparenter, ein Sonnenstrahl, die Sonne, und sofort löst sich das bedrohliche Wetter auf. Eine Weile später ist die Schelde wieder belebt. Aus allen Richtungen tauchen weiße Segel auf. Sonntag! Im wahrsten Sinne des Wortes. Es sind viele belgische Segler darunter. Nun, Belgien liegt gleich neben diesem Seearm.

In der Schleuse Bruinisse ordnen wir unseren Rückzug. Das Großsegel wird sorgfältig aufgetucht. Ich schrubbe das Deck mit dem doch sauberen Scheldewasser. Astrid reinigt die Kajüte. Pünktlich 14 Uhr machen wir in der Marina bei der Charterfirma Aquavitesse fest. Der Himmel strahlend blau, es weht ein idealer Segelwind. »So ein Mist«, entfährt es mir. »Chartern ist eben Terminsegeln«, die logische Antwort meiner Frau. Der Vercharterer nimmt unser Boot persönlich und ohne Kontrolle ab. Er hat Mitleid: »Ihr habt die regen- und windstärkste Woche des Jahres gebucht.« Ich: »Nicht gut, wir werden es noch mal versuchen. Hoffentlich bald.«

Holland ist mir leider nie wieder ins Ruder gelaufen.

Sibirien ist von riesigen Strömen und unzähligen Wasserläufen durchzogen. Igarka liegt etwa 750 Kilometer von der Karasee entfernt.

12

Igarka, Sibirien

Ab minus 40 Grad wird es richtig kalt. Diese Erfahrung machte ich in Sibirien auf einem Segelkutter, der meterdick im Eis eingefroren war. Meine sechs Wochen an Bord beschrieb ich 1992 für das FAZ-Magazin, das, nachdem mein Bericht fertig war, eingestellt wurde.

Als ich in Igarka ankomme, ist es warm: minus 24 Grad. Von Kälte spricht man erst ab minus 35 Grad. Hinter mir liegen 6000 Flug-Kilometer. Mit einem geländegängigen Jeep werde ich direkt am Flugfeld abgeholt und zum Hafen gefahren. Obschon mit Spezialheizung ausgestattet, zieht es im Wagen an allen Ecken. Was ich durch die doppelt verglasten Fenster zu sehen bekomme, ist viel Schnee: Schneehaufen, einige Schneeflocken, verschneite Häuser, Birkenhaine mit Schnee auf den Ästen. Alles erleuchtet durch eine Vielzahl von Straßenlampen.

Igarka zählt knapp 20 000 Einwohner und zieht sich am Fluss Jenissei entlang, der einer der großen Ströme Sibiriens ist und nach 4085 Kilometer ins Eismeer/Karasee mündet. Ich werde vor der DAGMAR AAEN abgesetzt. Der Kutter gehört Arved Fuchs, der damit von Hamburg aus auf Polumrundung ist, und es im ersten Jahr immerhin bis ins tiefste Sibirien geschafft hat. Vom Schiff ist außer Mast und Takelage nichts zu sehen. Eingefroren und zugeschneit liegt es 30 Meter vom steilen Flussufer entfernt inmitten einer Ansammlung anderer Schiffe, denen man gleichfalls einen Winterliegeplatz im Eis verschafft hat. Diese Sammelstelle wirkt wie ein angelegtes Dorf mit Haupt- und Querstraßen, vom Schnee freigeschoben und mit eigener Stromversorgung. Lichtmasten hat man der Einfachheit halber durchs Eis gesteckt und einfrieren lassen. Die Lampen verursachen ein warmes, gelbes Bild, das die Kälte aus dem Körper vertreibt. Ein bizarrer Anblick: Schwimmkräne, kleine und große Schiffe, erstarrt im Eis des großen Jenissei.

Mitternacht. Endlich an Bord. Die warme Kajüte – ein monströser Herdofen, überm Tisch eine Petroleumlampe, Kojen mit Schiebetüren, dicke lackierte Hölzer – verbreitet einen Hauch von Expedition. Ein freundliches Gesicht erwartet mich. Jewgeni ist Crewmitglied und Russe, der lediglich Russisch spricht. Ich reiße meine Tschapka vom Kopf, packe Ersatzteile und Geschenke aus: Tee ist dabei, natürlich Alkoholisches. Beides schenken wir ein und prosten uns zu. Nasdorovje. Gleichzeitig picke ich weitere Vokabeln auf: spazibo (danke), poschalsta (bitte), tschai (Tee). Gedanke: Ich habe schon in vielen Sprachen mit alltäglichen Vokabeln hantiert. Jetzt Russisch. Tschapka ist eine Fellmütze.

Die hölzerne DAGMAR muss während der Wintermonate in allen Abteilungen geheizt werden. Ich bin sozusagen als Heizer engagiert. Den Winterdiesel für die Öfen besorgt Jewgeni. So ist es vereinbart. Arved Fuchs, der sich in Deutschland erholt und die Weiterfahrt für den Sommer organisiert, hat Sorge, dass überhaupt geheizt wird. Der Polarsegler hat auch Angst um seine Navigations-Elektronik, die wertvolle Tauchausrüstung, Wassermacher und andere technische Installationen. Die sibirische Kälte kann einem ungeheizten Schiff mächtig zusetzen: Elektrische Kabel, Kunststoff, Gummidichtungen verändern ihre Eigenschaften oder werden brüchig. Mein Auftrag ist also: Schiff auf Temperatur zu halten, heftige Eispressungen im Hafen mitzuteilen und vor allem das Verhältnis Schiff – Russen im Konsens zu halten. Als Arved mir die Aufgabe angeboten hat, fand ich die Vorstellung verlockend. An Bord zu sein und sich nicht um Wind und Luftdruck kümmern zu müssen, erschien mir zur Abwechslung großartig. Anstatt: Wie stehen die Segel? Behalte ich hier nur das Thermometer im Auge. Und als Zugabe: Sibirien. Sibirien unter Segeln – wenn auch nur aufgetuchten. Sauber verzurrt liegt das rostbraune Großsegel auf dem Baum unter einer Persenning.

Nach der ersten Nacht sehe ich meinen Einsatz differenzierter. Ich schlief im Vorschiff fast im Stehen. Das heißt miserabel. Dazu rumorte ein Eisdrache unterm Schiff: Pressungen, die abrupt auftraten

Dagmar Aaen: eingefroren im Eis, vom Schnee verweht. Für acht Monate ist dies ihr Liegeplatz im Hafen von Igarka.

und den Bug sogar noch ein paar Zentimeter mehr anhoben. Polarschiff DAGMAR weicht dem Eisdruck nach oben aus. Für die nächste Nacht werde ich mit Wolldecken meine Koje waagerecht bauen.

Nach einer Wäsche mit Schnee für Gesicht und Zähne sieht die Welt wieder anders aus. Der Morgen ist hellgrau, das Thermometer am Rigg zeigt minus 21 Grad, und es herrscht Stille. Völlige Stille. Als ich an Deck stehe, habe ich das Gefühl weit, weit weg zu sein. Von was auch immer. Ähnlich wie im Südpolarmeer, als ich dort segelte. Crewmann Jewgeni schläft noch – bei völlig geschlossener Luke, die obendrein zugefroren ist. Eine Viertelstunde Fußarbeit ist notwendig, bis sie sich schließlich bewegt. Am großen Salontisch frühstücke ich Expeditions-Müsli und schwarzen Tee. Der 29-jährige Jewgeni erzählt, er habe die erste Hälfte der Nacht an Deck geschlafen. Nur mit Schlafsack und schneeumhüllt im Schutz der Aufbauten. Er will für die Expedition Nordostpassage bereit sein. Später erfahre ich, dass er an der sibirischen Eismeer-Küste in früheren Jahren schon wochenlang mit Skiern und Zelt unterwegs war. Das nenne ich vorbereitendes Training.

Journalist und Autor Slava an seinem Schreibtisch. Slava ist ein Büchernarr und hat deswegen alle Diskriminierungen überlebt.

Mein Blick im Salon sagt mir: Staub müsste auch mal wieder gewischt werden. Was mich erschreckt, ist die Unordnung unter Deck. Arved würde sich wundern, fünf Holzsägen im Salon, Werkzeuge und Arzneien über alle Kabinen verstreut. Jede Ablage ist voll Krempel. Bester deutscher Käse kiloweise im Mülleimer. Ich setze Wasser auf, streife Gummihandschuhe über und werde allem den Garaus machen. Ich will sechs Wochen hier leben und erleben.

Nachmittags gehe ich mit Slava, einem hochgewachsenen, freundlichen Leningrader, spazieren. Er ist Zeitungsredakteur, Arveds Verbindungsmann zu den russischen Behörden und spricht fließend Englisch. Seit 1966 lebt und arbeitet er in Igarka. Es gefällt ihm sehr. Nirgendwo in der Sowjetunion war man so fern von allem wie in Sibirien. Hier machte sich der politische Wandel kaum bemerkbar. Und wichtig für ihn: Seine Wochenzeitung bekommt genug Papier. Sie umfasst vier Seiten und hat eine Auflage von 5000 Exemplaren. Elf Personen sind bei ihm beschäftigt, inklusive Chauffeur und Teemamsell. Die Bewohner in arktisch exponierten Dörfern und Städten werden wie früher bevorzugt versorgt, behandelt und bezahlt. Trotzdem gibt es Schlangen an den Kassen der Geschäfte. Das hauptsächlich wegen der Coupons für Alkohol. Jeder Russe bekommt derzeit nur zwei Flaschen Wodka und zwei Flaschen Wein pro Monat. »Manche trinken sie an einem Tag«, erzählt Slava. Er trinke den Wodka genüsslich, sagt er, mit Pfefferschoten angesetzt.

An der Stadtbibliothek kann mein Redakteur nicht vorbei: Sein Faible sind Bücher und überhaupt Lesen und Schreiben. Wir legen Mäntel und Tschapka ab, schreiten zu den Regalen: Bob Bond ist dabei, ein Segellehrbuch, aus dem Englischen übersetzt. Heinrich Böll entdecken wir und einen Packen russische Segelmagazine. Die Inhalte wie bei uns: Reiseberichte, Motorenkunde, Baumaterialien, Tipps. Die Bibliothekarin und ihre beiden Mädchen, die aushelfen, wünschen Autogramme vom Weltumsegler. Tee gibt es leider nicht.

Bier aber auch nicht. Ist in ganz Igarka ausgegangen. Slava erzählt von den umliegenden früheren Sibirien-Lagern. Die Existenz Igarkas ist darauf zurückzuführen. »Ab 1947 wollte der verrückte Stalin mit Lagerarbeitern eine Bahnlinie durch die Tundra ziehen, quer durch Sibirien – alle zehn Kilometer ein Lager, alle 100 ein Zentrallager.

Typische Propaganda wie »Komm in die Produktion« an öffentlichen Gebäuden aus der Zeit der Sowjetunion.

Irgendwo in der Mitte befindet sich ein Friedhof mit 30 000 Kreuzen aus dieser Zeit. Die Bahnlinie wurde nie fertig gebaut.« – »Warum nicht?« Slava zuckt mit den Schultern, so als wolle er sagen: dumme Frage. Auf Permafrostboden lässt sich schlecht bauen. Er ist wasserundurchlässig. Der eigentliche Grund war wohl Stalins Tod.

Wir stiefeln weiter durch die hügelige Stadt. Die Häuser liegen weit auseinander, sind ein- und zweistöckig, meist aus Holz gebaut. In Richtung Parteislogans, die großflächig an öffentlichen Gebäuden vom Kommunismus künden, spuckt er kräftig. Die Partei, nach wie vor ein Begriff mit bitterem Beigeschmack. Ein 12-facher Stacheldraht um eine Kuhkoppel erweckt meine Neugier. Ich lebe zu Hause umgeben von Koppeln. »Warum so viele Drähte? Sind die Rinder besonders wild, wenn sie aufgetrieben werden?« – »Ihr Deutschen stellt Fragen. Nein, Stacheldraht haben und hatten wir immer genug.

Könnten wir die ganze Welt mit einzäunen.« Das klingt sarkastisch, denn Slava lebte nicht ganz freiwillig auch schon auf der Halbinsel Sachalin. »Jeder zweite Sibirier war mal ein Verbannter.«

Seine Zeitung hieß früher »Der Kommunist der Polarregion.« Heute »Igarka News«. Nebenbei, während wir über den festgefahrenen Schnee stapfen, interviewt mich Slava für sein Lokalblatt. »Das Meer ist bei uns Russen sehr beliebt.« Am Ortsrand, wo alle Straßen enden, vor einem Birkenpaar, stellt er mich in Position »für ein Pressefoto«. Mein Zeitungsmann spricht auch etwas Deutsch. So wird meine Geschichte zu seiner und der Igarkas.

Mich zieht es noch ein Stück in die Tundra. Zum Staunen: Wie ist Sibirien doch reich an Schnee und Birken-Gebüsch. Feiner, trockener, knietiefer Schnee. Auf den Sträuchern ein Schneeschleier. Wieder Birken mit Schneewehen, zeltartig um die Stämme gelegt. Eine fragile Stille gibt mir das Empfinden, als hielte die Natur den Atem an. Erfolgreiche Birken wachsen in isolierten Gruppen. Erfolgreiche Birken? Das sind hier im Grenzbereich Taiga/Tundra nur mitteldicke Stämme.

Das Klima an Bord stimmt. Im doppelten Sinne. Ich lerne von Jewgeni, der im Shirt und mit nur einer Musikkassette im Salon lebt, weiter Russisch: charascho (gut), sto gramm (100 Gramm Wodka), malinka (beschwipst), krassivo (schön). Mein »Mitsegler« liebt die fünf Kilo Sauerkrautdosen aus Arveds Beständen. Mit Kartoffelpüree aus Tüten kann er täglich davon essen. Ist nicht meine Küche.

Arved Fuchs erinnert mich an Ingenieur Andrée, der 1897 mit dem Freiballon den Nordpol erreichen wollte. Überzeugt von einer Sache, der sich jedoch während der Expedition zu viel aufbürdete. Bei Fuchs sind es: neun Mann Crew, die ihm nicht immer folgen, und die logistische Seite. Unmengen von Ausrüstung für Luft, Wasser, Land und Eis müssen im Auge behalten werden. Neben der Vorbereitung fordern ihn Organisation, Koordination und Sponsoren. Hinzu kommt der tägliche Kleinkram. Andrée ist seinerzeit gescheitert. Arved wird im Frühjahr seine Polumrundung fortsetzen. Die eisige Nordostpassage steht an. Schon ein Rundblick im Kartenraum deutet an: Eismeersegeln ist kein Sommerschlag auf die Ostsee. Ich sehe Brecheisen, Kettensägen, Schlitten und allerlei Eis-Literatur.

Die sachlichen Notizen vom 7. Februar: kein Wind, leichter Schneefall, 17 Grad unter null, sechs Stunden Helligkeit. Es ist mein fünfter Tag. Setze die Statistik fort. Ich zähle die eingefrorenen Boote: 27 hoch aufragende Schwimmkräne, 64 Schlepper, kleine Eisbrecher und andere Schiffe, 1 Segelkutter. Und ich zähle die von Kälte Gezeichneten: genau ein Dutzend Sibirier, die an ihren Schiffen Eis hacken, zumeist in der Nähe der Propeller, um sie vor Pressungen zu schützen. DAGMAR AAEN wird an Deck und außenbords mit viel Schnee gegen Frost geschützt. Das Schiff ist 18 Meter lang und aus massivem Eichenholz. Die Spanten betragen mächtige zehn mal zehn Zentimeter, und der Rumpf ist mit dicken sechs Zentimetern aufgeplankt, sonst wäre er wohl nicht polartauglich. Drei wasserdichte Sektionen machen das Schiff theoretisch unsinkbar. Es ist als Kutter getakelt und mit einer superstarken Maschine ausgerüstet. Laut Logbuch wurden bisher die 180 PS häufig genutzt. Hier werden sie erst wieder benutzt, wenn die Schmelze im Mai/Juni eintritt. Dann schwillt der Fluss um zwölf Meter bis an die Oberkante der Uferböschung an. Manchmal darüber.

Bei all dem Schnee um mich herum denke ich an Skilaufen. Eine Spur im Schnee, das wäre optimal. Ein Dutzend Paar Ski habe ich an Bord zur Auswahl. Und die besten Schuhe der Welt: neue Meindl für »actives« mit Vibram Sohle, die zusätzlich warm gefüttert sind. Erstmals in meinem Leben laufe ich Ski. Und es ist eine archaische Lust, durch die weiße Weite zu ziehen. Den ganzen Nachmittag laufe ich auf dem platten Jenissei. Laufen? Besser hoppeln. Dabei fällt mir auf, dass diese Art Fortbewegung nicht so simpel ist, wie sie scheint. Es haut mich mehrmals um, begleitet von dem Albtraum-Gedanken: bloß nicht hier ins Krankenhaus.

Lieber in die Bar. Na, eine Bar ist es nicht, eher eine Caféstube mit vier Tischen, die ich in einer Nebenstraße entdecke. »Café Frühling«, chinesisch dekoriert und betrieben von Frauen, die asiatisch aussehen. Ich trinke eine Dose chinesisches Bier: Jingpohu-Beer aus Mudanjiang. Ein junger Mann setzt sich zu mir und bestellt gleich zwei Dosen für sich. Er, wie alle Russen, wirkt äußerst freundlich in dieser unwirtlichen Umgebung. Wegen der mangelnden Sprachkenntnisse hapert es leider an meinem Wohlbefinden. »Café

Frühling« bietet auch Farbfernsehen und zwischendurch – Sänger Dieter Bohlen. Der Typ ist hier ungemein populär. Auch Jewgeni schiebt an Bord die Modern-Talking-Kassette ununterbrochen in den Rekorder. Am Nebentisch bestellen zwei Männer ein Runde »sto gramm« nach der anderen. Ich esse noch ein Stück trockenen Kuchen und trinke exzellenten Tee dazu. Bezahlen? Njet, njet. Ungemein nett. Manche Russen und Russinnen springen einem vor Freundlichkeit fast auf den Schoß. Ich bin beeindruckt.

Also, das Café ist was Ordentliches. Bisschen kalt und dunkel, aber ein Platz zum Verweilen und Beobachten. Würde gern dort essen, aber die Gerichte hinterm Tresen sehen fettig und grau aus. Ich bleibe besser bei meinen Nudeln mit Butter an Bord. Grundnahrungsmittel gibt es ausreichend in der örtlichen Kaufhalle.

Saunabesuch im öffentlichen Waschhaus. Ich lasse nichts aus. Nicht sehr appetitlich. Wie sollte es auch anders sein. Kacheln, Leisten, Grätings, Wasserhähne sind defekt oder fehlen ganz. Habe trotzdem ein sauberes, wohliges Gefühl hinterher. Die Männer sind allesamt dünn und muskulös, sehen ungemein zäh aus.

Kaltwetterdunst. Es hat 45 Grad und null Wind. Es sind kaum Fußgänger unterwegs. Die Auspuffgase der Autos steigen steil und deutlich auf. Vor dem Kaufhaus, vor der Post, vor der Sauna stehen die Wagen mit laufenden Motoren. Bleibt dennoch einer stehen, muss er angeschleppt werden. Gedanke: Wie mag das wohl im Sommer aussehen? Nordisches Licht, Aktivitäten, Kontraste, Verzückung der Menschen in T-Shirts und Kleidern, Blumen, Farbe, Schlamm. Ein trügerischer Sommer mit schlammigen Straßen, Sümpfen und Mücken. Blutgierige Mücken, erzählt man.

Derzeit kristallisiert jedes bisschen Feuchtigkeit in der Luft. Bildet Eisnebel. Es ist gespenstisch und atemberaubend schön: der Rauch der Öfen, mein Atem, weiter entfernt die Schornsteine. Die eigentlich unübersehbaren Kräne verschwimmen, und der Eisnebel dämpft alle Geräusche. Zementharter Schnee knirscht unter den Sohlen, angenehm wie ein Lieblingssong. Und überall stehen verschleierte Telegrafenmasten aus Holz – mit und ohne Spaghetti-Leitungen. Nie ist mir eine Szenerie so urweltlich vorgekommen. Der Eisnebel schließt den Blick in die Ferne aus, und der Geist zieht sich in sich selbst zurück. Was erlebe ich bloß hier in Igarka? Eine Woche unter 40 Grad. Die Kälte drängt von unten nach oben, treibt einen, wenn man geht, immer schneller voran. Aber man kann sie nicht vertreiben – nur aufhalten. Vierfach Hosen, zwei dicke, irische Wollpullover, ein Mantel plus Wäsche sind nicht ausreichend. Dazu einen Streifen Filz über Wimpern und Augenbrauen. Sie spannen und reißen. Und vertörnen sich wie Spinnweben. Die Nase wird gefühllos, der Atem gefriert auf dem Kinn. Ich nehme das Stadtbild nur als verschwommene Landschaft wahr.

Diese Kälte, diese lange, dunkle Kälte (neun Monate Winter, drei Monate Sommer, Frühling und Herbst gibt es praktisch nicht) bringt auch viel Elend über die Bewohner: Wodka, Frauen, Gewalt, Familientragöden. Sibirien war nie ein Land der Freude, der Freiheit, auch wenn Moskau es als ein Land der siegreichen Menschen über Natur und Wildnis darstellte.

Ich wandere stramm vom Flussbett den Steilhang hinauf. Mein Atem geht flott. Ein langer Weg ins »Café Frühling«, ein Kilometer Eis und Schnee. Brrr. Mein Schritt wird schnell und schneller. Im Café treffe ich auf die Deutschlehrerin Ludmilla. Sie nimmt mich mit »um die Ecke« zu sich nach Hause. In einem Holzhaus mit zwei Etagen stellt sie mir ihre Familie vor. Mann Paul und zwei halbwüchsige Jungen schauen nicht glücklich drein. Die Wohnung ist eine Katastrophe: Türen hängen, Decken durchgebogen, die Außenwände 20 Zentimeter dick. Nach Norden hin haben die Fenster dreifache Verglasung, nach Süden zweifach. Und es ist trotzdem kalt in der Wohnung. Vierzehn Grad plus zeigt das Thermometer. An der Wohnungstür ganze drei Grad. »Nur lauwarmes Wasser fließt.« Ich fange schon vom Zuhören an zu bibbern. Ludmilla ist Russin und demzufolge gastfreundlich. Sie tischt auf: Pelmenis, eine sibirische Suppe, Hlep (Brot), Tomaten aus der Dose, Reis, Fleisch, Krautsalat, Fisch, die üblichen eingelegten sibirischen Pilze, Kuchen und Tee. Oh, das komplette russische Menü! Mein Inneres sträubt sich. Ohne mich als Gast erwartet zu haben, bietet sie alles auf, was ihre Küche hergibt. Glücklicherweise habe ich noch nichts gegessen. Einige Dinge allerdings, wie eingelegte Pilze, kriege ich auch mit Wodka nicht runter.

Meine Gastgeberin ist seit fünf Jahren in Igarka an der Schule Nr. 1 tätig. »Wie so oft haben die schlimmen Parteimenschen ihre guten Stellungen behalten. Auch der Genosse Schuldirektor hat den Umbruch gut überstanden.« Was Ludmilla mehr betrübt, sind Lohn und Ansehen einer Lehrerin. Sie ist trotz ihrer Fülle, einer fleischigen Fülle, gleichmäßig verteilt über den ganzen Körper, und mit ihren lieben, blauen Augen sehr sympathisch.

Ludmilla, etwa 40, fühlt sich nördlich des Polarkreises nicht wohl. »Kein Sommer ist schön genug, um den Winter auszugleichen.« Sie erzählt plastisch und in gutem Deutsch: »Der Winter ist immer schrecklich. Viel zu lang. Das Leben ist hier dreiviertel Tschapka, einviertel Kleid.« Mann und Kinder schauen/hören verblüfft zu – wie Menschen, die nichts verstehen, aber ahnen, um was es geht. Die Kinder haben im Winter Langeweile. Schule, Fernsehen, Schlitten, bisschen Ski laufen. Ludmillas Kinder können nicht schwimmen. »Wo sollen sie es lernen? Im kalten Jenissei?« Kälte und Dunkelheit scheinen zu bedrücken. »Die Sommer sind nur gut für Preiselbeeren.« Sie wachsen übrigens an fünf bis acht Zentimeter hohen »Sträuchern«. Beim Blick auf die Fenster kann man die Russin verstehen. Sie tauen nicht mehr auf, sind bis obenhin mit Eisblumen bedeckt, und Schnee häuft sich bis zum Fensterkreuz. »Wie soll man da keine Depressionen kriegen?« Ludmilla hat auch eine ordentliche Portion Humor. Sie bringt mich zum Busstop und meint: »Wenn du keine Fahrkarte kaufst, kostet es 10 Rubel Strafe, und du kommst noch mal in die Zeitung. Seht her, der Deutsche wollte kein Geld bezahlen, um Bus zu fahren.« Ich nehme ein Taxi bis zum »Steg« – macht auch 10 Rubel.

Selbst ich glaube, dass ein sibirischer Winter reicht! Diese herabsinkende oder heraufziehende Kälte im Körper hat etwas Beklemmendes.

Eine Nacht mit Eispressungen unterm Schiff, fast gänzlich ohne Knurren. Gegen Morgen ist es sehr, sehr kalt in der Kabine. (Ich schlafe wegen des Dieselofens mit halb geöffneter Luke.) Und kein Diesel. Das Leben an Bord hängt an einer Dieselleitung, die offenbar bei 45 Grad unter dem Gefrierpunkt Schwierigkeiten hat, den Brennstoff von Deck in die Kajüte zu befördern. Also, behände aus dem Schlafsack und oh, was ist das? Der Holzboden ist mit einer

Ein Sibirier, der seine Schiffsschraube vom Eis befreit, damit sie nicht beschädigt wird. Gearbeitet wird bis minus 40 Grad.

Eisschicht überzogen. Hinein in Hosen, Socken, Oberbekleidung und an Deck. Jewgeni ist schon da. Er will die Leitung lösen und durchpusten. Gemeinsam »verständigen« wir uns, zu versuchen dem Dieselfass erst mal Petroleum beizufügen und den Regler am Ofen zu reinigen. Und in der Tat, es läuft wieder. Unser vorhandener Diesel ist eben kein Arktis-Diesel, dem Frostschutzmittel beigemischt wird. Meinem Mitbewohner scheint die Kälte überhaupt nichts auszumachen. Unerhört. Bis minus 30 Grad schläft er weiterhin eingekuschelt an Deck. Nur Wind mag er nicht. Dann ist er schnell samt Schlafsack den Niedergang runter im Salon.

Ich habe einen ausgiebigen Gang übers Eis hinter mir. Bei 48 Grad unter null reicht es mit meiner Fotokamera gerade für zwei Blenden, dann ist Schluss, weil die Finger am Metallgehäuse kleben. Nach einer Stunde im Schneegelände geht auch das nicht mehr, die Finger erwärmen sich selbst in der tiefsten Hosentasche nicht. Einige Objekte werden daher ohne Überlegung abgeknipst. Irgendwie kann ich mich von der Schneelandschaft nicht lösen, von den Eiszapfen, Eislöchern und vereisten Hütten. Neben den auffallenden Telegrafenmasten faszinieren mich augenblicklich die offenen Motorboote. Einfach ein Stück die Uferböschung hochgezogen, liegen sie im Pulverschnee entlang des Jenissei. Zum Teil hängt noch der Außenborder dran. Manchmal liegen Paddel, Angelausrüstung und Ankergeschirr im Boot verstreut. Diese Boote, meist aus Aluminium, sehen aus, als ob der Angler kurz einen Kaffee trinken ist. Es ist Februar, und der Fluss friert Ende September zu.

Keine Menschenseele unterwegs, und ich turne in Eis und Schnee herum. Fantastisch. Ich bin regelrecht horizontsüchtig. Aber es liegt auch daran, dass nichts passiert, meine Aufgaben an Bord gering und Einladungen bei den Russen anstrengend sind.

Stichwort knirschender Schnee: Der knirscht schon nicht mehr, er schreit förmlich, und wenn man allein umherwandert, ist er unsagbar stimulierend. Einer der seltenen Momente, in denen ich mit den Füßen erlebe und nicht mit den Augen.

Stichwort Eisnebel: Ich liebe den Eisnebel vor den Augen, hervorgerufen durch die Atemfeuchtigkeit, diese kristallisierte Luft um die Augen, die spannt und sich wundervoll samt anfühlt. Ein wohliger

Port Igarka, fotografiert von einem der eingefrorenen Schwimmkräne. – Nur stark fließende Flüsse frieren nicht zu.

Frost. Schon deswegen muss ich nochmals auf Eis- und Schneetour. Ich wünschte, dieser Tag würde nie enden. Am liebsten würde ich Schnee und Eis für den Rest meines Lebens auskosten.

Am 29. Februar zeigt das am Want der DAGMAR baumelnde Thermometer minus 55 Grad. Mittags noch 51. Mein kältester Tag.

Nach Frostnebel ein trockener, klarer Tag ohne Wind. Der gefrorene Hafen wälzt sich bei solcher Kälte in seinem Winterschlaf wie ein Drache. Das Eis in der Tiefe krächzt und spaltet die ganze Nacht. Wahnsinnig. Einzelne Kracher lassen mich erschauern. Dann ist Ruhe, und der Bug wieder ein Stück höher geschoben. Das Naturgesetz ist allen bekannt: Wasser dehnt sich beim Gefrieren aus, wie das Eis selbst. Die Ausdehnung des meterdicken Eises ums Schiff herum führt dazu, dass sich der Rumpf hochdrückt. Während meiner Zeit an Bord speziell der Bug.

Mache mich auf in die Tundra. Was für eine verrückte Wanderung, nur um Birken, Spuren, Schnee, Schneewehen und Schneehühner zu beobachten. Staunen, Nachdenken und die Kälte erleben. Sie lässt sich zunächst vergleichsweise problemlos ertragen. Ich kann bei 50 Grad noch fotografieren, Kamera samt Motor und Film funktionieren. Allerdings muss ich ständig Nasenspitze und Finger reiben. Die Kälte schneidet unheimlich im Gesicht und in den Gliedern. Mein Bedürfnis ist im Freien noch möglich, ohne dass der Urin gefriert.

Neun Monate in Fell und Wolle. Das ist der sibirische Winter. Für die Kinder bleibt allgemein wenig Abwechslung.

Abends bin ich bei Büchernarr Slava und seiner Familie zu Gast: drei Zimmerchen, eine Stehküche, eine Toilette ohne fließend Wasser, am Nagel seine eigene Zeitung. Eingerahmt von Bücherregalen sitzen wir im überheizten Wohnraum an einem kleinen, niedrigen Tisch. Frau Valentina und Tochter Swetlana kochen ein einfaches, leckeres Essen. Zwischendurch werden 45-prozentige Wodkas eingeschenkt. Als ich anmerke: »Immer nur Wodka«, hat Slava gleich köstliche Argumente parat, »das war und ist unser Mallorca, Kanada, unser Meer ... Mehr hatten wir nicht. Ein paar ›sto gramm‹ und die Fantasie konnte sich frei entfalten.« Selbst gegenüber Familienmitgliedern und Freunden durfte man sich nicht negativ zum System äußern. Grundlegend aber sind diejenigen, die freiwillig in die Tundra kamen, ein anderer Menschenschlag. Was für einer? Eben anders.

Genüsslich klären Slava, seine Frau und Tochter mich auf, wie es zu der Siedlung Igarka kam.

Igarka ist eine Erfindung der zwei Ingenieure Rybin und Smirnow. Letztlich abgesegnet durch die Mitglieder des Parteikomitees. Im Juni 1928 begann man den Urwald auszureißen. »Mit bloßen Händen.« 700 Zwangsarbeiter wateten durch Schlamm und Gehölz. »Igarka war und ist im Sommer ein Schlammloch.« Anlegeplätze, Lagerhäuser, Unterkünfte wurden zusammengenagelt. Dort, wo die Dagmar liegt, hat alles begonnen. Igarka, früher Port Igarka, ist Sibiriens einziger Seehafen.

Im selben Jahr wurden im Hafen schon drei Ozeanschiffe abgefertigt. Es ging rasch bei Stalin. »Wo im Juni noch Tungusen ihre Zelte hatten und die Bären ihr Auskommen, da war im Handumdrehen ein Seehafen entstanden, hunderte Meilen flussaufwärts.« Was für Auswirkungen das auf die einheimischen Samojeden und Tungusen hatte? Für Ureinwohner verschwendeten die Sowjets keine Gedanken. Igarka liegt auf 67 Grad 25 Minuten nördlicher Breite und genau zwischen Taiga und Tundra. Die mittlere Jahrestemperatur beträgt minus acht Grad. Gewiss ein seltsamer Hafen, der nur drei Monate schiffbar ist.

Mit Igarka erhoffte man sich einen neuen Abschnitt in der Entwicklung Sibiriens: Rohstoffe waren das Schlagwort. Es gab Kohle,

Erze, Gold, Öl, Gas, Holz. Sogleich wurde mit dem Bau eines Sägewerks begonnen. Auch gegenwärtig werden Bretter für den Export vor Ort gesägt. Sibirisches Nadelholz ist aufgrund der eng stehenden Jahresringe hochwertig und somit begehrt. Der Arbeitslohn betrug damals wie heute ein Mehrfaches des normalen. Bei Temperaturen unter minus 40 Grad darf nicht im Freien gearbeitet werden.

Real gesehen wirkt Igarka als Ort wie ein riesiges Pionierlager. Reißbrettartiges Straßensystem, Holzhütten, ein Lenindenkmal und zur Erinnerung an den Vaterländischen Krieg ein Bomberflugzeug auf einem Sockel. »In Sibirien wirkt alles provisorisch. Erst mal dawai, dawai (schnell) den Plan erfüllen.« Früher war diese Stadt von Lagern umzingelt. Wie viele Verbrecher und Verbannte samt Nachkommen mögen hier im Ort im Laufe der letzten 60 Jahre integriert worden sein? Nur, wer war bei Stalin ein Verbrecher?

»Der Sibirier ist ein harter Menschentyp. Ein Abenteurer im guten Sinne. Härter als der europäische Russe, er hat auf alle Fälle nicht dessen Schwerfälligkeit«, sagt Valentina, und Tochter Swetlana meint: »Die Menschen sind freundlich und gelöst, wenn ich mit ihnen zu tun habe. Und sie freuen sich auf den Sommer – Morast und Mücken sind sie gewöhnt.«

»Die Freiheit, die Schönheit und die Unberührtheit der Natur kann nirgends überwältigender sein als am Jenissei«, ergänzt Slava nach einigen Pfefferschoten-Wodkas.

Tags darauf bin ich bei Victor und Lada. Sie kommt sofort mit einem Esstisch vor dem Bauch ins Wohnzimmer. Und mit Wodka und Tee. Jetzt mag man sich mokieren, schon wieder Wodka, aber er reduziert die Gefahr, wenn der Wechsel von eiskalt zu warm rasch vonstatten geht. Auf diese Weise werden die unterkühlten Lungenbläschen vor Verbrennungen geschützt und allmählich an Wärme gewöhnt. Ich habe Victor im Winterhafen kennen gelernt. Er schob Schnee mit einer Raupe. Zurzeit ist er arbeitslos. Kein Benzin.

Ein steifer Wind. 32 Grad unter null und – waagerechter Wind. Das bedeutet gefühlte 45 Grad. Und ich lasse meine Angorawäsche links liegen. Das war ein Fehler. Resultat – sechs Mal Wasser lassen innerhalb einer guten Stunde. Trabe die Hauptstraße entlang: kläffende Hunde, ein liegen gebliebener Bus, Schneemobile. Wenige Menschen, verpelzt und in den Händen Einkaufstaschen, prägen das Bild. Erneut Schlangen vor der Kaufhalle. Es gibt Kaffee in Dosen, Ananas, und, man glaubt es kaum, alle wollen nur das eine: frische Tulpen. Eine Tulpe kostet 20 Rubel, so viel wie zehn Pfund Brot. Deswegen wird gedrängelt, und wer nicht mitmacht, bekommt einen Stoß in die Seite. Einmal pro Woche wird auch Obst und Gemüse eingeflogen.

Der Tag darauf beginnt mit Sonne, mit blauem Himmel und Federwolken, sozusagen Doktor-Schiwago-Wetter, eiskalt leuchtend, und endet mit Grauheit und Schneefall. Beides unbeschreiblich schön. Ich beginne meine Skiexkursion zu einem fünf Kilometer entfernten Kap am Flussbett mit einem Seezeichen darauf. Der Schnee ist pulverweiß mit gefrorener Decke. Ich breche nur wenig ein – vielleicht eine Handbreit. Kinder betreiben Eisfischen mit Angelhaken und Dreizack. Das Eisloch muss täglich vom Eis befreit werden. Aus Schnee haben sie sich eine Wand als Windschutz gebaut. Das angepeilte Kap, eine hohe Uferböschung, wirkt wie ein Dach. Sträucher und kleine Bäume ragen aus dem Schnee und geben ein Bild von einer unberührten, sanften Landschaft. Obwohl im Rücken die Stadt sich abzeichnet und linker Hand die Schwimmkräne des Hafens.

Am namenlosen Kap mache ich Pause. Der Körper schwitzt, die Glieder frieren. Ich atme tief durch. Die kristallklare Luft lässt die Landschaft unheimlich deutlich erscheinen. Eine weitere Spannung dieser Gegend ist das rasch wechselnde Wetter. Wenn man den blauen Himmel und das glitzernde Sonnenloch auf dem Schnee sieht, kann man nicht verstehen, dass es 38 Grad unter null sind. Eine der vielen Merkwürdigkeiten nördlich des Polarkreises: Das Land bekommt, übers Jahr gesehen, genauso viel Sonne wie die Tropen – nur scheint sie hier gebündelt (Sommer) und mit flachem Einfallswinkel. Ohne Kraft. Eine weitere Besonderheit: Viele Spinnen und Insekten sowie Mücken überleben den Winter gefroren. Statt vieler Spezies mit relativ wenigen Exemplaren finden sich hier relativ wenige Arten mit vielen Exemplaren.

Über Ackerbau bringe ich Folgendes in Erfahrung, Erde ganz allgemein interessiert mich sehr: Der Boden ist schwarz, auf Englisch Potsol genannt – saure Bleicherde. Die Zersetzung der Blätter, Zweige, Blüten geht außerordentlich langsam vor sich. Die Arbeit muss von wenigen Organismen in kurzer Zeit geleistet werden. Die Böden nördlich des Polarkreises sind dünn, schlecht entwässert und ganz schlecht belüftet. Sie enthalten wenig Stickstoff und Phosphor, die für den Gartenbau unerlässlich sind. Im Sommer gibt es Temperaturunterschiede bis zu acht Grad innerhalb der ersten 30 Zentimeter Bodentiefe. Das hat mit dem Wind zu tun und der Fähigkeit dunkler Böden, die Sonneneinstrahlung zu speichern. Nur deshalb ist es möglich, in nur drei Monaten Kartoffeln und Gemüse zu ernten.

Zurück zu meinem namenlosen Kap. Die Laufspur lockt, obwohl das Langlaufen zum Schiff nicht so recht klappt. Ich habe die Skier falsch untergeschnallt, rechts mit links verwechselt und nicht gemerkt. Durchgefroren und voller Erlebnisse erwärme ich mich im gemütlichen Salon der Dagmar mit einem Becher heißen Tee, den mir Jewgeni aufgebrüht hat. Für ihn sind das Schiff und seine Ausrüstung ein Traum: Skier, Schuhwerk, Zelte – alles vom Feinsten. Seine Exkursionen vor der Perestroika, erzählt er, waren dagegen primitiv. Man hatte zwar beste Konserven, sogar Kaviar, aber an Zelten und Lampen haperte es. Schlafsäcke und Zelte waren teils selbst gefertigt. Handelsübliche Filzstiefel waren ausgestopft mit Zeitungspapier zum Schutz gegen Frostbeulen. Wolle und Felle, die Oberbekleidung, waren exzellent gegen Kälte, doch das Gewicht drückte schwer auf den Körper. Sie waren in kleinen, betriebsorganisierten Gruppen unterwegs. In meinem kleinen Atlas markiert Jewgeni mit einem Kugelschreiber Kap Tscheljuskin (zu Fuß), Putorana Gebirge (Floß und Bergsteigen), Tschersker Gebirge (Floßfahrt), Jamal Halbinsel (Ski), Nordenskjöld Archipel (Schlauchboot mit Außenborder). Meist setzt er ein krassivo dahinter.

Durchgewärmt ermuntert mich mein Russe, den riesigen Schwimmkran neben der Dagmar über die montierte Eisenleiter zu entern. Das sei krassivo. Ich also erneut hinaus in die weißgraue Landschaft. 50 Meter über den Hafen! Oh je. Bei leichtem Schneefall und Wind sind Finger und Nase rasch gefühllos. Indes: Hoch oben ist es himmlisch. Freue mich, hoch gestiegen zu sein. Von unten lärmt ein einsamer Eishacker. Peng, peng …

Es gehört Willenskraft dazu, bei diesem Wetter im Eisengestänge herumzuturnen. Wer je bei minus 20 Grad und Wind gearbeitet hat,

Picknick mit Brot, Sprit, Fisch. – Auf der Uferböschung des Jenissei hochgezogene Speedboote. Im Hintergrund winzige Fischerhütten.

wird verstehen, wie schnell und messerscharf die Kälte bei 40 Grad daherkommt. Ich beginne die Arbeiter im Hafen beim Schneeschippen, Eishacken, Metallschweißen mit Ehrfurcht zu betrachten.

Es sind besonders viele Frauen in der Stadt unterwegs. Morgen, 8. März, ist internationaler Frauentag. Das wird gefeiert. Die russische Frau ist fleißig, ohne sie liefe das System nicht, wurde mir gesagt. In Sibirien ist sie farblos. Außer kräftig aufgelegtem Lippenrot hat sie nicht allzu viel an Farbe zu bieten.

Farblos auch ich unter niedrigem, grauen Himmel. Es könnte ewig so bleiben – dieses Wetter. Dieses Wohlfühlen bei aufreißender Grauheit, kann das Folgen für mich haben? Dass ich mich da hineinsegeln möchte? Das Segelstück Macquarie – Kap Hoorn auf 50 Grad Süd war ebenfalls von grau geprägt – und erfüllt von Zufriedenheit. Für mich das schönste und intensivste Segelstück überhaupt. Schlechte Sicht und Nebel dämpfte optisch die Bewegungen, ließ die Wellen erträglicher erscheinen und engte vor allem den Horizont ein. Man war zeitweilig ganz dicht bei sich.

Sonntagsausflug mit Slava, ein paar Ärzten aus dem Krankenhaus und deren Frauen zu den Überresten eines ehemaligen Lagers an der Stalin Road. »Jeder Kilometer kostete 60 Tote«, sagt mein Freund Slava. Dort picknicken wir im Freien. Ein Grill wird hoch auf vier Beine montiert, Fleisch und Gemüse auf Spieße geschoben, Speck, Brot und Wodka auf Motorhauben bereitgestellt.

Der Zeitungsmann schreibt mit einem Stock in den Schnee »Arbeit macht frei« und tönt auf Deutsch: »Sibirien, du Land der Tränen, Strafgefangenen, Lager, Verbannung, Tod.« Ich denke an meinen Vater. Sechs Jahre war er in russischer Gefangenschaft. Hat er in einem ähnlichen Lager gelebt? Im Kommunismus war doch alles einheitlich. Strafkleidung? Wassersuppe? – Die Grilltruppe hat kein Feuerholz eingepackt. Ich hole einen abgestorbenen Baum aus dem Gebüsch, oberarmdick. Kleingesägt bekommen wir damit einigermaßen Glut. Nur: Die Bügelsäge hat wenige intakte Zähne, und der Stiel vom Beil ist lose. Trotz mannigfaltiger Rohstoffreichtümer in Sibirien – an den so genannten Kleinigkeiten hapert es.

Slavas Frau Valentina bucht einen Samstag im Restaurant. Es ist öffentlicher Tanzabend. Das Lokal übervoll, die Luft zum durch den

Mund atmen und außer auf der Tanzfläche ziemlich duster. Zwei Drittel sind Mädchen und Frauen, die meisten tanzen miteinander. Sagenhaft herausgeputzt. Selbstgenähte Kleider überwiegen. »Burda Moden«, erklärt Valentina. Ich werde auch zum Tanz aufgefordert. Die sibirischen Frauen sind ziemlich klein. Sie drücken sich an mich. Komisches Gefühl, die Brüste in Bauchhöhe zu spüren. Vermutlich tragen sie die gepanzerten Korsagen, die überall in den Geschäften zum Verkauf liegen. Die Livemusik ist gut und laut. Unterhaltung deswegen bruchstückhaft. Wir bestellen armenischen Kognak und »Champanski«. Hier wird alles flaschenweise auf den Tisch gestellt und erst bei Bezahlung abgeräumt. Es gibt auch ein ordentliches Einheitsessen: Reis, Klopse, Salat. Aufgegessen wird bei den Russen grundsätzlich nie. Und die russische Essensweise verblüfft mich immer wieder: ein paar Happen, Trinken, Zigarette, Erzählen, Zigarette, wieder ein paar inzwischen kalte Bissen und so fort.

Die Kapelle lebt von Liedbestellungen. Ein Song kostet 25 Rubel. Wer will, kann sein Lieblingslied zehn Mal in Folge hören – vorausgesetzt, er bezahlt. Es gibt auch Gäste, die fürs Nichtspielen bezahlen. Das ärgert den Kapellmeister, er akzeptiert aber das »Ausfall«-Honorar. Gegen Mitternacht ist Stromausfall. Der Trompeter spielt noch ein Solo, und es geht via Gedrängel an der Garderobe hinaus in die rund 40 Grad. Mond, sehr hoher Himmel und knirschender Schnee. Er glitzert vor Eiskristallen auf meinem Gang zum Schiff. Eingemummt und begeistert stehe ich noch eine Weile an der Reling der DAGMAR. Beobachte die Nacht. Sie ist wohl deshalb aufregend, weil die reflektierende Oberfläche, Schnee und Eis, eine eigene Helligkeit bildet. Es ist die letzte Nacht dieser Art. Meine Zeit ist vorüber.

Bevor die sumpfartigen Bedingungen in Igarka auf Straßen, in Gärten und im Gehölz eintreten, hebe ich ab. Das einzige Verkehrsmittel, mit dem Igarka ganzjährig verbunden ist, sind die Flugzeuge. Sie starten und landen auf spiegelglattem Runway bei 50 Grad unter null, bei Schneetreiben. Egal, bei jedem Wetter. Ich habe allerdings noch nicht genug von Sibirien und nehme alle Blicke aus dem Flieger mit: Schnee, Bäume, Gebüsch, kleine und große Seen, die logischerweise zugefroren sind. Und ich denke an den typischen Spruch der Sibirier: Achtest du auf die Kälte, wirst du frieren.

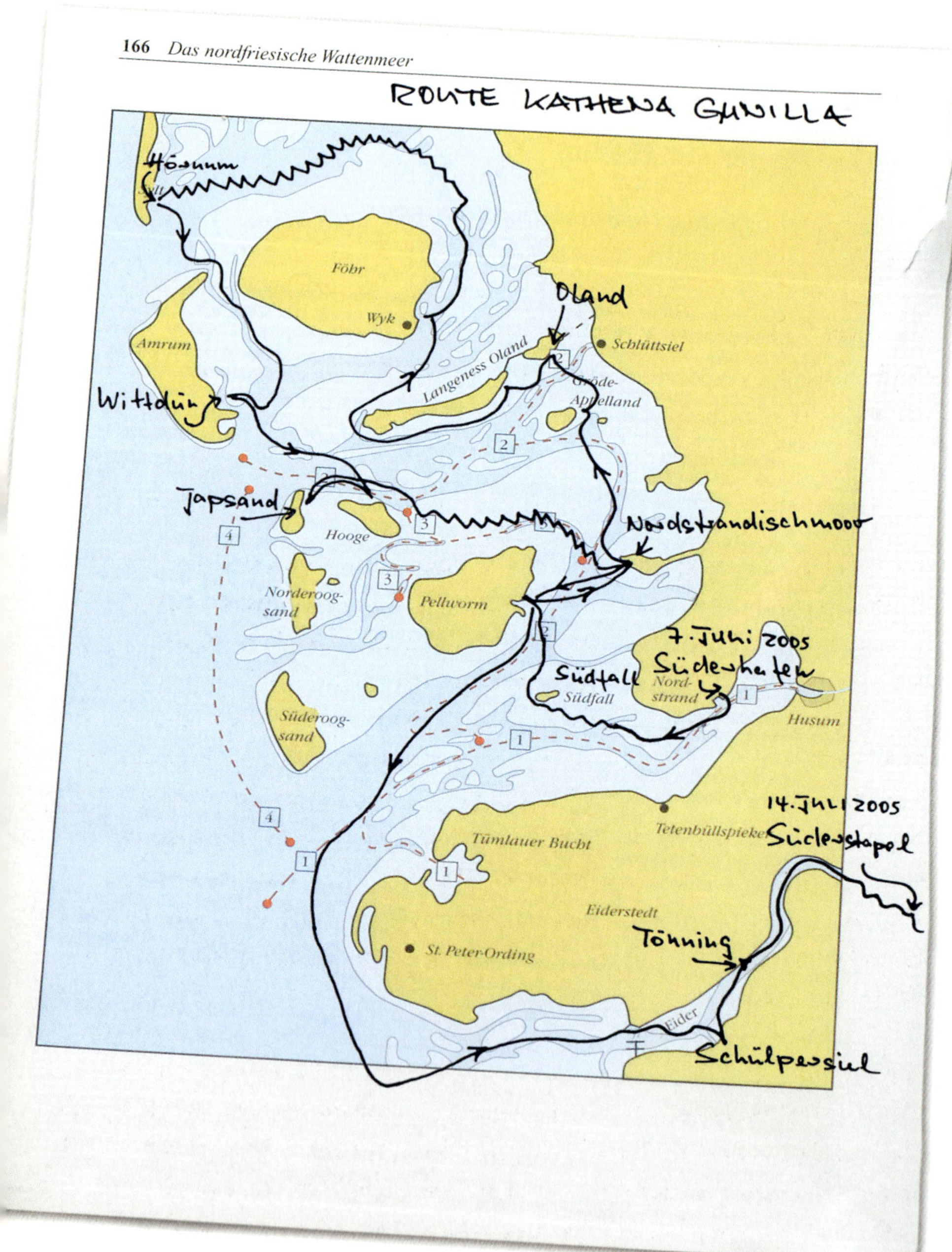

Unterwegs im Nordfriesischen Watt. Das sind vorrangig Halligen mit Warften und Salzwiesen, Land unter und viel frischer Luft.

13

Friesisch herb

Ein Bild- und Texttagebuch. Im Sommer 2005 war ich mit meiner Hansa-Jolle im Nordfriesischen Wattenmeer unterwegs, einem anspruchsvollen, aber niemals eintönigen Segelrevier. Auszüge dieser Reise erschienen in der „Yacht".

Tag 1, Gunilla zu Wasser

Freundlicher Empfang im Segelverein Süderhafen auf der Insel Nordstrand. Man hilft mir, Kathena Gunilla über die Rampe ins Wasser zu lassen. Der Liegeplatz ist gratis, das Bier kostet einen Euro. Dass ich mir das Nordfriesische Wattenmeer ausgesucht habe, scheint zu gefallen. Segelnde Besucher sind rar. Gewichtiges Thema im Vereinshaus ist jedoch der Nordstrander Peter Harry Carstensen. Seit er Ministerpräsident von Schleswig-Holstein ist, herrscht Unruhe auf Nordstrand. Tag und Nacht fährt die Polizei Streife. Folge: »Die frisierten Mopeds unserer Jugendlichen sind schon alle eliminiert.« – Ungültige Führerscheine kommen genauso ans Licht. Was die Marschenbewohner allerdings wirklich erbost: »Er kommt von der Küste und will am Küstenschutz sparen.«

Tag 2, Nordstrand

Auf Nordstrand gestrandet. Gefühlsmäßig. Verloren bei Nordwest Stärke 6. Das halbe Boot im Schlick versunken. Anstelle Palmen und Sand, wie eigentlich dieses Jahr geplant, habe ich hier Birken und Mud. Und: einstellige Lufttemperaturen. Am Steg keine Menschenseele. Süderhafen bei Niedrigwasser ist nur ein Rinnsal. Spinnenartig dominieren Festmacher von dreifacher Bootslänge über Stege und Mole. Sitze fast allein im Hafen-Imbiss und trinke einen verkochten

Kaffee. Grillhuhn und Pommes frites exzellent. Ein ehemaliger Fischer am Nebentisch hält mich für verrückt: »Wer hier mit der Jolle segelt, muss jenseits aller Vernunft sein.«

Tag 3, Pellworm

Endlich Meerwasser. Endlich unterwegs. Allein. Ein Absprung mit vagen Vorstellungen von diesem diffizilen Gewässer. So als unternehme man eine sonntägliche Kaffeefahrt mit dem Auto. Also praktisch ohne Plan. Egal. Ich bin einfach reif für ein Stück Segelei. Mein Ziel das nordfriesische Wattenmeer: Sandinseln, Marscheninseln, Halligen. Dieses amphibische Revier will ich mir anschauen. Mit der Hansa-Jolle? Meine Bewegungsfreiheit an Bord ist damit auf 5,80 Meter mal 1,68 Meter geschrumpft. Erste Feststellung: Geduld, Geduld, Geduld. Noch habe ich sie nicht. Viel zu früh, drei Stunden vor Hochwasser, lege ich für Pellworm ab. Der Tidenstrom wirft mich auf meiner Kreuz zurück. Ich weiche aus aufs Wattenhoch. Aus 3 Knoten Gegenstrom wird ein halber. Das Bugwasser klatscht heftig, aber nicht unangenehm. Hocke verkrampft und stiere auf Bojen und

Segel auf, los geht's. Wer wünscht sich das nicht. Einen Jollentörn ohne Zeitplan und autark.

Land. Nur leicht wandern Nordstrand und gegenüber Eiderstedt aus. Zeitweise sticht mein Schwert in festen, harten Sand. Bedeutet, ich habe weniger als einen Meter Wasser, trübes Wasser. Nach drei Stunden Nässe und Schräge liegt Hallig Südfall querab. Eine Stunde später Pellworm voraus, mit Hafen nebst Steg, Pfählen und – Hafenmeister. Der heißt Kurt Kosatz: »Ich mach hier alles, betreue das Siel, fahre unser Umweltschiff, putze die Hafentoilette und manage den Segelverein.« Ich: »Was sagt denn die Gewerkschaft dazu?« Kurt reagiert, als ob er davon nie gehört hätte. Verhole mich ins Hafen-Büdchen – nach altem Seemannsbrauch: Gleich die erste Kneipe ist meine.

Tag 4, damals
Pellworm ist eine Marscheninsel. Sie liegt selbst bei Niedrigwasser noch einen Meter unterm Meeresspiegel. Ein gewaltiger Ringdeich macht sie bewohnbar. Priele und Siele machen Landwirtschaft möglich. Kann mich nicht für Pellworm erwärmen: heftiger Nordwest, Stärke 7 und 8, knatterndes Persenningtuch und zwei Drittel des Tages liegt mein Boot im Hafenschlick. Man lebt vom Tourismus. Augenblicklich, 10. Juni, sind kaum Gäste auszumachen. Als Segler bin ich der Einzige. Kurt ist gelernter Seemann und weiß, dass ich ebenfalls zur See gefahren bin. Gemeinsam trinken wir Kaffee in der Bäckerei und erzählen über die Seefahrt wie zwei Menschen, die dieselbe Krankheit haben.

Tag 5, Nehberg
Pellworm bietet einen Leuchtturm. Und einen alten verwitterten Kirchenturm. Rüdiger Nehberg wird auch geboten. Er hält einen Lichtbildervortrag über sein Leben. Gewohnt locker. Gewohnt einfach. Mit einem Diaprojektor, der alle 20 Sekunden ein Bild ausspuckt: Rüdiger als Kind, als Konditor, als Nilfahrer, Kamelreisender, Indianerschützer, Tretbootfahrer, Baumstammsegler, Würmerverzehrer ... Dafür freilich hat ihn die engagierte Frauenbeauftragte der 1000-Seelen-Insel nicht eingeladen. Sondern, weil er sich vehement gegen die Beschneidung von Mädchen in Afrika einsetzt. Diese Dias sind erschreckend und erschütternd zugleich. Greift im ersten Teil

Hallig Hooge mit der Westerwarft bei Niedrigwasser. Hooge ist die größte und meist besuchteste aller Halligen.

seine makabere Ironie, schießen zu diesem Thema im zweiten Teil vielen die Tränen in die Augen.

Tag 6, im Siel

So beginnt der Abstieg: Gurtweste, aktuelle Seekarte, Fernglas in Reichweite, Brille, Kurs und Tonnen auf Gewebeband notiert, Reff im Groß. Segelhandbuch (aktualisierte Ausgabe) und Steginformationen mahlen im Kopf. »Norderhever kann bei 4 Windstärken schon harte Wellen aufwerfen.« Ich habe 5, alles geht gut. Nur zwei Klatscher ins Cockpit. Da brauche ich nicht lange nachzudenken. Ist mein Tag. Nordstrandischmoor meine erste Hallig. Nie zuvor habe ich eine gesehen. Als ich sie um fünf Uhr früh ansteuere, wirken die vier Warften im Gegenlicht wie Fischerboote. Halligen haben nur einen meterhohen Sommerdeich. Schutzwälle, die eben nur im Sommer eine Überschwemmung verhindern. Im Winter werden sie mit 20 bis 40 Mal Land unter konfrontiert. Das Siel, in dem ich längsseits am Dalben festmache, hat Platz für fünf Boote. Ist restlos und perfekt »versteint«. Steindecken und Buhnen sichern die Abbruchkanten.

Petroleumkocher raus und zunächst Frühstück an der frischen Luft: Haferflocken, Toast, Kaffee-Kakao. Alles befindet sich in Reichweite. Man frühstückt praktisch gleich neben der Koje. »Unter Deck« der GUNILLA herrscht Komfortstufe null. Kein Kühlschrank, keine Toilette. Eine Schaumstoffmatratze ist das Bett. Ungestört genieße ich das Segelleben. Döse in der Plicht. Saukalt. Hole Skihose und Wollpullover aus der Tasche.

Tag 7, Nordstrandischmoor

Blökende Schafe wecken mich. Pensionsvieh. Dafür bekommen die Landwirte auf den Halligen 75 Euro pro Tier und Sommer. Ein Schaf braucht einen Hektar Salzwiese zum Überleben. Ringelgänse bringen mehr: 140 Euro pro Hektar. Im Frühjahr machen sie hier Station, fressen die Salzwiesen kahl, deswegen erhalten die Bauern Entschädigungen. Rundgang. Bewundere Deiche und Buhnen. Makellos greifen die Steine ineinander. Eine Arbeit des Küstenschutzes. Nordstrandischmoor hat den seltsamsten Friedhof der Welt. Umschlungen von einem Wassergraben samt Stegbrücke liegen zehn Grabplatten aus Carraramarmor flach im niedrigen Halligland. Flach, damit das Landunter-Wasser ihnen nichts anhaben kann. Die meisten Inschriften sind vom Stamme Jacobsen.

Tag 8, Gröde

Gröde ist mir aus den Nachrichten bekannt. Bei Wahlen sind sie stets die Ersten, die ihre Stimmen ausgezählt haben. Die Fakten: Hallig Gröde hat 19 Einwohner, 6 Haushalte, 3 Schüler, 1 Lehrer, 1 Kiosk, und der Pfarrer kommt alle vier Wochen vom Festland. Einnahmen: Pensionsgäste (Menschen, Schafe, Rinder), täglich 100 bis 200 Gäste für eine Stunde per Ausflugsboot. Tidenhub: 2,80 Meter.

Tag 9, Austernfischer

Scheitelhafen Gröde. Abends ein landschaftliches Idyll, nachmittags eine einzigartige Schlammlandschaft. Kleine Rinnsale suchen den Weg zum Meer. Austernfischer suchen Würmer, die sie mit ihren orangefarbenen Schnäbeln aufpicken, doch vor dem Verschlingen werden sie in einer Pfütze gespült. Die Gezeiten beherrschen das

Leben und bei mir zusätzlich das Denken. Immer noch. Habe ich die Leinen lang genug geschoren? Ist das Fenderbrett richtig platziert? Ist der Schlammboden unterm Boot frei von Steinen? Und soll ich es wagen, über Zwei-Meter-Wattenhochs zu segeln? Also Gründe, die zwei Meter trocken fallen. Was passiert, wenn in einem Wattenstrom Tide und Gegenwind mich aufhalten? Zu bedenken gilt: Viele Häfen sind nur zwei Stunden vor und nach Hochwasser schiffbar. Schaue ich in die Seekarten und Handbücher, sieht man dem Gebiet diese Probleme an: Priele, Buhnen, Wattenhochs, keine geschützten Buchten, wenige Häfen.

Tag 10, Oland

Mithilfe einer Stange stake ich mich aus dem Schlick Grödes frei. Ziel ist Oland. Draußen im Watt nur drei Fingerbreit unterm Kiel. Puuuh, es stockt der Atem. Segle allerdings über Stellen, die bei Springtide 1,90 Meter trockenfallen. Festgemacht im fast leeren Hallighafen. Drei Ruderkähne sind meine Begleiter. Sie bleiben es auch tagsüber. Kein Mensch, kein Boot, nichts besucht uns. Das Wasser läuft sogar ganz weg. Der Himmel ist düster. Nichts für Melancholiker. Eine Augenweide sind Kirche und Friedhof auf der Warft. So romantisch »wohnen« die wenigsten Deutschen. Völlig eingeblümt. Flieder, Ginster, Holunder säumen die 20 Grabstellen mit hochgestellten Grabplatten (Gröde hatte 16). Wattwanderer und weißgestrichene Staketenzäune die weiteren Merkmale dieser Insel, Pardon, Hallig. Wenn man sich verspricht, kommt es wie eine Rakete von den Einheimischen: »Wir sind keine Insel, wir sind eine Hallig.« Oland ist ein schmuckes Stück Hallig mit 39 Bewohnern auf einer Warft. In meinem Tagebuch halte ich fest: eine Puppenstuben-Hallig.

Tag 11, Langeneß

Osterwehl, Langeneß. Hier bin ich Gastlieger Nr. 11 der Saison. Liegegeld 2,86 Euro. Tüge Petersen, der Hafenmeister, notiert meine Angaben fein säuberlich mit einem Bleistift auf ein Din A4-Blatt, das er gefaltet oben im Hemd stecken hat. Beim Namen KATHENA stockt er. Er hat mich gelesen. Wir setzen uns. Tüge, 73 Jahre, davon die Hälfte Seemann auf großer Fahrt. Ein Mann wie aus einem Roman

Joseph Conrads entstiegen. Nachdenklich. Fester, offener Blick. Koordinierte Bewegungen. Einer, der fragen und zuhören kann. Wir sprechen über fremde Länder, Schifffahrt, Häfen. »In Buenaventura hätte man mich am Kai beinahe erschossen.« Aus Joghurtbechern trinken wir Gin mit Bitter Lemon mit Blick auf den unglaublichsten Steg Deutschlands – ein Tisch, eine Bank, eine Dusche im Freien.

Ein Idyll inmitten von Salzwiesen: der Halligpriel von Gröde. Bei Niedrigwasser sieht es für Jollen ziemlich unbequem aus.

Tag 12, Langeneß 2

Boy Andresen ist der Bürgermeister von Langeneß und Oland. Er hat zwei Schulen, zwei Kirchen, zwei Gaststätten, zwei Museen, einen Kaufmannsladen, Lorenbahnhof, Sommergäste, 110 Einwohner auf 17 Warften, diesen so genannten Hafen mit vier Liegeplätzen und einiges mehr im Auge zu behalten. Er zeigt mir seine Warft und lädt mich zum Essen ein. Es gibt das Getränk der Halligen: Tee mit gelbem Korn, dazu einen Fisch. Und selbstgezogene Radieschen. Der Garten ist wohl eine Aufgabe. Wind und Seeluft halten die Erdbeeren, Bohnen, Tomaten kümmerlich. Kartoffeln sind klein wie Murmeln. Die Obstbäume müssen sorgfältig mit Tauen abgespannt werden, »damit sie bei Sturm nicht abknicken.« Seine Frau, obschon vom Festland, kann sich kein anderes Leben mehr als auf einer Hallig vorstellen. Wäre da nur nicht der ungestörte Blick über das platte Land. »Egal was man draußen tut, jeder sieht es.« Das wichtigste »Werkzeug« auf einer Hallig ist nämlich das Fernglas. Daher geht die Langeneßerin am liebsten im dicken Nebel spazieren. Ist nicht lustig? Na, dann gibt's noch den Ausflug zum Festland – nach Bredstedt, 4000 Einwohner. Dieser ist für die Andresens ermüdend: Autos, Lärm und Gestank einer Stadt, dann die ungelüfteten Geschäfte. Schon nach dem ersten Einkauf von ihrer Liste suchen sie sich eine Teestube – zum Entspannen – und sehnen sich nach der frischen Luft ihrer Hallig.

Tag 13, fast meine Welt

Auf Föhr gibt es den Yachthafen Wyk, der jederzeit schiffbar ist. »Auf Föhr gehst du abends ins ›Glaube – Liebe – Hoffnung‹ (dort musst du Klaus-Otto von mir grüßen). Essen ist gut im ›Duus Hotel‹ am Hafen (dort grüße bitte Britta). Das beste Bier gibt's im ›Irish Pub‹ (dort kannst du den Wirt Horst von mir grüßen).« Dies sind die Anweisungen meines Freundes Arfst Wagner zu seiner Insel Föhr. Seit Jahren puckert der Nordfriese: »Die Nordfriesischen Inseln sind deine Welt.« Jetzt bin ich da. Und sie sind fast meine Welt. Warum fast? Bedingt durch die Tiden fehlt mir zu häufig das Wasser – das Wasser in den Häfen zum Ankommen und Ablegen. Weiter vermisse ich Distanzen und geschützte Ankerplätze.

Tag 14, meine Crew
Astrid, meine Frau, mustert für die Sandinseln Sylt und Amrum an. Was immer ich mache, sie will sehen, wie ich es mache. Dabei hat sie es nicht leicht an Bord. Platz für ihr mittelschweres Outfit ist begrenzt. Für persönliche Sachen mache ich großzügig zwei Tuchtaschen in der Kajüte frei. Geschlafen wird im Cockpit, das eigentlich eine Plicht ist. Bei 1,70 Meter Länge muss sie auf 1,60 Meter schrumpfen. Nicht gerade luxuriös.

Tag 15, irgendwie
Der falsche Wind für Sylt. Zudem: Astrid spürt morgens jede Rippe. Der kritische Blick in den Spiegel puscht nicht gerade. Diese Widrigkeiten nimmt sie, als nicht zwangsverpflichtete Mitseglerin, irgendwie gelassen. Wyk und Föhr sind ja auch herrlich mit feinen Sandstränden, noch schmuckeren Häusern und Urlaubsatmosphäre. Heißt: Museen, 2,50 Euro Kurtaxe, Würstchenstände, Strandkörbe.

Tag 16, ein strammer Wind
Noch immer der falsche Wind. Was soll's, wir reißen die Segel hoch. Wir wollen nach Sylt: Sand, Dünen, Fisch, pures Leben ... Hörnum, der erste Hafen, ist 16 Seemeilen entfernt. Ein Klacks. Doch es kommt anders. Ein strammer Nordwest, die Pricken im Norden von Föhr stimmen nicht mit der Seekarte überein, Grundberührung (mal wieder). Dazu meine liebe Mitseglerin: »Wer den Tidenkalender nicht richtig liest, den bestraft eine Gegenströmung.« Folge: Aus 16 Meilen wird bei dem Zickzackkurs schnell das Doppelte bei dreifacher Zeit. Zusätzlich nass, ungemütlich, schräg. Niedrigwasserhafen Hörnum empfängt uns mit einem exzellenten Liegeplatz am Schwimmsteg.

Tag 17, Flagge
Unweit vom Hafen Hörnum Sandstrände, Sanddünen. Sand im Überfluss. Und völlig überraschend: Ganze Sandbuchten haben wir für uns allein. Doch die Wassertemperatur von 17 Grad lädt nicht gerade zum ausgiebigen Schwimmen ein. Für Einladungen haben wir unseren Bootsnachbarn: Segler und Kapitän Palm aus Lübeck brüht schwarzen Tee auf, stellt Butterkekse auf die Back. Als Freund der

Japsand, vor Anker. Fast meine Welt. Ein auflandiger Wind zwingt mich später, schnellstens Segel zu setzen.

Handelsschifffahrt sauge ich alles Neue aus erster Hand auf: Die deutsche Seefahrt ist wieder im Aufwind. Es wird mehr ausgebildet und wieder Flagge gezeigt. Seine Reederei, C.-P. Offen in Hamburg, hat immerhin schon rund 50 Schiffe zurückgeflaggt.

Tag 18, grenzenlos

Sylt ist Westerland, Kampen, List. Wir schauen uns die Orte und Strände an. Trinken Kaffee im Café Orth. Astrid isst ein Fischbrötchen in der nördlichsten Fischbude Deutschlands. Sylt ist Freiheit. Unordentliche Sandwege. Breite Strände, auf denen Brandung steht. Wir bewundern die anarchisch schönen Reetdachhäuser in den Dünen. In einsamer Sandlandschaft wirken sie wie vom Himmel gefallen. Ohne Zäune, umgeben nur von Hagebuttengestrüpp und Strandhafer.

Tag 19, Luv und Lee

Kapitän und derzeit Solosegler Palm verabschiedet sich Richtung Norwegen. Mutig und optimistisch, denn es herrscht ordentlich Gegenwind. »Ich habe Rasmus auf meiner Seite. Ich habe immer gespendet, auch auf meinen Dampfern, immer einen Schluck nach Luv, nach Lee geht bekanntlich der Schiet über Bord.«

Tag 20, Grundberührung

Amrum liegt nur 12 Meilen entfernt. Seglerisch keine Leistung bei achterlichen 4. Denkt man. Doch einmal mehr schert sich die Realität nicht um unsere Gedanken. Mangels Geduld sitzen wir an der Odde fest. Sind einfach zu früh am falschen Ort. Grundberührung bei harschem auflaufendem Wasser. Wir kommen quer, werfen den Anker, müssen abwarten. »Die Sände an der Odde sind in diesem Jahr besonders flach.« Das erfahren wir erst im Nachhinein im Schlickhafen Wittdün. Dort liegen wir neben Alleinsegler Hermi. Er wohnt im Sommer an Bord und segelt alle Regatten des Vereins mit. »Viele Preise gewonnen, die 1. Plätze klebe ich ans Kajütschott.« Hermi unterhält uns großartig. Ist auch für handfeste Tipps zuständig. »Euer Schwert hat sich verklemmt? Keine Sorge, ich kenne einen Bootsbauer.«

Tag 21, Amrum

Amrum ist die Insel mit dem breitesten Sandstrand Europas, dem Kniepsand: einen Kilometer breit, feinkörnig, supersauber, menschenleer. Im Juli! Seehunde haben sie auf den vorgelagerten Sandbänken en masse. Der Hauptort Nebel ist zum Kuscheln. Fisch und Schnitzel im »Seefohrerhuus« zum Reinbeißen. Der Leuchtturm zum Hochsteigen (295 Treppenstufen). Und für den Tagesausklang haben die Amrumer die »Blaue Maus«, wo alle hingehen: Insulaner, Touristen, Segler. Dort trinken wir uns Bettschwere an. Mit Bier. Wir Banausen. Im Regal hinterm Tresen stehen 120 Sorten Whisky.

Tag 22, vom Feinsten

Astrid will abmustern. Ihr Statement: »Segeln mit einem Kleinboot ist eine herrliche Sache, aber das Leben an Bord für meine alten Knochen sehr beschwerlich. Es findet hauptsächlich im Kriechgang

Das letzte Fischerboot von Hooge. Im Hintergrund das Clubhaus des Segelvereins der Hallig. Herzlich willkommen.

Im Sommer sind die Halligbewohner Touristenorientiert. Gegen Stürme und Land unter schützt man sich mit soliden Fensterläden.

auf dem Plichtboden statt. Beim Frühstück darf man sich nicht wenden, sonst fällt der Kaffeekessel vom Kocher. Geschirrwäsche? Wie und mit was und wo? Dann die elendige Sucherei. Wo ist mein Frotteetuch? Wo meine Socken, wo das Bootsmesser? Glücklicherweise spielte das Wetter mit: 11 Tage Sonne, einmal Regen in der Nacht, keinen Starkwind. Doch die drei von mir besuchten Sandinseln waren vom Feinsten. Und: Amrum werde ich wohl wiedersehen – als Hotelgast.«

Tag 23, kem tüs

Per Fähre verliere ich meine Crew, ganz locker gestimmt (ich weniger). »Hast du nicht Bedenken, dass mir was passiert?«, frage ich. »Nö, hab ich nicht.« – »Na dann, kem tüs.« – Das ist friesisch und heißt: Komm gut nach Hause.

Tag 24, Hooge

Hafenmeister Harry Diedrichsen zieht Boot und mich durch den Schlick an einen Stegplatz. Jetzt bin ich also auf Hooge. Sie ist die Königin der Halligen. Nicht nur weil sie einst einen König beher-

Lorenfahrer Wolfgang von Nordstrandischmoor. Manche Hallige sind durch einen Schienendamm mit dem Festland verbunden.

bergte, sondern weil sie eine Schönheit ist. Eingepackt in mein blaues Ölzeug stehe ich auf dem Steg. Den Schlüssel »für Sanitär« krampfhaft in der Hand. Bloß nicht fallen lassen. Was hier über Bord geht, ist auf ewig verschwunden.

Tag 25, der Hafen

Mitteilung: Auf Hooge können ab dieser Saison Segler eine Neuigkeit ausmachen. Auf zehn Pfählen, fünf Meter über Hochwasser, steht unübersehbar am Hafen ein brandneues Clubgebäude. Es ist ein Blickfang – gebaut aus Holz mit einem spitzen Glasgiebel nach Westen, der wie ein Schiffsbug wirkt. Einfach genial. Vom Clubraum aus hat man einen fantastischen Fernblick über Hallig und Watt und Nordsee. Der durch einen Sommerdeich geschützte kleine Hafen bietet zirka 20 Booten bis 1,60 Meter Tiefgang Liegeplätze. Zu erreichen ist der bei Ebbe trockenfallende Hafen durch ein 4,80 Meter breites Sieltor.

Tag 26, Seefahrer

Werner Boyens ist Vorsitzender des Segelvereins Hooge. Gemeinsam sitzen wir vorm Panoramafenster des Segelclubs, beobachten Möwen und Austernfischer, blicken auf abgelegte Boote, den einzig verbliebenen Fischkutter, Salzwiesen und Priele hinüber auf die Sandbank Japsand. »Ja, deswegen bin ich zur See gefahren«, sagt er und blinzelt. Ich grinse zurück. Die Seemänner gehen mir auf dieser Reise nicht aus. »Wollte unbedingt sehen, was es hinterm Japsand noch gibt.« Aus der Neugierde wurden 17 Jahre Seefahrt. In der Tat ist Boyens ein ehemaliger Kapitän, der jetzt auf der Hanswarft so einiges für Touristen betreibt. Aber einer, der im Stillen hantiert. Nur beim Thema Seefahrt ins Schwärmen gerät: »Wie schön war es von einer Stelling aus, den Bug eines Schiffes zu malen ...« Es scheint, dass jeder zweite Halligmann Seemann ist oder es mal war.

Tag 27, Land unter

Tausende Tagestouristen besuchen Hallig Hooge mit ihren neun Warften. Ich spüre die Tagesausflügler kaum. Die meisten stürmen Kirchwarft, Hanswarft und Bockenswarft mit den Museen und neun Restaurants. Die Hauptattraktion ist der »Königspesel«, das älteste Privatmuseum Schleswig-Holsteins, wo der dänische König einst übernachtete. – »Die Leute, die für Stunden über die Hallig rennen, haben keine Vorstellung von der Energie, mit der das Wasser bei Sturmflut gegen die Ufer und Warften prallt.« Klar. Pro Extrem-Flut entspricht die Energie ungefähr der Leistung dreier Kernkraftwerke. Generell gibt sich dieser Menschenschlag mir gegenüber so, als sei Sturmflut und Land unter nichts Besonderes.

Tag 28, Japsand

Eine Fahrt ohne Ankerplatz ist für mich keine ordentliche Fahrt. Dafür suche ich mir die Sandbank Japsand aus. Naturschutzzone 1. Nur die nördliche Spitze ist frei für Besucher. Glücklich und gelöst springe ich über Bord ins knietiefe Wasser. Laufe eine Runde. Laufe eine zweite. Gehe die dritte. Sehe und fühle groben weißen Sand, Steinchen, zermalmte Muschelschalen. Oberherrlich. Japsand ist platt wie eine Flunder und »ragt« bei Normal-Hochwasser einen knappen Meter aus der Nordsee. Am Westufer stapeln sich Fischkisten und Netzstücke. Zerfetzte Reste von Fischernetzen sind im Wattenmeer massenhaft vorhanden. Leider erwische ich einen Tag mit Süd und

Südost, also ungeschützt für GUNILLA. Mir bleibt nichts anderes übrig, als nach drei Stunden wieder die (Anker-)Leine zu ziehen. Nicht ohne zuvor mein Stativ für Selbstauslöser-Fotos aufgebaut zu haben. Der Alleinsegler ist auch sein eigener Fotograf.

Tag 29, im Watt

Wie liegt es sich im Watt auf der Seite? Im Schutz von Hooge probiere ich es aus. Falle freiwillig trocken. Es wird schräg: 40 Grad. Und schlimmer: Es wird eine unruhige Nacht. Der Wind dreht auflandig, die Tide setzt vierkant. Beides bringt uns stark ins Rollen. Morgens werfen Ausflugsdampfer erheblichen Schwell. Er lässt GUNILLA heftig aufsetzen.

Tag 30, Lore

Erneut Nordstrandischmoor. Übers Rummelloch erreiche ich es gegen einen mittelstarken Ostsüdost nach 22 Kreuzschlägen. War ein bisschen mühsam. GUNILLA hat keinerlei Winschen. Bin mal richtig gesegelt. Zugegeben, fast richtig. Segeln auf dem Meer wäre noch »richtiger«. Hätte auch gerne weitergehen können, nur: Nach Nordstrandischmoor kommt nichts. Doch. Mit der Lore und Küstenschutzmann Wolfgang geht's abends zum Festland. Und zurück.

Tag 31, Telefon

Hier im Sielhafen greift meine Entscheidung, die Fahrt via Eiderstedt auf der Eider zu beenden. Von Süderhafen nach Süderstapel klingt doch nicht schlecht. Ich melde mich mit diesem Plan bei meiner Ehefrau.

Tag 32, Momme

Es geht zurück über Pellworm, wo mir Momme erneut ein Rad auf den Steg stellt: »Zum freien Gebrauch.« Als Zugabe im Lenkerkorb: ein Käse-Sandwich und Cola, eine Karte der Insel. Momme von Holdt ist Herr von 1000 Laufrädern, die er verleiht – im Kopf ist er allerdings viel unterwegs. Nicht mit dem Rad. Während er schraubt und justiert, ist der Pellwormer in Gedanken mit seinem Segelboot auf dem Atlantik. Setzt Segel, reißt an den Schoten oder zieht mit dem Bleistift einen Kurs auf die Seekarte. Es plagt ihn die Route: »Soll ich von der Karibik direkt zu den Azoren oder besser via Bermudas?« Sein Traum ist eine Nordatlantikrundreise mit Familie.

Tag 33, Kaffeezeit

Pellworm. Wieder sitze ich vorm Hafen-Büdchen. Auf einem Plastikstuhl mit Blick Fischerboote, Ausflugsdampfer, Yachten. Mein Kaffee wird für mich extra frisch direkt auf dem Becher gefiltert. Bin ich in Marokko? Die Menschen dieser Inseln und Halligen sind der Glanz. Die Natur aus meiner Jollensicht herb und von wilder Stimmung. So wie die allgegenwärtigen Möwen. In ihrem Wesen liegt auch etwas Wildes. Etwas Sorgloses umgibt sie.

Tag 34, die Koordinaten

Pellworm – Schülpersiel. Mit 36 Seemeilen mein längstes Segelstück. Aufregend schön. Und das via »Klein Kap Hoorn«, Halbinsel Eiderstedt, die wegen des Seegangs, der auf das flache Wasser aufläuft, so genannt wird. Alles geht gut.

Die Tide schiebt, die Tide setzt quer, die Tide setzt gegen, und letztendlich ist sie von neuem auf meiner Seite. Es rauscht, es plätschert, die Bojen liegen strömungsschief, und die Sonne brennt im Gesicht. Allmählich spüre ich den Abschied von den Nordfriesischen Inseln. Wehmütig? Doch. Die Koordinaten des Reviers sind: der Menschenschlag, deren Respekt, die darbende Natur und wieder die Menschen. Adieu, auch allen gefährlichen Untiefen: Kolumbusloch, Rochelsteert, Fliegenplate, Rummelloch, Moorsteert, Schweinsrücken.

Tag 35, Schülpersiel

Der Wasserarm Schülpersiel ist schon ein Paradoxon. Zunächst verfahre ich mich in der Ansteuerung, die Pricken sind verwirrend gesetzt, was zur Folge hat, dass GUNILLA vollkommen fest im Schlick steckt. Mithilfe einer Schwimmerin schiebe ich mich frei. Beide sind wir bis zum Bauch braun eingeschmiert. Im Hafen dann eine sympathische Stimmung à la Wildwest. Erinnert mich an Vereinsanlagen in der ehemaligen DDR. Alles selbst angelegt, gebaut und bepflanzt. Im

Seglerverein Eiderdamm kosten Limo, Heißgetränke, Bier einheitlich einen Euro. Duschen sind gratis. Je kleiner ein Verein, desto großzügiger. Im Clubhaus Tische mit Schlingerleisten. Ich stelle mir vor, dass man sich nach zwei Drinks an diesen seetauglichen Tischen fühlt als wäre man in der Messe eines Schiffes auf hoher See.

Tag 36, Tönning

Wetter: blau, weiß, heiß, super. Eine Schande, gerade jetzt binnen zu segeln. Missmutig mache ich mich aufgrund der Tide – Geduld, Geduld – auf, das Eiderstädtchen Tönning zu erkunden. Dawartz, die berühmte Holzbootwerft, lasse ich rechts liegen, Cafés und Restaurants links. Vorbei an Eisdielen und Andenkenläden und immer den Kirchturm im Auge gelange ich zum Markt. Dort stoße ich auf Leute, die vor einer Bäckerei Schlange stehen. Kaufe ein leckeres italienisches Ciabatta. Gleich daneben sticht die älteste Apotheke Schleswig-Holsteins hervor, Wasserberg 1598. Ich mache ein Bild und löse wenig später die Festmacher. An solch einem Tag will ich wenigstens auf dem Wasser sein.

Tag 37, vor Anker

Mein lang ersehnter Ankerplatz. Total geschützt und frei schwojend auf der Eider. Dass der Fluss sooo breit (200 Meter) und sooo tief (8 Meter) ist, überrascht. Die Eider ist zudem: einsam, idyllisch, tiefschwarz und strömungsnull. Gedanke: Was manchmal die Lust an der Fahrt nicht gesteigert hat, war der Tidenkalender, »die Bibel der Nordfriesen«. Um drei Uhr, vier Uhr früh aufstehen und ablegen ist nicht beglückend.

Tag 38, zu Ende

Im bürgerlichen, pieksauberen Süderstapel geht die Fahrt zu Ende. Gut, wer eine Segelfrau hat, die mit dem Bootstrailer an der Rampe parkt und Arbeitshandschuhe für beide mitgebracht hat. Gut, wer einen Mann hat, der sich und sein Boot immer heil zurückbringt.

Wie ein mythisches Wesen wirkt der Albatros in der Luft.
Der Vogel mit der ungeheuren Flügelspannweite ist ein Nomade der Südmeere.

14

Das Erdmann-Alphabet

Ein Erdumsegler buchstabiert seine Welt von „A“ wie Albatros bis „Z“ wie Zukunft. Was Wunder, meine Auflistung befasst sich überwiegend mit maritimen Zuordnungen.

Albatros – ästhetisch mit seinen langen, schmalen Schwingen. Er ist der Weltrekordler unter den Vögeln. Der majestätische Wanderalbatros ist mit über drei Metern Spannweite der größte flugfähige Seevogel und ein Einzelgänger. Fast sein ganzes Leben segelt er mit wenigen Flügelschlägen hoch über dem Meer, sackt auf Wellenhöhe nur ab, um Aufwind zu finden, gleitet wieder aufwärts, um sich erneut im Flug ins nächste Wellental zu stürzen. Dabei die Flügelspitzen nur eine Handbreit über schaumiger See, ohne sie zu streifen. Je stürmischer der Wind, desto wohler fühlt sich der König der Lüfte. Hat der Albatros sich auf dem Wasser niedergelassen, muss er aufgrund der extrem schmalen Flügel mächtig gegen den Wind auf der Wasseroberfläche laufen, um wieder auffliegen zu können. Bei Schwachwind habe ich ihn ausdauernd auf den Wellen treiben sehen – stumm, aber auf Beute erpicht. Tintenfische, Krill, auch Fische, die er sich durch Eintauchen des kräftigen Schnabels fängt. Sein Revier sind die Südpolarmeere.

Anfang – ist immer faszinierend. (Ich muss noch ein zweites »A« hineinmogeln.) Ein Reiseanfang hat viel mit Sehnsucht zu tun. Ohne Anfang ist alles nichts. Es ist ein erheblicher Teil des Lebens. Die erste Liebe ist spannend, beim Schreiben die erste Seite hinkriegen auch nicht ohne, selbst momentan bei diesem Kapitel den Einstieg zu finden, kostet mehr Mühe als erwartet. Ein Anfang hat auch mit Fehlern zu tun – mein Segelanfang bestimmt. Aber Anfängerfehler sind unschuldig, und man muss sich dafür nicht schämen. Sie sind, sofern einigermaßen im Rahmen, verzeihlich und manchmal amüsant. Als ich bereits den halben Atlantik bewältigt hatte, stellte ich fest, dass ich die Meilen auf der Seekarte nicht am Kartenrand in Höhe meines Kurses, sondern irgendwo abgesteckt hatte. Ziemlich blamabel, aber nicht weiter tragisch. Ein Anfängerfehler ist auch zu glauben, alles, was in den Büchern stehe, sei richtig. Nach meiner Meinung der häufigste Anfang-Irrtum: Viele Segler, die auf Langfahrt gehen wollen, planen ein zu großes Schiff, ein Schiff über verschiedene ihrer Möglichkeiten. Das Resultat – ich zitiere Ringelnatz:

In Hamburg lebten zwei Ameisen,
Die wollten nach Australien reisen.
Bei Altona auf der Chaussee,
Da taten ihnen die Beine weh,
Und da verzichteten sie weise
Dann auf den letzten Teil der Reise.

Bootsmessen – werden oft überbewertet. Gut zum Kaffee trinken, mit Ausstellern plaudern, Prospekte sammeln. Trotzdem sagen sich dreimal im Jahr hunderttausende: Da will ich hin. Wegen der glänzend polierten Yachten? Sich vielleicht schnell ein neues Leben kaufen? Baltic, Bavaria, Comfortina, Hanse, Najad, Rassy, Schweden Yachts, Swan, Oyster und wie die Bootstypen alle heißen, stehen dort hübsch aufgereiht. In Ausstellungshallen, die geradezu dafür gestaltet zu sein scheinen. Die Yachten liegen auf edlen Holzböden, unter gedämpften Strahlern, nur zu erreichen über eine hohe Treppe und in Warteschlange einreihen. Auf den Tresen großformatige, hochwertige Prospekte. Alles gemacht, einem die eigene mickrige Existenz zu verdeutlichen. Das macht keinen Spaß. Und Yachten im Gedrängel ansehen macht auch keine richtige Freude. Drumherum Verkäufer, von denen man weiß, dass sie mit ihrem Lohn nicht mal das Blei für den Kiel kaufen könnten, aber ihr Wissen kaum bändigen können. Haltet ein und besinnt euch auf andere Werte. Welche das sein könnten? Ein Segelboot mit rostigen Streifen. Nur, das wird man auf einer der großen Messen nicht finden. Die Zeit, als man wie die ersten Weltumsegler segeln wollte, ist endgültig passé. Warum eigentlich? Was ist gegen Stahl und ein bisschen Rost einzuwenden? Vergesst die Messen und neun Meter lange Segel(spaß)boote, die 140 000 Euro kosten. Auf dem Gebrauchtmarkt gibt es wieder und wieder Segel(reise)yachten zu einem Viertel und weniger im Angebot.

KATHENA NUI auf der größten Messe Europas, der »boot Düsseldorf«. Es war ein drängelnder Erfolg.

Contra Torrentem – lateinisch. Ich habe nachgeschlagen. Gegen den Strom schwimmen. Präzis sogar gegen einen wilden Strom. Ist nicht mein Lebensmotto, könnte es aber sein. Mein ganzes Leben interessierte ich mich eher für die Ausnahme, das Gegenteil, den Sonderfall, die andere Seite.

Deutscher Segler-Verband – Dachverband der deutschen Segelclubs. Versteht sich als Vertreter der Interessen des Freizeit- und Breitensports, des Wettsegelns, des Jugend- und Fahrtensegelns. Wir haben mittlerweile ein normales Verhältnis. Das war nicht immer so. Als ich 1968 von meiner Weltumseglung zurückkam, haben sie gelästert und gehetzt. »Ein Erdmann ist kein Seemann.« Dazu möchte ich sagen: Wer mit einem motorlosen Segelboot die Erde umrundet, der kann Seesegeln. Auch ohne Segelschein. Die Verantwortlichen des

Verbandes haben damals die Bedeutung des Ozeansegelns überhaupt nicht begriffen. Ich wage zu ergänzen: Und noch weniger der Jugend unkonventionelles Segeln, Wagnis und Exotik schmackhaft gemacht.

Einhandsegeln – ist gefährlich. Es gibt immer welche, die sagen, allein auf See – bloß nicht. Aber sie haben das Alleinsegeln nie erprobt. Ich habe gelernt, allein zu gehen, warum nicht allein zu segeln? Als der Plan reifte, allein über den Ozean zu segeln, war ich nicht besonders ehrgeizig und auch nicht mutig. Sondern ich wollte vor allem, dass mein Vorhaben gelingt, da sind die Aussichten als Einzelner größer als mit einem Partner. So einfach kommt man zum Einhandsegeln. Und weiter: Einhandsegeln ist die kreativste Form des Seesegelns. Vieles muss man können und alleine erledigen. Immer selbst entscheiden und dabei die Ausgewogenheit beachten. Das reizt und hat etwas Magisches für mich. Die Magie beruht allerdings größtenteils darauf, dass es viel Arbeit ist. Man ist ganz schön beschäftigt. Ein anderer Aspekt: Man bekommt kostbare Unabhängigkeit, kann tun und lassen was man will. Einsamkeit sensibilisiert – ich höre keine Stimmen an Bord. Das organisierte Leben lasse ich hinter mir und schwebe übers Wasser in einer Wirklichkeit, die mir vollkommen erscheint. Das gefällt mir. Noch letzten Sommer genoss ich mit meiner Jolle das Glück des Alleinsegelns: Mit der einen Hand führte ich die Segel, mit der anderen hielt ich die Pinne. Im Kielwasser der graue Alltag. Alleinsegeln schärft das Bewusstsein.

Fotografie – war mir in der Anfangszeit suspekt. Fotos machen? Nein, ich wollte schauen und staunen. Nur sechs Filme habe ich während meiner ersten Weltreise verknipst. Hatte den Eindruck, mit Fotografie würde ich meine Erlebnisse kommerzialisieren, banalisieren. Angefangen habe ich erst, nachdem ich merkte: »He, damit kann man ja Geld verdienen.« Und die Erfahrung machte, dass zu einer Segelgeschichte zweifellos Fotos gehören. So weit, so gut. Ich ahnte aber nicht, dass lukrative Fotografie richtige Arbeit ist. Man muss früh aufstehen, um besondere Stimmungen einzufangen, die geliebte, teure Kamera dem Wetter aussetzen, einen Berg besteigen und besser noch den Mast (mühsam, wenn man keine Maststufen hat). Man muss auch Bilder inszenieren. Das heißt: Auf einer einsamen Insel nicht nur unter einer Palme stehen, sondern Kokosnüsse trinken, Lagerfeuer abbrennen, durch einen Palmwedel das segelnde Boot am Horizont fotografieren. Das war der Punkt, wo ich lange – und viele andere auch – scheiterte. Ich meinte immer, die vorhandene Komposition sei genug. Hinzu kam Problem Nummer eins: das Schieben von Aufnahmen. Es wird schon noch eine Insel, eine Welle, einen Albatros geben. Doch irgendwann ist es zu spät, und es kommt nichts mehr wie gewünscht. Problem Nummer zwei: schwerer Sturm. Nie habe ich während der wahren Windspitzen zur Kamera gegriffen. Entweder fehlte die Überwindung oder ich hatte zu tun. Trotzdem denke ich, dass sich die Qualität meiner Sturmaufnahmen mit den Jahren verbessert hat.

Genua – ist mein liebstes Segel. Das große überlappende Vorsegel zieht das Boot so herrlich durch die See. Am besten raumschots mit einem Schrick in der Schot. Ich habe damit meine besten Etmale ersegelt. Fünf meiner Boote waren mit zweifarbig gestreiften Genuas ausgerüstet. Eben weil ich berauscht von dem Stück Segeltuch bin, wollte ich es optisch noch toppen. Die Genua wurde, wie der Name sagt, ursprünglich in Italien erfunden. Bei mir war dieses Leichtwettersegel mit erheblichen Verstärkungen und teils gedoppelten Bahnen verarbeitet. Es war bis etwa Windstärke 6 zu benutzen. Auf KATHENA NUI interessierten mich Bestandteile und Merkmale der Genua. Im Logbuch hielt ich fest: Basis: 170 Gramm Tuch aus Dacron von Dimension-Polyant. Nachdem die Harzkristalle ein wenig herausgeweht sind, ein wunderbar zu handhabendes Tuch. Die Tuchbahnen sind mit zwei Zickzacknähte vernäht und zusätzlich verklebt. Die Bahnen verlaufen größtenteils waagerecht zum Achterliek, im unteren Teil parallel zum Unterliek. Damit erhöht sich die Robustheit gegen Verformung. Weitere Merkmale: Das Vorliek hat gefalzte Ösen aus Niro, an denen 15 Messing-Stagreiter mit Segelgarn befestigt sind. Die Ecken des Segels – Hals, Kopf und besonders das Schothorn, wo große Kräfte auftreten – sind durch Tuchdopplungen verstärkt und mit Gatchen und gefalzten Kauschen aus Niro versehen. Alle Lieken sind mit weißen Tuchstreifen gegen Verschleiß eingefasst. Das Vorliek wird mit einem eingenähten Tau – Liektau – auf Spannung gehalten. Mit einer dünnen Leine im Achterliek kann ich die Genua trimmen. Wichtiges Merkmal meines Vorsegels und wohl aller Segel: am Hals das Logo des Segelmachers.

Handelsschifffahrt – heißt das Thema, bei dem sich meine Pupillen weiten. Vier Jahre meines Lebens, sozusagen meine seemännischen Wurzeln, habe ich auf Frachtern und Tankern verbracht. Dort von der Pike auf gelernt, was auf See und an Bord wichtig ist: In kritischen Situationen Ruhe und Übersicht bewahren. Improvisieren können. Dass die See letzten Endes stärker ist und man demzufolge ein Schiff nicht »gegen die Wand« fahren darf. Nachdem uns beispielsweise in einem Hammersturm bei den Azoren die Aufbauten eingedrückt

Dampfer der fünfziger Jahre mit Ladebäumen und Poopdeck. Ein Jahr war die Benares der schwedischen Reederei »Drei Kronen« mein Schiff.

wurden, mussten wir auch mit unserem 8000-Tonner das Tief abwettern. Das hieß damals Raumschotkurs zu den Seen mit minimaler Fahrt voraus. Später auf einem anderen Schiff klebte der Kapitän wegen Unwetter überhaupt nicht am Kurs. Er fuhr sofort einen Bogen. Schon damals habe ich gelernt: Mit Gewalt gegen die Elemente geht nichts.

Wenn ich nicht das Segeln für mich entdeckt hätte, wäre ich wahrscheinlich Seemann geblieben. Das Leben und die Arbeit hat mir ungemein gut gefallen: Drähte und armdicke Trossen spleißen, eine Persenning nähen, Luken verschalen, Ladebäume seefest zurren, einen Supertanker vertäuen und mehr. In der Seefahrt habe ich das Werfen einer Leine gelernt und das Nähen eines Seesacks (achtfache Doppelnähte). Die Vielseitigkeit der Aufgaben an Bord begeisterte mich. Ankern war auch so mein Ding. Bremse lösen, und dann begann ganz langsam das Ausrauschen der bauchdicken Kettenglieder. Dieses Unrhythmische war wie ein Musikstück. Nach dem Stillstand zog eine Staubwolke aus Rost vor dem Bug hoch. Übers Mikrofon meldete ich dann drei Schäkel. Ein Schäkel sind zehn Faden. Eine meiner liebsten Tätigkeiten, weil voll autark und »out of control«, war das Schweben über dem Schiff beim Streichen der Lademasten. Das bedeutete: im Bootsmannstuhl hoch über dem Meer mit Farbe und Pinsel hantieren. Das war Anfang der 60er meine Welt. Als ich das Geld für mein erstes Segelboot zusammen hatte, fiel mir der Abschied von der Seefahrt sehr, sehr schwer. Ich saß tagelang im Hotel und habe geheult.

Inseln – sind die interessantesten Ziele. Waren es immer. In der Literatur mit Stevensons »Schatzinsel«, mit Conrads »Freya von den Sieben Inseln«. Und in Wahrheit das ferne Tahiti? Lange schon,bevor ich Kurs auf die Südseeinsel nahm, kannte ich Höhe, Größe, Geschichte, Hauptstadt. Eben ein Traumziel. Vor der berühmten Trauminsel lag allerdings die Karibikinsel Barbados. Nicht weniger schön. Aber da musste ich erst mal hin, über den Atlantik ohne Längenberechnung. Prompt segelte ich vorbei. Schrammte fast ein paar Grenadineninseln und landete auf St. Vincent. Später dachte ich, wenn ich strande, dann bitte auf einer Insel mit Kokospalmen. Ernsthaft. Dort könnte ich überleben. Einige Kokospalmen würden reichen. Wie man eine Baumkrone erklettert, hatte ich in unseren mecklenburgischen Wäldern gelernt. Weiter gibt es noch ganz besondere Inseln – die Atolle. Flache Eilande, die aus Korallen und Sand bestehen und auf Romantiker lebendig, anmutig wirken. Von Wellen umschlossen, Wind, der stets angenehm erfrischt, leichte Wolken, die über der Insel stehen und das Bild dieser greifbaren Schönheit abrunden. Das »Auftauchen« eines Atolls erlebte ich erstmals 1967 innerhalb der Tuamotus. Es gab bis dahin keinen großartigeren Landfall – ganz langsam schob sich das Inselchen aus dem Meer: Palmenkronen, Stämme, Sand, Brandung. Ich fühlte mich wie ein Entdecker und bin ganz langsam daran vorbeigesegelt. Toll. Ich weiß auch um das eintönige Leben auf den Atollen, und wie wenig dem Sandboden abzuringen ist. Außer Kokosnüssen und Fischen aus der Lagune geben sie nichts her. Die Möglichkeit, Früchte und Gemüse zu ernten, ist gering. Es gibt kein Trinkwasser. – Ich bin 65 und kann nicht ohne Inselziele reisen. Siehe Kapitel Nordfriesland. So oder so trage ich immer einen Inseltraum mit mir herum. Mangareva könnte mal das werden, was einst Likiep für mich war. Das Traumbild einer Südseeinsel.

Jollensegeln – habe ich zum ersten Mal 1990 mit einem Schwertzugvogel kennen gelernt. Sogleich ausgiebig. Einen ganzen Sommer lang segelte und lebte ich mit dem Boot an der deutschen Ostseeküste und den Binnenrevieren Mecklenburg-Vorpommerns. Ein Gedicht. Am Ende dieser Zeit bereute ich, es nicht schon viel früher mit einer Jolle versucht zu haben. Es ist der Untersatz, den sich alle leisten können, der sportlich befriedigt und ideal ist für Naturliebhaber. Man kommt der Natur näher als zu Fuß. Was mich am Jollensegeln besonders begeistert, ist neben der Beweglichkeit – der körperlichen wie geistigen – das intensive Erleben. Angefangen bei der übersichtlichen Planung, Wetterkenntnisse, Wetterbeobachtung, Konzentration aufs Steuern. Und überhaupt die Gesundheit. Hoher Blutdruck? Orthopädische Probleme? Wer es im Kreuz oder im Kopf hat, der sollte Jolle segeln und damit reisen. Vielen Leidenden im Alltag bietet diese sportliche Betätigung einen Ausweg aus ihrem Dilemma. Er wird überrascht sein, wie fit er da herauskommt. Jollen(touren)segler sind zufriedene Menschen. Jollensegeln ist überhaupt nicht langweilig.

Kombüse – hat bei mir enorm an Wert gewonnen. Was für einer war ich bloß? Seltsames wie Lasagne aus der Konserve, Nudeln mit Tomatenmark, trockenen Reis und Dosenhuhn gönnte ich mir als

Mit Kathena Gunilla auf der Ostsee. Ein wundervoller Moment. Wer behauptet da noch: Segeln wäre nicht die große Freiheit.

Leckerbissen. Verfeinert mit reichlich Pfeffersoße. Das waren die herrlichen Geschmackserlebnisse meiner ersten Seereise. Aus Konserven bestand meine ganz normale Bordküche. Corned Beef, Luncheon Meat, braune Bohnen in Tomatentunke, alles Dinge, die kaum mehr in meiner Bilge gestaut werden. Inzwischen bin ich auch vom einflammigen auf einen zweiflammigen Primuskocher umgestiegen. Geblieben ist mein Hang zu Zwiebeln. Ernährungstechnisch ist die Zwiebel ein wahrer Tausendsassa. Diejenigen, die Erdmann lesen, werden wissen, dass ich mich an Bord für Ozeanreisen stets säckeweise mit Zwiebeln verproviantiert habe. Wie kaum ein anderes Gemüse sind sie haltbar, vitaminreich und regen den Stoffwechsel an – und, nicht unwichtig, machen eintönige Bordkost schmackhafter. Zudem sind Zwiebeln als Heilmittel zu betrachten. Das in ihnen enthaltene Allicin wirkt antibiotisch, senkt den Blutdruck, schützt vor Herzinfarkt und kann vieles mehr. Auch das Mineralstoffangebot ist vielfältig: Kalium, Kalzium, Magnesium, Zink, Fluor. Also: Bunkern – und auch mal roh essen. Schon zu Columbus' Zeiten war die Zwiebel als Heilmittel bekannt. Auf einer langen Fahrt birgt die Kombüse/

Kochecke zudem zeitweise die einzige sinnliche Abwechslung. Man giert oft nach leckerem Essen. Sorgfältig verproviantieren, sage ich da nur.

Lesen – kann auch sinnlich sein. Wenn Weltumsegler Eric Hiscock sagt »Willkommen an Bord«, meine ich, man habe den »Gegenwind im Paradies« zu berücksichtigen, dies veranlasst wiederum Eissegler Axel Czuday »Allein in der Arktis« zu schippern und David Lewis die »Töchter des Windes« mit an Bord zu nehmen. Während Joachim Schult sich da besser auf seinen Sohn verlässt und mit »Wale, Wikinger und Wir« durch alle Klimazonen der Erde kreuzt. Dem Belgier Patrick Van God bleibt nichts anderes übrig, als mit »Trismus« im Winter das Hoorn zu runden. Rollo Gebhard, bescheiden wie »Ein Mann und sein Boot«, alle Ozeane zu befahren, und Bobby Schenk in der »Yachtnavigation« keine Frage offen zu lassen. Da möchte man die Elmshornerin Ilsemarie Gieseking mal fragen, wie es »Zwischen Brückendeck und Kochtopf« bestellt ist. – Die Neuerscheinungen eines einzigen Jahres vor Jahrzehnten.

Diese maritime Titelflut ist dahin. Der Leser will nicht mehr. Er scheint gesättigt. Ich kaufe viel, lese aber bei Gott nicht alles. Lesen hat bei mir nichts mit Flucht zu tun. Es dient der Unterhaltung und der Lust auf alles Ferne. Am liebsten lese ich auf See. Voll konzentriert in einer beweglichen Stille. Die herrscht vor, wenn das Boot optimal auf Kurs vorwärts stürmt oder in lang anhaltenden Mallungen treibt. Dann nehme ich mit ganzem Herzen am Geschehen im jeweiligen Buch teil. Ich lebe, leide und freue mich mit den Figuren. Vor allem laufen sie mir nicht weg. Kein Mensch stört, keine Zeitung, kein Fernsehen, kein Telefon. Man verliert nicht den Faden, wie es mir an Land, bei zehn Seiten pro Abend, häufig passiert. Kurzum: Das Meer ist der richtige Ort für Pagemonster, die dicken Schwarten ab 1000 Seiten.

Unterwegs muss man lesen, was man an Bord eingepackt hat. Sicher viel Überflüssiges. Manchmal habe ich den Eindruck, auf vieles verzichten zu können. Weiß nicht, ob unnötiges Lesen notwendig ist, um Überblick und Maßstab für die persönliche Bewertung zu finden. Ich lese: 1. um zu sehen, was andere schreiben. 2. aus Interesse für bestimmte Themen. 3. der Unterhaltung wegen. 4. Bücher, die mir lebendige Erfahrung vermitteln und die nachwirken. Und 5. ja, weil es Vergnügen macht.

Meer & Meditation – ist eine nachdenkliche Betrachtung. Ein In-sich-Versinken. Ein Nachdenken. Sie gedeiht am besten in der Nähe vom Wasser. Am Strand. Am See. Auf dem Meer. Beispielsweise den Horizont hingebungsvoll zu betrachten, ist Meditation. Wer kennt nicht das abwesende Gefühl? Man hockt an Deck und kann sich von der Linie, wo Wasser und Himmel sich berühren, nicht lösen. Ein schwimmender Horizont gibt Kraft, Zufriedenheit, er lässt das Herz ruhiger schlagen. Ebenso verhält es sich, wenn der Bug das Meer zerschneidet. Das aufschäumende Wasser bereitet mir sinnliche Zustände. Noch eine Situation, bei der ich ins Meditieren komme: Ich liege auf der Koje, und ein Fall schlägt rhythmisch gegen das

Ein Licht, bei dem ich aus der Zeit falle. Diese sinnliche Betrachtung lässt mich nie ermüden.

Mastprofil. Klack, klack, klack. Stundenlang. Eigentlich haftet der gesamten Handhabung von Schoten und Segeln, die die enormen Kräfte von Luft und Wasser kontrollieren, etwas Mystisches an. Ach, genau genommen den meisten Segelsituationen. Dem »produktiven« Segler mit all seiner sicheren Überlegenheit entgeht so etwas erfahrungsgemäß, wie: es sich im Cockpit bequem machen, in die vollen Segel schauen, während unter uns und achteraus das Wasser schäumend vorbeieilt.

Nebel – kann sehr gespenstisch sein. Man reißt die Augen weit auf und versucht verzweifelt, irgendetwas zu erkennen. Ist die Sicht weniger als 100 Meter, sehe ich keinen Horizont mehr, nehme die Form des Wassers nicht wahr und nachts keine Sterne. Seenebel ist jedoch keine ewige Gegebenheit. Daher fühle ich mich in dickem, flockigen Nebel relativ wohl. Relativ heißt, auf offener See und außerhalb der Schifffahrt. Aufgrund der Nebelschleier verliere ich jeglichen Zeitsinn. Habe ich außer Nebel auch noch Wind und kaum Seegang, ist die Situation formidabel. Das Schiff kommt voran. Ich sehe, dass es fährt und schnell ist, aber ich habe nicht das Empfinden, effektiv weiterzukommen. Es ist ein Ereignis, wie in Watte verpackt. Egal was passiert, eingehüllt in diesen gleichmäßigen, ruhigen und sauerstoffgetränkten Dunst, fühle ich mich geborgen. Völlig abgeschnitten von der Welt, unendlich weit entfernt von allem. Lichtet sich der »Vorhang«, ist dies einer der unvergesslichen Momente eines Törns.

Ostsee – liegt vor meiner Haustür. Landschaftlich schön, kühl meist und ein flaches Meer. Hier habe ich kurze und lange Törns gemacht. Deshalb ist die Ostsee ein fester Bestandteil meiner Seglerjahre. Sie ist, weil nicht grenzenlos, ein liebliches Meer, das uns Segler trägt, erträgt, verträgt und viel Gutes bietet: Sand, Felsen, Buchten, Häfen, Schären und Inseln. Von der Kieler Förde aus kann man in viele Richtungen einzigartige Inselgruppen ansteuern, wo einsame, sichere und geradezu idyllische Städte und Ankerbuchten locken. Demzufolge ist die Ostsee ein beliebtes Meer. Egal welchen Kurs man legt, andere wollen dieses Naturgeschenk auch annehmen. Das schönste Geschenk für mich liegt allerdings entfernt: die finnischen Schären.

Passat – ist ein fabelhaftes deutsches Wort. Ich weiß, habe ich bereits in anderen Büchern kundgetan. Aber in Verbindung mit einem anderen elektrisierenden Wort – Sehnsucht – muss ich es noch einmal erwähnen. »Sehnsucht Passat« – einfach unübertroffen. Diese Kombination, in Zusammenspiel mit einer seetüchtigen Yacht, ist der Urwunsch des Langfahrtseglers. Es gibt stetigen Wind, blauen Himmel, Kumuli-Wolken, wärmende Sonne, leuchtendes Blau aus der Tiefe. Meiner Ansicht nach sind dem Passatwind, diesem meteorologischen Phänomen, mehr Ozeanreisen und Weltumseglungen zuzuschreiben als jeglicher hilfreicher segeltechnischer Erleichterung, inklusive aller so Genannten. Der Passat weht in tropischen Gewässern fast immer friedlich und aus konstanter Richtung. Ich habe Segelperioden erlebt, wo ich unter Selbststeuerung tagelang weder Segel noch Ruder nachstellen musste. Diese Tage und Nächte waren reinstes Vergnügen. Am verlässlichsten weht der Wind in den Passatregionen der südlichen Hemisphäre. Trotzdem gibt es Menschen, die zwar ihre Sehnsucht erfüllt sehen, sich aber beklagen, wenn die Passate Störungen aufweisen. Zugegeben: mich nicht ausgeschlossen. Dabei weiß man, dass jedes Windsystem Störungen entwickelt.

Qualen – will keiner erleiden. Wer möchte über Qualen lesen? In einer Gesellschaft, wo Weichheit und mangelnder Leistungswille nicht als Makel gelten. Erst wenn es unterwegs weh tut, hat sich das Ankommen gelohnt. Das habe ich wahrhaftig lange Zeit gedacht. Ich war nicht firm in der Astronavigation und deswegen unsicher. Es gab einige »Wo bin ich?«-Situationen, verbunden mit ruinösen Gedanken, »bloß mein Schiff nicht verlieren«. Selbst als ich Sextant und nautische Tafeln im Griff hatte, bereitete mir die Ortsbestimmung noch so manches Mal körperliche und seelische Schmerzen. Unter Umständen war das Wetter grässlich, der Himmel tagelang bedeckt und um uns herum Atolle, Riffe, Inseln. Was also tun? Ich kletterte den Mast hoch, hielt Ausguck nach Land und stolperte den Niedergang auf und nieder, um auf der Seekarte Kurs und Position zu kontrollieren. Die Vor-GPS-Zeit hat mich und viele andere Seesegler Kraft gekostet. Was macht man nun mit der eingesparten Energie? Man investiert sie in technische Spielereien oder in Landausflüge.

Rotwein – bekomme ich zum Jahreswechsel von meinem Verleger. Als »Proviant« an Bord ist Rotwein für mich relativ neu. Früher staute ich Bier. Meine Frau trinkt gerne Gebrautes. Es waren auch primär die Tropenkurse, die Flüssigkeit verlangten. In der Last immer auch ein paar harte Granaten, bei uns nicht sonderlich beliebt. Davon gab ich dem Wind und den Meeresgöttern einen Schluck, wie es in der Seefahrt Tradition ist. Ich gab auch den speziellen Kaps, den markanten Koordinaten, den hohen Feiertagen und gleichzeitig mir zu trinken. Mit einem Glas Rotwein toppte ich meine gute Stimmung, indem ich schnell, mangels Trinkgewohnheit, eine angenehme Leere spürte. Gedanken um schlechtes Wetter, Sehnsucht, Einsamkeit – alles wehte mit einem Glas davon. Oft leerte ich es mit kleinen Schlucken im Cockpit am Niedergang, Blick aufs Kielwasser und den Horizont. Nie trank ich im Stillen unter Deck. Und selten ohne positiven Grund. Verblüfft spürte ich dann die Stärke meiner eigenen Anwesenheit. Wer an Bord möchte da die Buddel missen?

Segelsprache – Luv und Lee, Tau und Ende, Reffen und Ausschütten, Wenden und Halsen, achtern und raumschots kennt heutzutage jeder. Wir leben nicht in den 60ern, wo jedes seemännische Wort den Lesern erklärt werden musste. Zumindest denjenigen, die dort leben, wo sich Ebbe und Flut nicht mehr bemerkbar machen oder der freie Blick aufs Salzwasser aufhört. An dieser Grenze endet auch der einstige Einfluss der See. Steuerbord und Backbord sind schon in den Äußerungen rauer Wikinger-Kapitäne bezeugt. Die steuerten ihre Drachenboote nicht mit einer mittschiffs liegenden Vorrichtung wie heutzutage, sondern – wie unsere Kanuten – mit einem im Achterschiff an einem Bolzen befestigten Riemen von der rechten Schiffsseite aus. So wurde rechts die Steuerseite. Im Englischen ist Steuerbord die »vornehme Seite« eines Schiffes. Dort befindet sich der Kartentisch, logiert der Kapitän, befindet sich das Fallreep. Die Bezeichnung Backbord basiert auf der Position des Steuermannes, der bei seiner harten Arbeit am Steuerriemen seinen Rücken nebst Hintern – »back« in den nordischen Sprachen – der linken Schiffsseite zudrehte. Die puritanischen (damals) Briten aber nennen die linke Seite nicht Rückenseite, sondern Hafenseite – »portside«. Das Rudergeschirr, außenbords angebracht, lag nämlich exponiert und hätte leicht beschädigt werden können, deshalb kam für Anlegemanöver ausschließlich die linke Schiffsseite, die »portside«, infrage. Für »de armen Lüd an Land« jetzt noch einige – knappe – Erklärungen Seemannsdeutsch:

Etmal	gesegelte Entfernung von Mittag zu Mittag
Faden	1,85 m (Tiefenmaß)
Fall	Tau zum Setzen und Niederlassen der Segel
Fallreep	Leiter oder Treppe zum Anbordgehen
fieren	Nachgeben eines belasteten Taus
Gatchen	eingenähte oder/und gestanzte Löcher im Segel
halsen	Segelmanöver mit dem Heck durch den Wind
Knoten	Geschwindigkeitsmaß: 1 Knoten gleich 1 Seemeile pro Stunde
kreuzen	ein Zickzackkurs, wenn das Ziel in Windrichtung liegt – also gegen den Wind aufkreuzen
Liek	Saumkante eines Segels
Passatsegel	Vorsegel zum Segeln vor dem Wind – bestimmt für wochenlanges Segeln innerhalb der Passatregionen
reffen	verkleinern der Segelflächen, bei mir per Bindereff
Rigg	Bezeichnung für alles Drahtgut und Tauwerk zur Halterung des Mastes und zum Setzen der Segel
Saling	waagerechte Spreize im Mast als Stütze für die Wanten
Seemeile	Maßeinheit für Entfernungsangaben über See – eine Seemeile ist gleich 1,852 Kilometer
schiften	ein Überlegen der Segel bei einem Vormwindkurs von einer Bordseite zur anderen – praktisch ein Halsen ohne Kursänderung
Schot	Tau zum Segelbedienen
Schothorn	Auge aus Metall oder Plastik in der hinteren Segelecke zum Anbringen der Schot
Schrick	eine belastete Leine etwas nachgeben
Spring	Festmacherleine, die entgegengesetzt zur Vor- und Achterleine verläuft
wenden	Segelmanöver mit dem Bug durch den Wind

Törn – ist etwas, was ich gerne mache. Entweder bei der Arbeit mit Tauwerk im Sinne von Drehung. Auftörnen, vertörnen, rundtörnen. Und vor allem in Anlehnung eines Seetörns. Ein Törn ist immer als eine Umrundung zu verstehen. Ich umrunde die Welt, die Ostsee, Mecklenburg-Vorpommern und dergleichen. Dieses Umrunden ist gleichzeitig eine Form der Aneignung. Alle meine Fahrten haben etwas mit der Idee der Vollendung oder der Schönheit eines geschlossenen Kreises zu tun. Ich greife es mir. Das ist also nicht zufällig passiert. Umrunder, die alle naselang ihre Fahrt unterbrechen, um nach Hause zu fliegen, sind für mich keine Törner.

Unterwasserschiff – bei Regattaseglern glatt wie ein Kinderpopo. Sie wollen schnell segeln. Sie wollen gewinnen. Logisch. Fahrtensegler sehen das nicht so eng. Sie haben lange danach gestrebt und zumeist hart dafür gearbeitet, um auf dem Meer zu segeln. Folgedessen kommt es auf einen Tag mehr oder weniger nicht an. Mit dieser Ansicht stehe ich wohl ziemlich allein, ist freilich nachvollziehbar. Man investiert all sein Denken und seine Kraft, um auf See zu sein und dann? Dann soll es schnellstmöglich vorüber sein. Zugegeben: Bootsfarben haben aus Umweltgründen nicht mehr die Qualität, um den Bewuchs langfristig zu reduzieren. – Vielleicht hat jemand bei Unterwasserschiff an Kielformen gedacht. Nun, ein gutes Reiseschiff ist noch immer ein Kurzkieler mit Ruderhacke. Aber das ist ein unerschöpfliches Thema.

Vorträge – machen mich nicht überglücklich. Aber auch nicht unglücklich. Die Ansprüche des Publikums sind inzwischen sehr hoch. Kurzum: Ich reiße mich nicht darum, mit Bildern und Emotionen zu reisen. In lauten Hotelzimmern zu nächtigen. Kisten mit Gerätschaften zu schleppen. Angst vor Diebstahl der »wertvollen« technischen Ausrüstung sowie Filme und Dias aus dem Auto zu haben. Mein Albtraum dementsprechend: 500 Karten sind im Vorverkauf weg, und ich stehe auf der Bühne ohne ein Bild. – In der Nacht nach dem Vortrag noch ein Vortrag im privaten Kreis des Veranstalters. Manchmal ist es sauschwer. Trotzdem habe ich es gemacht: Überall in Deutschland, wo Buchhandlungen, Segelvereine und Firmen zu viel Geld hatten, fuhr ich hin und holte es mir. Da habe ich nicht gezögert. Daneben noch mein Ego aufgetankt. Das Los des Vortragenden: Man will hören, wie gut man ist. Für Augenblicke des »Ruhmes« redet man über Erlebnisse.

Weltumsegler – von Beruf. Als ich Reinhold Messner, den Bergsteiger, traf, waren für ihn nicht meine Extremtörns das Thema, sondern dass ich davon gut leben kann. Ich bin hierzulande tatsächlich am längsten dabei. Ununterbrochen, seit ich 1965 meinen Seemannsberuf geschmissen habe. Hilfreich war, dass ich in verschiedenen Bereichen tätig wurde. Segeln (gegen Entgelt), Schreiben, Fotos, Filme, Vorträge. Meine vier Beine. Manchmal wundert es mich, wie ich damit überlebt habe. Finanztechnisch bin ich freier Unternehmer mit Einkommensteuer und Umsatzsteuer, Krankenversicherung und was sonst dazu gehört. Ohne 13. Monatsgehalt, und ich weiß auch nicht, was Urlaubsgeld ist. Ich habe meine Segelzeit lang einen verqueren Arbeitstag. Und zwar samstags, sonntags und Nachtarbeit. Andererseits: Wer die große Freiheit will, muss immer auch ein Stück Unsicherheit in Kauf nehmen. Wer Sicherheit will, muss auf ein Stück Freiheit verzichten. Das gilt unterwegs auf See, wie daheim an Land. Übrigens auch verzichten auf ein Stück Bürgerlichkeit. Wenn ich in meinem Dorf gefragt werde, was ich mache, und mit »ich schreibe an einem Text« antworte, dann ist häufig die zweite Frage: »Und was machst du tagsüber?«

X-Ray – internationales Buchstaben-Signal. Beim Buchstabieren mit meiner Handfunke für mich geläufig. Als Flaggensignal – weiß mit blauem Kreuz – bedeutet es »Unterbrechen Sie Ihr Manöver (Vorhaben)«. An dieser Stelle des Buches würde ich sagen: zu spät. Ich bin auf der vorletzten Seite angelangt. Doch mit Flaggensignalen soll man vorsichtig umgehen. Man darf damit keinen Scherz treiben. Die Signalflagge, die heutzutage am meisten gebraucht wird, ist die gelbe Q-Flagge, gleich Quarantäneflagge. Der Name ist verwirrend. Er bedeutet gerade nicht, dass das Schiff seuchenverdächtig und damit quarantänepflichtig wäre, sondern: »An Bord ist alles gesund, und ich bitte um Erlaubnis, einklarieren zu dürfen.« Also, Landerlaubnis.

– Wer es genauer wissen möchte: Infektionskrankheiten werden durch das Signal »Q« über einem Dreieckwimpel angezeigt. Vierzig Tage – »quaranta giorni« auf Italienisch – dauerte nämlich früher die Seuchensperre für Schiffe. Die Passionszeit Christi gab das Zeitmaß für diese Frist.

Yacht – Fachzeitschrift. Seit 38 Jahren mein Partner – ohne protegiert worden zu sein. Das lag auch an mir. Die Anzahl Fachredakteure machte mich in der Redaktion häufig unsicher. Zudem wollte ich lange Zeit nicht mit jeder Pipapo-Mitteilung ins Heft. Ich war wählerisch. Danke, liebe Leser, dass Sie mir die Stange gehalten haben. Wenn nicht, muss ich Ihnen danken, dass Sie sich nur sporadisch beschwert haben.

Es sind die subpolaren Inseln, die uns reizen. Wann es wieder losgeht? Am besten sich über www.wilfried-erdmann.de informieren.

Zukunft – möchte ich mir nicht ausmalen. »Ihr Traum ist vielleicht unerfüllt, aber Ihre Zukunft sicher.« Bei mir ist es eher umgekehrt: Ich habe mir meine Träume erfüllt, dafür ist meine Zukunft ungewiss. Wer hat es besser getroffen? Nun, geläufiger ist mir die Frage nach dem nächsten Seetörn. Offenbar gestellt immer in der Annahme, einer wie ich könne bis zum Ende seines Lebens segeln.

Aber auch für mich wird der Zeitpunkt kommen, da werde ich das Segeln aufgeben müssen. Denn halbblind übers Meer segeln wie Eric Hiscock wäre meine Sache nicht, schon gar nicht möchte ich wie Francis Chichester sterbenskrank vom Boot abgeborgen werden. Und auch in diesem Buch ein weiteres Mal Moitessier. Wie Bernard Moitessier stelle ich mir die letzten Segeljahre ebenfalls nicht vor. Immer knapp bei Kasse, krank und sehr unzufrieden. – Einen Segeltörn möchte ich noch machen. Zusammen mit meiner Frau Astrid, und dabei schroffe, selten besuchte Inseln ansteuern. Ich wiederhole mich: Bei mir spielen Inseln allezeit eine herausragende Rolle.